산업화 시대에서 지식경제의 시대로

대학 대변동

THE GREAT UPHEAVAL

Higher Education's Past, Present, and Uncertain Future

산업화 시대에서 지식경제의 시대로

대학 대변동

아서 러빈 · 스콧 반 펠트 지음 | 박혜원 옮김

The Great
Upheaval

Higher Education's Past, Present, and Uncertain Future

지식의날개

서문

이 책은 고등교육의 미래를 이야기한다. 현재 고등교육은 산업혁명 이후 그 어떤 때와도 비교 불가한 중대하고 역동적인 변화를 겪고 있다. 세계는 국가, 아날로그, 산업 기반 경제에서 글로벌, 디지털, 지식 기반 경제로 맹렬히 달려가고 있다.

우리는 다음과 같은 네 가지 이유로 이 책을 쓰기로 했다. 첫째, 이런 변화로 인해 고등교육은 그 어느 때보다 필수가 되었다. 지식을 창출하고 보존하고 전파함으로써 글로벌, 디지털, 지식 기반 경제에 힘을 불어넣는 엔진이 바로 고등교육이다. 천연자원과 육체노동에 기반한 산업경제와 달리, 지식경제는 지적 역량과 정보에서 연료를 얻는다. 지식경제는 끊임없는 조사 및 연구와 인류 역사상 최고의 교육을 받은 시민과 노동력이 필요하다.

둘째, 고등교육은 산업혁명 때와 같은 방대한 변화를 목전에 두고 있다. 지금의 대학들은 산업화 시대를 지나는 동안 설립되었기 때문이다. 지식경제의 출현으로 대학의 효율성은 예전보다 상당히 떨어졌다. 혹자는 대학이 붕괴했다고도 한다. 산업화 시대의 대학 모델과 지식경제가 필요로 하는 교육의 간극은 시간이 갈수록 심해질 것이다. 고등교육은 글로벌, 디지털, 지식 기반 경제에 맞게 틀을 다시 짜야 한다. 이는 기존 제도를 손보거나 교체하는 방법으로 이뤄 낼 수 있다. 변화를 거듭하는 상황에 맞게 대학이 적응(adapt)해야 한다는 뜻이다. 동시에 기존 대학을 파괴(disrupt)할 정도의 변화가 발생할 수 있다는 것을 의미하기도 한다.

이런 변화의 속도는 코로나19에 의해 가속화되었다. 예상했던 변화이긴 하지만 팬데믹으로 훨씬 빨리 진행되었다. 등록률과 재정의 감소로 여러 대학이 폐교되고 온라인 교육이 확산되었다. 비전통적인 고등교육 기관의 숫자와 등록자 수가 늘어났고 노동시장 현실의 변화에 맞추기 위한 단기·비학위 과정이나 재교육 프로그램에 대한 수요가 증가했다.

셋째, 변화(transformation)에 대한 여러 예측이 존재한다. 인구 통계의 변화, 지식경제의 대두, 디지털 테크놀로지의 발전과 세계화에 대해서는 일반적으로 다들 수긍하고 있다. 하지만 이들이 고등교육에 미치는 영향에 대해서는 전문가들 사이에서조차 대단히 큰 견해차가 존재한다. 가령 하버드대학의 총장을 지낸 로런스 배카우는 고등교육은 역사적으로 그래왔듯 대학이 현재 맡은 임무와 구조를 유지하면서 변화하는 상황에 맞춰 점진적으로 적응해 나갈 것이라고 예상한다. 반대로 하버드 경영대학원의 가장 저명한 교수였던 클레이튼 크리스텐슨은 변화가 너무나도 광범위해서 기존 대학 모델은 도태되고 상당수의 대학이 파산으로 몰려 우리가 아는 형태의 고등교육은 파괴될 것이라고 주장한다.

최근 몇 년간, 우리는 미국 고등교육의 미래를 다룬 출판물이 쏟아져 나오는 것을 목격했다. 이는 양극단의 의견은 물론 그 사이에도 다양한 의견이 존재한다는 사실을 반영한다. 유토피아주의자부터 종말론자에 이르기까지 변화에 대한 외침, 보존에 대한 호소, 앞날에 대한 비전을 알려 달라는 요구가 빗발쳤다. 전체적으로 볼 때, 이런 출판물은 대개 역사와는 관계가 없다고 할 수 있다. 이들은 우리가 어떻게 이런 상황에 이르렀나 그리고 과거는 우리에게 무엇을 가르쳐 주었나를 점검하기보다는, 현재 일어나는 일과 트렌드를 근거로 미래를 예측한다. 또한, 다른 지식산업이 겪고 있는 어려움이나 변화는 고려하지 않고 고등교육을 독립적으로 분리해 따로 살피는 경향이 있다. 대부분은 우리 사회에서 발생하고 있는 다양한 변화들, 그중에서도 첨단 디지털 기술에 근거를 두고 있다. 종종 일부 저자는 고등교육이 자신이 원하는 특정 방향으로만 가야 한다고 주장해 연구 분석 결과를 무색하게 만들기도 한다.

요점은 이것이다. 고등교육의 미래는 예측 게임이나 개별 연구자의 문제가 되어서는 안 된다. 그러기에는 위험 부담이 너무 크다.

넷째, 우리는 고등교육의 미래를 이해하기 위해서는 현재 적용되고 있는 접근 방식과는 파격적으로 다른 방식이 필요하다고 보았다. 세 방향에서 들여다보아야 한다고 생각했다. 즉, 뒤에서, 앞에서, 그리고 옆에서 말이다. 지난 40여 년간 러빈의 연구물과 출판물은 고등교육의 현재 상황과 미래 전망을 이해하기 위해 이러한 세 가지 관점을 독립적으로 사용해 왔다. 이는 세 가지 관점의 힘을 활용하여,

즉 뒤와 앞, 옆을 보는 방법을 차례로 사용한 연구의 축적이다. 종합하면 이 세 가지 접근 방식은 우리에게 고등교육이 언제 어떻게 왜 변화할지를 이야기해 준다. 하여, 고등교육 기관, 정책 입안자들, 자금 제공자들, 대중들이 무엇을 해야 하는지 길잡이 역할을 하게 될 것이다.

바로 이것이 우리가 이 책을 쓴 이유다. 그리고 우리는 이 책이 무엇인지 그리고 무엇이 아닌지에 대해서도 분명히 해두고자 한다.

이 책은 연구 결과를 담은 보고서다. 내 의견을 주장하고 옹호하는 책이 아니다. 앞으로 고등교육이 어떻게 되길 바란다거나 희망하는 것에 관해 우리의 주장이 옳다는 것을 입증하려는 책이 아니다. 사실 우리는 이 조사를 '불가지론'으로 여기며 수행하였다. 우리는 조사 결과가 무엇을 드러낼지 알지 못했고 특정 결과가 나오기를 바라지도 않았다. 짧게 말하자면, 우리는 결론을 의도하지 않았다. 책을 다 쓰고 나서야 이를 검토해 준 이의 제안에 따라 마지막 장을 추가했다. 그 장에 우리가 당초 선호했던 것과 거리가 꽤 멀었던 연구 결과에 대한 우리의 생각, 그리고 대학이나 정부 정책을 위한 권고 사항이 포함되었다.

이 책은 대학에 관한 책일 뿐 아니라 중등과정 이후(postsecondary)에 받을 수 있는 모든 부류의 교육에 관한 것이기도 하다. 새로 등장한 '비전통적 교육 서비스'의 확산, 영리 기관 및 비영리 기관, 그들이 제공하는 콘텐츠, 사용하는 전달 시스템, 채택한 평가 방법, 수여하는 증명서, 등록하는 학생들을 살펴본다.

역사적으로 고등교육의 임무는 교육, 연구, 기타 서비스로 설명되었다. 이 책은 이러한 활동 중 한 가지, 즉 교육이 앞으로 어떻게 변화될 것인가만을 논할 것이다.

이 책은 미국의 고등교육에 대한 것이다. 하지만 고등교육이 직면하고 있는 어려움 그리고 고등교육이 변화할 방향은 정도의 차이는 있어도 사실 세계적으로 유사하다고 할 수 있다. 대학 관리자, 교수진과 이사, 고등교육 정책 입안자, 대학 졸업자, 미디어, 정부, 자금 제공자, 대학생과 그들의 가족이 이 책을 읽었으면 한다. 그들은 고등교육의 미래가 무엇일지에 대해 정확한 그림과 그것을 구체화하기 위해 취해야 할 행동을 인지해야 한다.

하지만 이 책은 또 다른 두 부류의 독자를 염두에 둔다. 하나는 일반 독자다. 25세 이상의 미국인 중 61%가 4년제 또는 2년제 대학에 입학한 적이 있고, 45%가 학사 또는 준학사 학위를 받았다. 이런 이유로 일반 독자들이 우리가 알던 대학이 어떻게 변해 가는지에 대해 전문적·학술적 용어를 배제하고 쓰인 이 책을 흥미롭게 읽길 바란다.

또 다른 독자군은 대학이 아닌, 박물관, 도서관, 동물원이나 교향악단 같은 비영리 기관에서 일하는 사람들이다. 이 책에 쓰인 뒤를 보고, 앞을 보고, 옆을 보는 세 가지 방법론은 여타 다른 기관의 미래를 연구할 때도 얼마든지 적용할 수 있다. 대학이 겪고 있는 문제는 그들이 직면한 어려움과 정확히 일치한다. 이 책에서 살펴본 세 가지 지식산업, 즉 영화, 음악, 신문 산업은 대학만큼이나 다른 비영리 기관과도 밀접한 관련이 있다.

세 부류의 모든 독자에게 지금은 역사적으로 특별한 순간이며 허

투루 보내서는 안 되는 순간이다. 우려하는 미래가 우리에게 일어나 길 기다려서도 안 되고 기다릴 수도 없다. 염원하던 미래를 만들 기 회가 눈앞에 놓여 있다. 산업혁명 이후로 이런 기회를 얻은 세대는 우리뿐이다.

차례

당신이 바라보는 방향이
무엇을 보게 될지 결정한다

미국 고등교육은 전 세계의 시샘을 받는다.

과거에 도취해 있다거나 변화를 꺼린다고 평가하는 건 터무니없다.

고등교육에서 변화는 본질이며 새로운 연구, 새로운 교수진,

새로운 과목을 통해 끊임없이 일어나고 있다.

– 헨리 로소브스키, 2019

역사는 변화에 대처하지 못하거나 심지어 변화를 알아채지도 못한

사례들로 가득하다. 고등교육 기관들도 이 같은 위기에 처해 있다.

대학은 점점 더 쇠퇴의 길을 걷게 될 것이다.

–《리더십 테스트 *A Test of Leadership*》, 미국 교육부, 2006

지금으로부터 15년 후 대학 중 절반은 파산할 것이다.
공립대학도 예외는 아니다.
— 클레이튼 크리스텐슨, 2013

고등교육이 붕괴 직전이라고 보는 시각은 이제 흔하다.
—《인사이드 하이어 에듀케이션 *Inside Higher Education*》, 2017

미국은 인구 구조, 경제, 기술 분야에서 중차대한 변화를 겪고 있다. 미국의 인구 통계 구조는 인종, 나이, 이민자 등으로 출렁이고 있다. 산업경제는 지식경제로 변화하고 있으며, 우리의 삶과 세상을 재구성할 막강한 힘을 가진 새로운 디지털 테크놀로지가 출현했다.

산업혁명 이후, 이 정도로 방대한 변화는 보기 드물다. 한 가지 분명한 것은 지난 시대에 만들어진 사회 제도들이 새로 출현한 질서에 맞게 변화해야 한다는 것이다. 이 책은 그중 하나인 고등교육, 즉 대학의 미래에 관해 논한다. 고등교육은 언제 어떤 식으로 변화할 것인가.

다수의 비평가가 이미 이에 대한 의견을 내놓았다. 학계, 언론인, 연구자, 투자자, 기업가들이다. 그들의 결론은 크게 두 가지 부류로 나뉜다. 첫 번째 부류는 적응적(adaptive) 변화를 주장한다. 이들은 기존 고등교육 모델이 근본적으로는 지속되리라 전망한다. 고등교육이 스스로 개혁을 지속할 거라는 믿음, 대학의 DNA에는 변화가 내재되어 있다는 믿음을 전제로 한다. 그동안 고등교육이 개혁을 거치며 변화에 적응해 온 만큼, 지금의 변화에도 적응할 거라고 주장한다.

사회 전반을 뒤흔들 수 있는 파괴적 변화의 가치와 필요성에 대해서는 일축한다. 이는 앞서 인용한 헨리 로소브스키의 관점뿐 아니라 스티븐 브린트의 글("Is This Higher Education's Golden Age?", 2019)을 비롯한 다수의 출판물도 동의하는 부분이다.

두 번째 부류는 파괴적(disruptive) 변화를 예견한다. 이는 고등교육의 역사적 단절과 근본적 개조를 뜻한다. 이러한 의견에 가장 근접한 인물은 로소브스키의 하버드대학 동료이자 역시 앞서 인용된 고 클레이튼 크리스텐슨이다. 그의 의견은 기업가이자 투자가인 라이언 크레이그의 책(*College Disrupted*, 2015) 등 여러 출판물에서 공유된다.

우리에게 남겨진 건 저명하고 널리 존경받는 전문가들이 발표한 고등교육의 미래에 대한 극단적으로 다른 비전이다.

현실은 독자 여러분이 어디를 바라보느냐에 따라 양쪽의 결론은 그럴듯하게 들리기도 하고 아니기도 하다. 100년도 더 전에 만들어

〈루빈의 꽃병〉

진 '루빈의 꽃병'이라는 착시 효과 그림을 보자. 두 얼굴이 보이거나 꽃병이 보이지만 둘을 동시에 볼 수는 없다. 그림의 검은색 부분을 배경으로 보면 오른쪽과 왼쪽에서 얼굴 형태가 보인다. 흰 부분을 배경으로 보면 그림 가운데 꽃병이 보인다.

고등교육의 세계도 이와 유사하다. 전통적 대학만을 중심에 놓는다면 고등교육은 변화에 적응할 수 있을 것처럼 보일 것이다. 그러나 주류 대학만이 아닌 '중등과정 이후의 교육' 전체를 중심에 놓고 본다면, 전혀 다른 이미지가 보일 것이다. 이제 순서대로 하나씩 살펴보자.

전통적인 고등교육을 보다

4,000여 개에 달하는 미국의 대학들에 시선을 고정한다면, 팬데믹의 타격에도 불구하고 고등교육이 붕괴 직전에 놓여 있다고는 보기 힘들 것이다.

미국 고등교육의 역사는 거의 400년으로, 뿌리가 상당히 깊다. 전 세계적으로 해외에서 공부하는 학생의 24%는 미국 대학에 등록한다(Study International, 2018). 유학생의 선택 1순위는 늘 미국 대학이었다. 하지만 코로나19와 함께 트럼프 정부의 이민 정책이 학생 등록률에 영향을 끼쳤고, 팬데믹이 격상되자 2020년 가을 학기에 등록한 대학생 수는 6분의 1로 감소하기도 하였다(Baer & Martel, 2020).

그럼에도 고등교육은 지식경제사회의 성장 산업이다. 고학력자와 노동자 재교육의 수요가 높기 때문이다. 1969년부터 2019년 사이, 미국 대학의 입학 인원은 꾸준히 증가했다. 인구통계학적 경제적 변화에 따라 완만한 감소세를 보이기도 했지만 결과적으로 2.5배 상승했다(National Center for Education Statistics, 2019a). 그동안 2년제 대학의 학위 수여는 5배 증가했고 4년제 학사 학위 수여는 2배 이상 늘었으며 석박사 학위 수여는 3배로 늘어났다(National Center for Education Statistics, 2019b).

대학의 실패율은 낮았다. 가장 취약하다 할 수 있는 소규모 사립 대학들의 경우에도 2002년 이후 폐교율은 연간 1% 미만을 기록하고 있다(Seltzer, 2018). 이런 관점으로 비교한다면 소규모 기업의 5년간 폐업률은 50%에 달한다(Desjardins, 2017). 하지만 팬데믹은 실로 극적으로 양쪽 모두에서 그 숫자를 증가시켰다. 펜실베이니아대학 교수 로버트 젬스키는 대학 폐교율이 10%에서 20% 사이라고 예상했다(Korn, Belkin, & Chung, 2020). 매우 큰 숫자이긴 해도 붕괴의 수준으로 보기에는 못 미치는 정도다. 오히려 훨씬 더 긴 시간에 걸쳐 일어났을 법한 손실의 축소판이라고 볼 수 있다. 멸종 위기에 처한, 재정적으로 문제가 있는 기관이 겨우 버티다 코로나19로 인한 수입 감소 때문에 절벽 아래로 떠밀린 셈이다.

고등교육이 새로운 인구 구조와 경제, 기술적 현실에 신중하게 나름의 방식으로, 종종 마지못해서이긴 하지만, 적응해 가고 있다는 증거도 있다. 인터넷과 모바일 기술은 캠퍼스의 중요한 축이 되었다. 코로나19 이전에는 세 명의 학생 중 한 명이 온라인 코스를 들었지만, 얼마 지나지 않아 그 숫자는 거의 100%로 훌쩍 뛰었다. 대학은 여전히 학생들보다 아날로그적이긴 하지만, 조지아 주립대학의 경우 저조한 수준이나마 빅 데이터와 인공 지능을 활용한 맞춤형 학습 프로그램을 운영하고 있다. 조지타운 의과대학의 학생들은 가상 현실과 증강 현실을 이용해 노인 환자의 경험을 시뮬레이션할 수 있다(O'Neil, 2019).

성과 기반 교육과 시간에 구애받지 않는 강의에서부터 대체 자격 증명까지 크고 작은 실험적인 교육 방식이 실행되었고, '데이터 사이언스와 학습' 같은 학제적 분야도 발전했다. 대학 교육과 비전통적 교육 제공자 사이에 파트너십이 형성되었다. 일반교양 과목을 제공하는 스트레이터라인(StraighterLine), 마이크로 자격증과 배지를 수여하는 크레들리(Credly), 온라인 학위 프로그램을 제공하는 2U, 직업훈련을 돕는 트릴로지(Trilogy), 대학생활을 위한 각종 디지털 플랫폼을 제공하는 키비타스(Civitas), 코딩 교육 프로그램을 제공하는 제너럴 어셈블리(General Assembly) 등이 그 예이다. 좀 더 큰 규모로 보자면, 3만 학생을 보유한 독점 체인인 카플란(Kaplan Higher Education)은 퍼듀대학과 합병해 '퍼듀 글로벌'을 만들었다. 애리조나대학은 3만 5,000명의 등록생을 보유한 애시포드대학을 사들였다. 애리조나 주립대학, 카네기 멜런, MIT, 올린대학, 서던뉴햄프셔대학, 스탠퍼드대학은 고등교육의 새로운 미래를 상상하는 리더이자, 실험실, 전시실, 인큐베이터로 인정받고 있다. 10만 명 넘는 인원이 등록할 수 있는 무제한 대규모 강의를 갖춘 혁신적인 개방형 온라인 강좌 무크(MOOCs)는 대학 교육에서 시작되었다. 이러한 내용은 14장과 15장에서 자세히 다룬다.

동시에 고등교육은 여러 심각한 어려움에 직면해 있다. 고등교육의 효용성과 가치에 대한 비판이 늘고 있다. 막대한 비용과 학생이 떠안게 되는 빚은 시급히 풀어야 할 과제다. 대학의 입구는 좁고 졸업률은 너무 낮다. 대학은 코로나19로 인해 디지털 테크놀로지를 훨씬 더 빨리 수용할 수 있다는 걸 입증하긴 했어도 여전히 속도는 더딘 편이다. 더 큰 책임을 안아야 한다는 요구가 커지고 비전통적인 기관과의 경쟁은 치열해지고 있다.

전통적인 고등교육 너머를 보다

고등교육은 고루하고 현실에 안주하려는 것처럼 보인다. 반면 전통적인 대학 너머의 교육 세계는 무질서하고 성급하며 생기 넘치고 안달하는 것처럼 보인다. 주류 대학의 주변부에서 시작해 훨씬 멀리까지 확장한 영리 및 비영리 기관, 조직, 프로그램 및 서비스가 모두 들어있는 뽑기 상자 같기도 하다. 주류 대학 교육의 주요 요소를 과감히 버린 비전통적인 기관들이 등장했다. 디지털 테크놀로지를 강조하고 시간과 장소에 구애받는 교육을 거부하며, 비용이 적게 드는 학위를 만들고 역량 중심, 성과 기반 교육을 차용하며, 전통적인 고등교육에서 간과했던 성장하는 인구층에 초점을 두고, 선구적인 과목과 자격증을 제공한다. 영리 목적의 대학 체인이 있는가 하면 가족이 소규모로 경영하는 사립학교도 있다. 도서관, 박물관, 미디어 회사, 소프트웨어 회사는 콘텐츠를 활용한 강의와 수료증을 제공한다. 일반교양 과목, 경영학, 교육학 같은 고등교육에서 수익률이 좋은 프로그램을 낚아채려는 대형 기업들도 있다. 이들은 모두 더 저렴하고 빠르며 더 좋고 편리한 버전을 추구한다. 라이언 크레이그는 그의 책(*A New U*, 2018)에서 대학의 대안 기관을 200여 개 이상 나열하고 있다.

최근 우후죽순으로 증가한 '중등과정 이후의 교육' 기관은 역사적으로 고등교육의 빈틈을 메꾸고 있다. 가격, 시간, 위치, 서비스, 프로그램, 접근성 같은 요소에서 전통적인 고등교육에서 드러난 단점을 이용하려는 기회주의자로서 경쟁자 역할을 하는 중이다. 개혁의 실험실 몫을 담당했으며 강의, 학습, 증명서에 새로운 방식으로 접근했다는 면에서는 선구자라고 볼 수도 있다.

◆ ◆ ◆

전통적 고등교육 기관과 새로 등장한 기관의 관계는 삐거덕거리는 중이다. 하나가 다른 하나의 결핍 위에서 지어졌으니 놀랄 일은 아니다. 각각이 도입한 방법, 혹은 도입하지 못한 방식을 근거로 상호 비판의 날을 세우고는 한다.

이 책을 쓴 우리는 주류 대학 교육의 산물이다. 우리가 졸업한 대학이 그렇기도 하고 우리가 일한 곳도 그렇다. 약 20년 전, 아서 러빈은 미처 몰랐던 수많은 교육 기관과 그 기관에 다니는 학생의 숫자가 증가하고 있다는 말을 듣기 시작했다. 초반에는 전통적인 고등교육을 둘러싼 그림자 세계에 대해 알게 된 느낌이었다. 아서 러빈은 그런 기관의 리더들과 계획을 소개해 주는 셰르파 같은 인물을 찾아냈고, 이후로 수십억 달러의 가치가 있는 '중등 이후 교육'의 세계에 매력을 느끼기 시작했다. 수년간 두 저자는 산처럼 쌓인 보고서와 연구서를 읽고 미국과 해외에 있는 중등 이후 교육 기관과 관련 기업을 방문하고, 대학 CEO, 기업가, 투자자, 정책 입안자를 만나 인터뷰했으며, 교육 콘퍼런스와 회의에 참여했고 심지어 이사회와 자문위원회 자리에 참석하기도 했다.

아마도 중등 이후 교육 세계를 아는 데 가장 도움이 되는 자리를 하나 꼽으라면, 매년 열리는 '애리조나 주립대학 + 글로벌 실리콘 밸리(ASU + GSV) 서밋'일 것이다. 5,000여 개의 교육기업과 리더, 재단, 벤처 펀드 임원들, 기업 CEO, 고위급 정부 관료들, 연구자, 미디어 대표 등 5,000명 이상을 불러 모은다. 다보스 포럼의 교육 판이라고 봐도 무방하다. 3일간 진행되는 이 서밋의 목적은 "큰 규모의 혁신을 통해 학습과 직업 성과를 향상시키기 위한 차원 높은 대화와 행동의 기폭제"가 되는 것이다. 한 번에 읽기도 벅차다. 이 행사에 참석한 사람들은 버락 오바마, 조지 부시, 콜린 파월, 콘돌리자 라이스, 말콤 글래드웰, 존 레전드, 빌 게이츠, 로린 파월 잡스, 커먼, 토니 블레어, 프리실라 챈 등으로, 이들과 함께 진행되는 대화, 패널, 강의에 참석할 수 있다. 실제 운영 중이고 계획 중인 최첨단 교육 계획에 대한 발표와 토론도 3일 내내 진행된다. 하지만 단연 발군은 복도와 장외에서 이뤄지는 대화였다. 바로 그곳이 협상가들의 천국이었다.

우리가 배운 것은 다음과 같다. 이 분야의 리더들은 대학의 비싼 가격, 생산성 저하, 느린 변화, 낮은 콘텐츠, 리더십 부재를 계속 지적했고 이에 대한 인터뷰를 진행했다. 그들은 고등교육의 재정 모델은 근본적으로 고장 났다고 주장하는 노스캐롤라이나 전 주지사인 제임스 헌트, 그리고 뉴저지 주지사였다가 나중에 대학 총장을 지낸 토머스 킨의 의견에 동조했다.

◆ ◆ ◆

그들은 오늘날의 대학은 시대착오적이고, "쇠퇴"를 향해 가고 있으며, 지식경제가 아닌 산업화 시대에 걸맞은 기관이라고 입을 모았다. 이 두 시대의 근본적인 차이점은 산업화 사회는 공통의 프로세스에 뿌리를 두는 데 반해 지식경제는 공통의 성과에 초점을 맞춘다는 것이다.

사실 오늘날의 대학은 산업화 시대의 뿌리가 드러나는 설계와 가치를 채택한다. 그들은 산업화 시대 미국에서 가장 성공적이었던 기술을 모델로 한다. 그것은 바로 공장의 조립 라인이다. 대학의 강의는 2년 또는 4년, 연간 15주, 연간 2학기로 구성된다. 대부분의 학생은 학기당 4~5개의 과목을 수강하는데, 각 과목은 일주일에 50분씩 3회에 걸쳐 진행된다. 정해진 개수의 과목을 모두 수강하면 학위를 받는다.

고등교육 시스템은 시계에 얽매여 있다. 학습은 강의실에 앉아 있는 시간, 즉 강의실에서 교수와 보낸 시간을 기본으로 측정된다. 수업 시간과 학업의 진일보를 측정하는 단위는 카네기 유닛, 즉 학점이다. 이는 고등학교와 대학 학습 코스를 표준화하기 위해 1906년 카네기 재단이 만들어 낸 단위이다. 그 결과 교육의 시간과 프로세스는 모두 고정되고 성과는 제각각인 고등교육의 단일 모델이 수립되었다.

이와는 상반되게, 비전통적 기관들은 글로벌, 지식경제의 요구를 믿으며 고등교육과 크게 다른 모델을 만들고자 한다. 이 모델은 과정보다는 결과를 중시한다. 결과는 고정적이고 결과를 얻기 위한 과정과 시간은 가변적이다. 고등교육의 초점은 학생들이 얼마나 오래 교육받는가에서 무엇을 배웠느냐로 옮겨 갈 것이다. 또한, 강의에서 학습으로, 교수에서 학생으로 중심축이 이동할 것이다.

배우는 속도와 방식은 학생마다 모두 다르므로 판에 박힌 일률적인 교육 접근법은 효과가 없다. 교육은 개인에 맞춰 다르게 진행될 필요가 있다. 이는 디지털 기술 덕분에 훨씬 더 쉽게 가능해졌다. 그리고 언제 어디서든 교육을 받을 수 있고 고등교육을 받을 수 있는 인구층의 한계를 확장했다.

시간이 가변적이기 때문에 학점은 더는 학생의 발전을 측정하는 데 적절하지 않다. 대신 시간보다는 학습의 성과를 중심으로 하는 시스템으로 바뀌어야 한다. 시간을 중심으로 짜인 학위도 역시 성과 중점으로 되어야 한다. 성과를 중심으로 한 학위 덕분에 코딩이나 외국어 같은 분야에서 연관된 공부를 모두 마쳤다는 의미로 배지나 마이크로 자격증 같은 새로운 형태의 증명서가 발전하게 되었다.

여러 면에서 비전통적 섹터는 세계시장을 조준하는 리허설 단계에 있다. 기관, 조직, 프로그램과 서비스의 혼합을 자세히 살펴보면 지식 시대에 걸맞은 대학을 만들고자 노력하는 선구자들이 다수 있다는 걸 알게 된다. 성과 중심, 시간에 구애받지 않고 개인에 맞춘, 저비용으로 24시간 언제 어디서든 마이크로 자격증을 수여하는, 파일럿, 연구, 스타트업 기업들이 존재한다. 비전통적 교육 기업을 운영하는 이들에게 왜 이런 일을 하는지 물으면 그들은 네 가지 답을 제시한다.

첫째, 그들은 고등교육에 요구되는 변화는 기존 대학의 교육 모델을 변경하거나 어설프게 손봐서는 일어날 수 없다고 본다. 그들은 고등교육을 완전히 뜯어고치거나 혹은 최소한 튜터링, 온라인 코스 관리, 그리고 코딩 같은 특별 수업을 추가해야 한다고 생각한다.

둘째, 그들은 기존 대학은 중요한 변화를 만들 능력도 없고 의지도 없다고 본다.

셋째, 그들은 변화를 필수 불가결한 요소로 여기며 지식 기반 시대의 대학이 어떤 모습을 갖춰야 하는지 명확히 알고 있고 그런 대학을 만들 수 있는 전문성이 있다고 자부한다.

넷째, 그들은 고등교육을 민간 부문이 인수할 수 있는 조건이 무르익었고 이를 통해 막대한 이익을 낼 수 있다고 생각한다. 또한 교육산업에는 어려움도 있지만, 매력적인 요소도 있다는 사실을 인지하고 있다. 다시 말해, 성장세에 있는 산업이라는 것이다. 정부에서 보조금을 주는 분야이고 소비자는 제품을 소비하기에 앞서 비용을 지급한다. 즉, 학생들은 수업을 듣기도 전에 등록금을 낸다. 수입 면에서는 경기 순환과 반대된다. 경기가 침체될 때 대학 등록률은 높아진다. 교육은 우유와 비누 같은 상품에 비해 장기간 높은 금액을 지불하는 대상이다. 그리고 이제 이렇게 느리게 움직이던 값비싼 산업이 급변하는 시기를 맞이하였다.

결론적으로 파괴적 변화는 필수고 불가피하다.

다른 곳을 보다

고등교육의 미래를 바라보는 두 개의 극도로 다른 비전을 살펴보자. 하나는 과거지향적이고 다른 하나는 미래지향적이다. 고등교육의 현재 모델은 지속될 것이고 새로운 현실에 맞춰 고치고 적응하면서 천천히 변해 갈 것이라고 믿는 관점이 있는가 하면, 이와 반대로 고등교육은 파괴적 변화를 통해 새로운 모델로 대체될 것이라는 관점도 있다.

아마도 세대 차이 때문일지도 모른다. 현재 고등교육을 이끌어 가는 이들은 연배가 높다. 그들은 미국의 대학이 한창 번영하는 시기에 자랐다. 그들에게는 대학이 지속적으로 성장하는 것이 자연스러운 일이다. 그러나 더 젊은 세대는 그런 시기를 겪어 보지 못했다. 그들의 눈에 대학은 늘 망가진 상태였고 개혁해야 할 대상이었다.

우리는 이 두 부류의 의견 중 어느 쪽이 옳은지 증거를 제시할 수 없었다. 그래서 이 책을 집필하기로 결심했다. 어느 쪽 의견을 받아들이건 믿음의 도약이 필요할 것이다.

우리는 미래를 바라보기 위해 기존과 다른 새로운 방법을 채택했다. 대학 조직이나 다른 조직의 미래를 이해하기 위해서는 세 방향에서 살펴보는 것이 중요하다고 믿는다. 그건 바로 뒤와 앞 그리고 옆을 보는 것이다.

"뒤를 돌아보기"는 역사적인 관점이다. 이 관점으로 과거를 연구해 비슷한 사회적 상황에 부닥쳤을 때 고등교육이 어떻게 대응했었는지 파악할 수 있다. 이 경우 현재처럼 중차대한 사회적 변화가 있었던 시기, 즉 고등교육에서 가장 큰 변화가 일어났던 산업화 시대를 말한다. 이 관점은 앞으로 무슨 변화가 일어날 것인가보다는 변화가 어떻게 일어날 것인가에 대한 통찰을 얻는 데 유용하다. 이런 중대한 변화는 특정 기간이나 특정 시간에 발생한다.

"앞을 내다보기"는 트렌드에 집중한다. 이는 인구 구조의 변화, 지식경제, 디지털 테크놀로지와 세계화 등 주된 변화 요소를 점검하고 그것이 고등교육의 미래에 미치는 영향을 예상한다. 이 관점은 고등교육이 어떤 변화를 겪을 것인지, 미래에 일어날 변화의 실체에 집중한다.

"옆을 살펴보기"는 비교하는 관점이다. 지식산업 분야 내에서 유사한 상황에 처했던 세 가지 산업, 즉 신문, 음악 그리고 영화 산업을 살펴본다. 이들은 고등교육 기관과 마찬가지로 동일한 인구 통계 변화, 경제, 기술, 세계화 요소에 맞닥뜨렸다. 이 관점은 유사 기관들이 무엇을, 언제, 왜 했느냐와 그 결과에 초점을 맞춘다.

같은 대상을 세 가지 다른 관점으로 보면 객관적이면서도 섬세한 시각을 얻을 수 있다. 비교 및 대조하면서 같은 점과 다른 점을 점검할 수도 있다. 얼굴과 화병을 최대한 동시에 보는 방법인 것이다.

이 책은 네 개의 파트로 나뉘어 있다. 세 가지 방향에서 보이는 각기 다른 풍경, 그리고 그 결과 알게 된 사실을 통합하는 마지막 부분이다. 마지막 파트에는 대학이 어느 시기에 어떤 식으로 변화할지에 대한 예측과 함께 고등교육 관계자와 정책 입안자들을 위한 권고 사항도 담았다.

우선 뒤를 바라보는 관점부터 시작하자.

제1부

뒤를 돌아보기

뒤를 돌아보는 것은 현재와 관련된 역사적 선례를 살피고 연구하는 것이다. 1부는 산업혁명에 집중한다. 산업혁명은 미국 역사상 오늘날 진행되고 있는 변화의 범위, 기간, 깊이에 견줄 유일한 시기이기 때문이다. 이 시기에 미국과 미국 대학은 지역 단위의 농업 사회가 국가 단위의 산업경제로 이동하는 대변동을 거쳤다. 작금의 대학과 같이, 당시의 대학은 지나간 시대의 산물인 셈이었다. 주변을 둘러싼 사회가 대대적으로 변화하면서 대학은 시대와 동떨어진 낡은 것으로 치부되었다.

150년이 넘는 시간 동안, 대학은 변화에 대한 저항, 장기적이고 열띤 논의, 광범위한 실험, 모델 기관의 출현, 가장 좋은 사례가 주류 대학으로 전파, 교육과 정책의 표준화, 대학 교육의 현대적 시스템을 만들기 위한 확장 및 통합을 포함하는 정신없이 혼잡한 과정을 통해 재형성되었다.

이런 변화를 연구함으로써 우리는 변화의 상황과 본성, 동지와 적, 변화가 일어난 과정을 들여다볼 수 있는 창을 제공받는다. 현재를 더 잘 이해하는 동시에 우리 앞에 놓인 미래를 엿볼 기회를 얻을 수 있다.

1장은 산업혁명을 설명한다. 산업혁명이 미국을 어떻게 바꿨는지, 고등교육의 개혁을 어떻게 촉발했는지 살핀다. 2장은 비판, 거부, 개혁으로 고등교육 변화의 초기 시절에 집중한다. 3장은 변화가 넘쳤던 시기, 고등교육의 새로운 모델의 성립과 주류 대학으로의 확산을 논의한다. 4장은 고등교육의 산업화 시대 시스템을 만들어 낸 표준화, 통합, 확대를 다루며 변화의 마지막 단계를 연구한다. 5장은 뒤를 살펴보는 것이 고등교육의 미래 그리고 다가올 변화에 대해 오늘날의 우리에게 무엇을 말해 주는지 이야기한다.

이제 산업혁명을 점검하면서 뒤돌아보기를 시작하자.

제1장

산업혁명과 미국의 변화

워싱턴 어빙이 1819년에 쓴 단편소설 〈립 밴 윙클〉은 산업혁명을 풍자한 책이다. 20년 동안 잠을 잔 후 깨어났지만, 자신은 단 하루만 잤다고 믿는 남자의 이야기다. 독립전쟁이 일어나기 전 잠들었다가 전쟁 후에 깨어난 그는 이해할 수도 없고 알아볼 수도 없는 충격적인 세상이 눈앞에 펼쳐진 걸 알게 된다. 엄청난 변화에 깜짝 놀란 립 밴 윙클은 미친 사람처럼 소리 지른다. "모든 게 다 변했어. 나도 변했어. 내 이름도 생각이 안 나. 내가 누군지도 기억이 안 나"(Irving, 2011). 산업혁명 동안 일어난 변화가 너무나 빠르고 깊고 가차 없고 전방위적이라 하룻밤 사이 온 세상이 바뀐 듯 느끼는 주인공의 모습은 당시의 독자들을 사로잡았다.

1800년, 미국은 농부, 수공업자, 노동 인부, 그리고 뿔뿔이 흩어진 집들이 있는 동부 해안 마을의 농업 국가였다. 100년 후, 미국은 대서양부터 태평양까지 가로지르는 나라가 되었다. 석유와 전기로 동력을 얻으며 가스와 전등으로 불을 밝히고 철도와 전보, 전화선으로 연결된 나라가 되었다. 미국인 5명 중 2명 이상이 도시에 살았고 농업 인구는 절반 이하로 감소했다.

산업혁명은 미국을 재창조했다. 경제, 통신, 교통, 인구 구조, 제도, 일상 등 모든 것을 뒤바꾸었다. 이 개혁은 두 단계에 걸쳐 일어났다. 첫 번째 단계는 미국 남북전쟁 전의 70년 동안 일어났고 두 번째 단계는 뒤이어 50년 동안 일어났다. 두 단계 모두 연이은 탁월한 발명, 실용적 응용, 지속적 개선, 성공적 응용의 확산으로 특성 지을 수 있다. 대표적인 예로, 증기기관이 발명되어 증기선과 기관차에 적용되고 결과적으로 대양을 가로지르는 증기선 항로와 대륙을 가로지르는 철도 시스템이 세워진 것을 들 수 있다.

2차 산업혁명은 1차 산업혁명을 기반으로 건설되었지만 이전의 혁명을 무색하게 할 만큼 혼란스럽고 빠른 속도로 전개되었다. 1차 산업혁명을 소용돌이로 묘사한다면 2차 산업혁명은 토네이도로 표현해야 한다.

1차 산업혁명

미국의 1차 산업혁명은 제조업, 농업, 교통, 통신에서 오늘날 파괴적 혁신이라고 불릴 만한 개혁을 낳았다.

공장의 설립으로 제조업 노동자의 생산성은 40배로 치솟았다. 공장은 시간에 맞춰 돌아갔고, 시계가 노동자들의 생활필수품이 되었다. 분업화된 공정에 따라 이들은 제한된 일을 반복적으로 수행했다.

제조업의 붐은 농업 분야에서 극적인 변화가 일어난 덕이기도 했다. 목화에서 솜과 씨를 분리하는 기계의 등장으로 작업자의 생산성은 50배, 목화솜 생산량은 20배 이상 증가했다. 결과적으로 농장에서는 인력 수요가 줄어들었고, 이들은 공장과 도시로 이주해 제조업 노동자가 되었다.

미국인들은 직업을 따라 이동했다. 농장을 떠나 일자리가 많은 지역으로 옮겨 갔다. 1800년, 미국인의 4분의 3은 농업 분야에서 일했다. 1860년에 그 숫자는 인구의 절반을 조금 넘는 수준으로 줄어들었는데, 미국 제조업의 발상지인 북동부의 농업 인구는 전체의 3분의 1에 불과했다.

미국인들은 서쪽으로도 이동했다. 미합중국은 1800년까지만 해도 서쪽으로는 미시시피강 유역까지만 뻗어 있었으나, 남북전쟁이 시작되자 영토는 플로리다에서 워싱턴까지 대륙을 가로질러 확장되었다.

동시에 이민자들도 폭발적으로 증가했다. 1840년대부터 20세기 초반까지 미국의 인구는 3배로 증가했다. 새로 미국에 발을 디딘 이민자들은 낮은 임금을 받고도 일해, 미국에서 태어난 백인들의 직업을 빼앗아 간다는 이유로 많은 이들의 맹비난을 받았다. 이전에 노예였지만 전쟁 후 13차 수정헌법으로 자유의 몸이 된 사람들도 더 나은 경제 기회를 찾아 북쪽으로 이주하기 시작했다. 이들 역시 이민자들과 비슷한 적대와 인종차별을 받아야 했다.

교통의 혁명은 대규모 이주를 가속화했다. 운하, 증기선, 철도의 부상으로 상품은 빠르고 저렴하게 이동했다. 전신(電信) 역시 통신 비용과 시간을 줄였다. 빠른 통신 속도는 뉴스를 만들고 민주주의를 촉진하고 문화를 건설하고 상업 활동을 가속화하고 미국을 세계와 연결했다.

1차 산업혁명으로 미국인들은 기존에 살아온 방식을 유지하기가 어려워졌다. 국가의 가치와 미래에 대해 근본적인 의문을 품게 되었다. 새로운 세계 질서가 탄생했고 오래되고 친숙한 세계는 물러났다. 남북전쟁 즈음 미국은 대륙을 가로지르는 나라로 성장했지만, 농업 사회에서 여전히 시작 단계인 그리고 그때는 아직 제대로 상상할 수도 없었던 산업경제로 변화했다. 노예 제도나 주권 확대론뿐 아니라 농업을 일으켜야 한다는 주장과 산업을 건설하겠다는 주장을 둘러싸고 매우 깊은 단절을 보이는 상태였다. 깊은 상실감과 놀라운 약속이라는 감정에 뿌리를 둔 미국의 영혼을 두고 벌인 싸움이었으며 워싱턴은 불안정한 교착 상태에 빠진 시기였다.

2차 산업혁명

미국의 2차 산업혁명은 더 빠르고 깊고 광범위한 변화를 일으켰다. 이번에는 수력과 증기가 아니라 석유와 전기에 의해 힘을 얻은 개혁이었다. 변화의 과정은 1차 산업혁명과 비슷했다. 발명, 응용, 확산으로 이어졌지만, 일정 수준의 표준화와 통합이라는 새로운 일도 일어났다.

2차 산업혁명은 네 가지 발명에 기초한다. 그중 세 개는 미국 남북전쟁이 일어나기 10년 전에 일어났고 네 번째는 10년 후에 일어났다. 1856년 철을 강철로 변환할 수 있는 베세머 공법이 발명되었다. 3년 후, 첫 번째 유정과 내연기관이 개발되었다. 전기 발전기가 1876년에 뒤따라 발명되었다. 그 결과는 강철, 석유, 석유 발동기, 전기였고 이들은 개혁을 낳았다.

진보적인 교육을 받은 시민과 노동력이 요구되는 사회였다. 이전 직업들은 변화를 겪었고 농장과 공장은 기술과 과학으로 진화했다. 새로운 직업이 출현했다. 사무실과 화이트칼라 직업이 늘어나 관리자, 서기, 비서, 회계사의 수요가 늘었다. 직업이 폭발적으로 늘어나 법학과 의학 분야 같은 유서 깊은 분야의 직업에 근무하는 사람의 숫자가 크게 증가했다. 이전에는 도제 훈련식으로 배웠던 공학, 비즈니스, 간호, 치의학, 교직 분야의 직업은 전문직이 되어 대학에서 정식 교육을 받아야 했다.

미국은 진정한 도시 국가가 되었다. 1900년 미국 인구의 40%가 도시에 살았고 그중 3분의 2가 북동부에 거주했다. 20년 후, 절반이 넘는 미국인은 도시 사람이었다. 1800년부터 1900년 사이 비농업 근로자는 26%에서 60%로 증가했다.

운하, 증기선, 공장, 철도, 농업 기술의 출현 이후에 태어난 산업화 1세대는 이들 발명을 통합하여 사업을 이끌었다. 철강의 앤드루 카네기, 석유의 존 록펠러, 철도의 제이 굴드, 금융의 J. P. 모건은 모두 1835~1839년 사이에 태어났다. 이들 기업과 기업가의 권력과 영향력은 기존 국가와 사회의 무엇과도 견줄 수 없이 막강했다. 이들은 가격을 정하고, 저임금을 확립하고, 개탄스러운 노동 환경을 만들어 냈다.

농업과 산업 간 문제로 교착 상태에 놓인 워싱턴이 계속해서 관세, 이민자, 경화를 둘러싼 싸움을 벌이는 동안, 노동 운동, 포퓰리즘, 그리고 진보주의가 태어나 독과점의 남용 및 부의 집중과 전쟁을 벌였다. 농업 대 산업 문제를 두고 벌인 마지막 대전투는 1896년 미국 대통령 선거였다. 이 전쟁은 윌리엄 매킨리가 윌리엄 제닝스 브라이언을 이기면서 산업이 농업을 완파했다. 입법부와 사법부는 강력하게 반대하는 세력을 받아들이기 위해 고통스러울 정도로 느린 속도로 일련의 행동을 개시했다. 이전의 규칙은 더는 적용할 수가 없었다.

이런 폭발적인 성장 속에서 미국 대학은 변하지 않을 수 없었을 것이다.

제 2 장

비판, 거부, 개혁

산업혁명으로 미국 고등교육에 불어닥친 변화는 100년 이상에 걸쳐 종잡을 수 없이 전개되었다. 1막, 2막 순서대로 진행되는 연극이 아닌, 처음부터 끝까지 눈이 돌아가게 복잡한 서커스 공연과 같은 양상이었다. 그나마 꾸준히 지속되었던 현상 중 하나는 끝도 없이 벌어지는 논쟁이었다. 고등교육의 목적과 미래를 두고 벌어진 논쟁은 예외 없이 뜨거웠으며 산업화를 두고 미국에서 진행되던 논쟁과 매우 유사했다.

고등교육에 대한 비판은 남북전쟁이 일어나기 전에 시작되었다. 사람들은 대학이 점점 시대착오적이며 시대에 맞지 않는다고 여겼다. 대학은 두 가지 방법으로 대응했다. 하나는 그들의 관습을 변호하며 버티는 방법이었다. 다른 하나는 새로운 현실을 받아들이며 단편적으로 개선하는 방법이었다. 즉, 어떤 학생을 입학시키고 어떻게 가르치는지부터, 어떤 프로그램을 제공하고 어떤 학위를 수여하는지까지 다양한 범위에서 이런저런 변화를 시도해 보는 식이었다.

미국 남북전쟁 후 훨씬 더 실질적인 개혁의 물결이 밀어닥쳤다. 가장 현저하게 달라진 점은 이전과는 극적으로 다른 형태의 고등교육 기관이 생긴 것이다. 비록 이들의 실험과 혁신 대부분이 실패로 돌아가긴 했지만 몇 가지 혁신은 고등교육계에서 채택되고 반복되며 지속적으로 발전할 수 있었다.

결과는 기관의 종류, 관습과 정책을 조각보 짜듯 억지로 맞춘 모양새였다. 그래서 고등교육 전반에 걸친 공통 정책과 관습을 표준화하거나 새로 설립하려고 애쓰게 되었다. 그런 다음 서로 비교해 보고 결과로 나온 이런저런 조각들을 하나로 통합하여 현대 산업화 시대의 고등교육 시스템을 낳게 되었다. 이렇게 해서 이야기는 마무리된다. 이제 시작점으로 되돌아가 보자.

1636년 하버드대학이 설립된 이래, 1800년의 미국 대학은 상대적으로 크게 달라진 점은 없었다. 대학은 여전히 종파 사회와 농업 사회가 요구하는 학습을 위해 설계된 기관이었다. 커리큘럼은 그리스어, 히브리어, 아람어(Aramaic), 수사법, 문법, 산수, 기하학, 천문학, 역사 그리고 식물의 특성을 배우는 과목으로 구성되어 있었다. 교육과정(course) 같은 건 없었다. 학생들은 아침 8시부터 오후 5시까지, 월요일부터 금요일까지 그리고 토요일 반나절 동안 하루 한 과목을 공부했다. (금요일은 파티하는 날이 아니었다. 사실 토요일도 아니었다.) 수업 진행 방식은 강연, 소리 내어 숙제를 반복 암송하는 것, 논쟁, 예를 들면, "우리는 자는 동안 죄를 짓는다" 같은 주제에 대해 아리스토텔레스의 삼단논법을 활용해 전형화된 토론을 벌이는 식이었다.

1800년에 학위를 수여하는 대학은 25개였다. 모두 합쳐 학생 수는 1,000명 미만이었으며 나이는 9세부터 20대까지 다양했다. 대부분 요즘 학생보다 훨씬 어렸다. 십대 중반의 나이에 대학에 입학했고 일부 학생은 훨씬 더 어렸다. 고등학교는 아직 존재하지 않았기 때문에 대학이 고등학교의 자리를 대신했고 현재 중학교로 생각되는 학교를 마치고 나면 대학에 입학했다.

19세기 초반은 고등교육에 어려운 시기였다. 서부로의 이주가 늘어난 이후 대학의 숫자는 1800년과 1820년 사이 두 배가 되었고 남북전쟁 발발까지 다섯 배로 증가했다. 그러나 대학의 확산세에 비해 잠재적 대학생의 증가세는 더뎌, 많은 대학에서 등록생 수가 줄었고, 특히 뉴잉글랜드 지역의 대학은 상황이 더 좋지 않았다.

재정적 압박이 심해지면서 비용이 너무 많이 드는 전통적인 커리큘럼이 과연 가치가 있는지 의심스러워하는 의견이 대학 내에서 빠르게 확산되었다. 여러 산업 분야에서 직업훈련 프로그램과 도제 제도가 번성했다.

대학은 두 가지 방식으로 대응했다. 일부 대학은 더 현대적이고 구직에 유리하며 전통적인 커리큘럼이 축약된 대체 커리큘럼을 시도했다. 어떤 대학은 비판을 인정하지 않고 변화의 필요성을 거부했다.

개혁의 새벽

전쟁이 일어나기 전, 전통적인 커리큘럼을 대체할 만한 과정을 만들려는 시도는 대부분 실패로 끝났다. 자금이 부족했고 내부의 반대에도 부딪혔으며 타이밍도 나빴고 학생들과 학부모의 동의를 끌어내지도 못했다.

하버드대학은 초기 개혁가 역할을 했다. 개혁을 추진해 나간 사람은 조지 티크너(George Ticknor) 교수로 다트머스 졸업생이었다. 티크너는 1815년 독일의 연구대학에 다닌 최초의 미국인 중 하나였다. 그는 하버드대학에 프랑스어와 스페인어 교수로 채용되었지만, 대학에서 마주친 현실을 깨닫고 경악을 금치 못했다. 구닥다리 도서관, 학문적으로 너무 쉬운 프로그램부터 나태한 교수진, 형편없는 강의가 판을 쳤기 때문이다. 그는 학문적 자유와 연구 제도를 도입해 하버드대학을 위대한 독일 대학처럼 새롭게 만들고 싶었다.

1825년 티크너는 하버드대학을 위한 개혁 목록을 작성해 제안했다. 자신 같은 교수직을 좀 더 만들고, 전통적인 커리큘럼에 그가 가르치는 현대 언어 같은 새로운 과목을 추가함으로써 고등교육에 대한 비판과 압력에 대응하는 것이었다. 티크너는 하버드의 규정된 커리큘럼과 강의를 보완하기 위한 선택 과목 제도를 요구했다. 또한 학생들에게 더 깊은 수준의 질문을 요하는 교육법과 평가 방법을 제안했고, 학과 설립, 학생 교복, 수준별 분반, 고등 대학원 과정, 단기 비학위 과정 개설 등을 주장했다.

1823년 학생 대반란 사건이 일어나 폭동을 일으킨 일로 상급생 중 거의 절반이 졸업 바로 직전 퇴학을 당했다. 매사추세츠 주의회에서도 이런 상황에 대한 불만이 가중되자 하버드 이사회는 티크너의 계획을 승인했다. 하지만 대부분 개혁은 실패로 끝나고 말았고, 사실상 제대로 시행된 적도 없었다.

하버드 총장 존 손톤 커클런드는 이 개혁의 지지자가 아니었고 교수진도 역시 변화에 반대했다. 사실 그들은 고의로 방해했다. 예를 들어, 하버드 교수진은 이사회의 요구대로 학생을 수준별로 나누어 수업을 진행하긴 했지만 모든 학생에게 동일한 과제를 내주었다. 결국, 단 하나의 학과만 티크너의 개혁을 감행했다. 다름 아닌 티크너가 학과장을 맡은 학과였다. 커클런드의 후임자도 티크너 개혁의 지지자라고 말하긴 힘들다. 그는 아무것도 더하지 않은 전통적인 커리큘럼을 옹호하면서 변화의 필요를 거부했다. 이에 좌절한 티크너는 1835년 사임했다.

◆ ◆ ◆

애머스트대학에서 변화를 요구했던 건 교수진과 이사회였다. 1826년 교수진은 이사회 회원들에게 "이 나라의 전통적인 교육 시스템의 부적합성"(Amherst Faculty, 1827, 1)에 대해 보고했다. 그들은 "한 가지 사실은 … 매일 더 확신하게 된다. 대중은 고등교육의 현재 과정에 만족하지 않는다. 크게 반대하는 이유는 우리가 사는 시대와 나라의 긴박한 상황에 대처하기에 충분히 현대적이고 종합적이지 않다"(5)고 했다. "모든 것이 발전하고 있는 데 반해 대학은 그저 멈춰있다. 발전의 빠른 흐름 뒤로 처져 있는 것이다"(5-6)라고 기록했다.

교수진은 기존 애머스트 학부 과정을 대체할 수 있는 새로운 코스의 병행을 제안했다. 전통적인 과목 외에도 '이론 역학과 기계 공학' 같은 프로그램이 개설된 코스였지만 기존 과정을 대체한 것으로 볼 수는 없었다. 두 과정 모두 라틴어와 그리스어 등 동일한 입학 요건을 내걸었기 때문이다. 새로운 코스에는 현대 언어인 프랑스어와 스페인어, 이탈리아어, 독일어, 영문학 과목을 제공하고 기계 철학, 화학, 물리학, 건축공학, 자연사, 근대사, 정치 및 민법 강의가 추가되었지만 학생들은 여전히 고대사, 지리, 문법, 수사학, 수학, 자연 철학, 윤리학과 같은 고전적인 과목도 수강해야 했다.

또한, 교수진은 애머스트에 교육과학을 강조하고 교수직을 만들고 관련 학과를 개설하자고 제안했다. 남북전쟁 전에도 새로운 코스의 병행은 종종 개혁 안건 중 하나였던 반면, 교육과학은 애머스트만의 독특한 아이디어였다.

이사회는 교수진의 보고에 자극을 받아 다른 대학과 정부, 대중도 보고서를 읽기를 바라는 마음으로 초록을 발간했다. 그들은 교수진에 실행 가능한 계획으로 만들어 볼 것을 부탁했다.

이게 애머스트 개혁의 거의 전부다. 애머스트대학은 미국 대학의 변화를 향한 분명한 로드맵이 될 만한 계획을 세웠지만 이를 실행에 옮길 자금이 없었다. 오늘날 기준으로 보면 대단치 않은 듯 보이지만 당시에는 급진적인 아이디어로 여겨졌다.

◆ ◆ ◆

전쟁 전 시기와 적어도 전쟁이 일어나는 동안 주목할 만한 성공을 거둔 이야기의 주인공은 뉴욕주 스키넥터디에 있는 유니언 칼리지다. "당대의 대학"이 되기 위해 애썼던 유니언은 1795년 설립된 때부터 개혁가의 역할을 담당했다. 유니언은 대학 입학생 기준을 엘리트에 맞추기보다는 평등에 초점을 맞췄다. 라틴어와 고대 그리스어 같은 사어(死語) 교육에 반대했으며 대신 프랑스어를 배울 것을 요구했다. 모든 아이가 공교육을 받아야 한다고 옹호하면서 당시로서는 새로운 아이디어를 제시했다. 또한, 미국에서 남학생 클럽을 제일 처음 만든 발상지이기도 하다.

1815년 유니언은 선구적인 아이디어였던 병행 과정을 채택했다. 현대 언어, 과학, 기술 과목을 신설했고 전통적인 커리큘럼 수강생과 차별 없는 동등한 학위를 수여했다. 유니언 칼리지에서 강조한 분야는 응용 과학이었다. 이후로도 유니언은 미국에서 최초로 공학 코스를 제공해 예일대학보다 먼저 화학 교수를 채용했다.

유니언 칼리지는 승승장구했고 병행 과정은 인기가 매우 높았다. 등록 학생 수가 치솟아 1815년 160명에서 6년 후에는 255명으로 늘었다(Hislop, 1971, 166-183). 1830년에 유니언은 미국에 있는 다른 대학보다 더 많은(96명) 졸업생을 배출해, 예일(71명), 하버드(48명) 프린스턴(20명)보다 더 많았다. 미국 남북전쟁 내내 상위 3위 안에 드는 대학의 입지를 유지했고 졸업생들은 고등교육계의 리더가 되었다. 1804년부터 1866년 사이에 졸업한 이들 중 86명이 대학 총장이 되었다(Hislop, 1971, 224-233; Fox, 1945, 16).

유니언 칼리지가 번성한 이유는 위치, 리더십, 자금 그리고 독특한 프로그램이었다. 이리 운하(Erie Canal)가 생기면서 스키넥터디라는 도시는 번영을 맞았고 무역의 중심, 수력 제조업, 교통의 중심지로 떠올랐다. 유니언은 위치가 상당히 좋았던 것이다.

리더십을 보자면 엘리플렛 노트(Eliphalet Nott)가 62년간 총장을 맡았다. 미국 역사상 가장 오랫동안 총장직을 수행한 노트는 목사, 발명가이자 기업가였고 독특한 교육자이기도 했다. 하버드의 티크너처럼 유럽에서 빌려 온 제도를 유니언에 시행하기보다는 미국의 종파와 세속적 뿌리를 혼합해 고등교육에 대한 미국인의 독특한 비전을 옹호했다.

노트는 유니언을 미국에서 가장 부유한 대학으로 만든 탁월한 수완가이기도 했다. 입법부가 고등교육에 전혀 호의적이지 않아 건물이 미완공된 채로 심각한 재정난에 빠져있을 때 그는 대학을 지원해달라고 뉴욕 입법부를 설득했다. 기숙사의 난방 시설이 열악하다는 학생들의 불만을 해결하기 위해 노트는 직접 난로를 개발하기도 했다. 30개의 특허권을 따낸 끝에 무연탄 증기 보일러를 만들어 미국의 운하와 수로에서 많은 증기선의 동력으로도 활용되었다.

부유한 과부와 결혼한 노트는 대학 자금과 자신의 돈을 섞어 쓰는 경향이 있었다. 이는 총장 초기 시절에는 유니언 칼리지에 유리하게 작용했다. 노트와 이사회는 대학의 자금을 공격적으로 부동산에 투자해 초기 유니언 칼리지의 재산을 두둑이 불릴 수 있었다.

하지만, 미국 남북전쟁 후 모두 사라지고 말았다. 전쟁이 끝나자 등록 학생 수가 바닥을 쳐 1860년에 437명에서 1879년에 89명으로 떨어졌다. 하버드와 예일과 맺었던 자매결연 관계도 종료되었다 (Hislop, 1971, 556-567).

너무 오랜 시간을 사무실에서 보낸 노트는 1866년 거의 실명한 채로 사망했다. 임기 말엽, 유니언 칼리지는 다른 대학들보다 뒤떨어져 있었다. 유니언이 과학 기술원을 세울 계획이라고 발표하기 전, 예일과 하버드가 과학 학교를 설립했다. 초기에 유니언을 빛나게 했던 과학 프로그램을 제공하는 학교가 늘어났고 경쟁이 상당히 심해졌다. 철로가 발전하면서 이리 운하가 안겨 주었던 번영도 사그라들어 유니언의 지리적 장점도 줄어들게 되었다. 공격적이던 부동산 투자는 끝내 대학의 운영 자금을 좀먹었고 노트의 자금과 대학의 자금을 합쳐 대학을 운영했던 것은 대학에 부정적으로 작용해 끊임없는 소송의 원인이 되었다.

◆ ◆ ◆

하버드와 예일의 과학 학교는 개혁을 위한 다른 접근법을 보여 준다. 애머스트와 유니언처럼 병행 과정을 만드는 대신 하버드와 예일은 별개의 기관으로 병행 대학을 세웠다. 하버드의 로런스 과학 학교와 예일의 셰필드 과학 학교가 그것이다.

산업혁명의 영향으로 공학, 화학자, 지질학자 같은 응용 과학자들이 점점 더 필요해지자 미국 대학에서 과학의 위치가 더욱 격상되었다. 1828년 미국에는 약 60명의 과학 교수가 있었지만, 1850년에는 300명 이상으로 증가했다(Geiger, 2015, 262).

하지만 하버드와 예일이 과학 학교를 설립할 수 있었던 건 산업 기업가들에게서 받은 두둑한 기부 덕분이었다. 하버드의 경우 애벗 로런스(Abbott Lawrence)였다. 그는 수입업자이자 수출업자, 섬유 산업의 거물로 철로를 옹호한 인물이다. 1847년 애벗 로런스는 공학자, 화학자 또는 과학자를 키우기 위한 학교를 세워 그들의 기술을 실용적으로 활용하라며 전례 없는 금액인 5만 달러를 하버드에 건넸다. 로런스는 자신의 공장에서 일할 만한 기술 좋은 정비공과 기술 노동자를 구하지 못하자, 미국의 미래는 숙련된 기술 인력과 과학 지식을 갖춘 노동자에 달렸다고 믿으며 기부금을 건넨 것이었다. 그 결과가 바로 로런스 과학 학교이다.

예일의 셰필드 과학 학교는 1년 후 조지프 셰필드(Joseph Sheffield)가 13만 달러라는 기부금을 건네면서 설립되었다. 셰필드는 이리 운하에서 일하는 철로 사업가였다.

두 학교에는 차이점이 있다. 모두 3년짜리 프로그램을 제공했지만, 이학사와 철학 학사라는 다른 학위를 수여했다. 로런스는 더 이론적이었고 셰필드는 더 실용적이어서 이런 특징이 커리큘럼과 강의 방법에 반영되었다. 로런스 과학 학교는 서로 다른 기준으로 거의 독자적으로 운영되는 학문 프로그램의 연합체였던 반면, 셰필드 과학 학교는 학생에게 공통의 필수 과목이 있는 하나의 단위로 운영되었다. 로런스는 하버드로부터 지원을 받았고 셰필드는 학생 등록금과 외부 지원을 기반으로 운영되는 사유 기관이었다. 그러나 두 학교 모두 만성적으로 자금이 부족했고 모대학으로부터 지원이 필요했다.

두 학교는 모두 똑같은 문제를 앓기도 했다. 교수진, 학생, 프로그램의 수준 때문에 각각 모대학의 무시를 받았다. 입학의 문턱도 낮았으며 중도에 빠져나가는 학생도 많았다. 모대학과 과학 학교 간에 학생을 두고 경쟁도 있었다. 두 과학 학교는 그들의 대학에서 혁신적인 것을 시도하는 유일한 곳이 되었다. 셰필드에서는 미국 최초로 박사를 배출하는 등 새로운 학위를 수여했다. 또한, 로런스는 토목 공학으로 1년짜리 이학사 학위를 수여하는 등 틀에 박히지 않은 기간과 내용의 프로그램을 제공했다. 배경, 관심사, 가치가 다른 교수를 채용하기도 했다. 모대학과 과학 학교 간, 전통적인 교육과 실용적인 교육 사이의 근본적인 충돌이 있었다.

결국 그들이 선택한 길은 달랐지만, 결과는 같았다. 하버드는 로런스를 MIT와 합병하려고 여러 번 시도했다. 셰필드는 인문교양을 커리큘럼에 추가하면서 학교를 좀 더 예일대학처럼 만들려고 했다. 로런스는 학업 기간을 늘렸다. 과학 학교를 은근히 모대학처럼 만들려는 노력, 프로그램을 대학으로 옮기거나 혹은 과학 학교 운영을 제한하려는 시도 등 두 대학 모두 지속적 재편성을 시도했다. 결국 로런스와 셰필드 프로그램은 수년에 걸쳐 모대학으로 흡수되었고 과학 학교는 사라지고 말았다. 로런스 과학 학교의 남은 조각들은 하버드 공과대학으로 변모했고 셰필드 과학 학교의 남은 그림자는 공식적으로 1956년 문을 닫았다. 여기서 교훈은 개혁은 개혁을 이끄는 대학의 가치와 화합할 수 있어야 한다는 것이다.

◆ ◆ ◆

전쟁 전 가장 위대하고 가장 가슴 아픈 실패는 브라운대학이 겪었다. 교육 개혁에서 타이밍이란 매우 중요하다. 그게 바로 브라운의 문제였다. 브라운대학은 고등교육의 개혁은 남북전쟁 후에 일어날 것으로 예상했다. 하지만 개혁은 그보다 거의 25년 앞선 1842년에 시작되었다.

브라운대학의 네 번째 총장인 프랜시스 웨일랜드(Francis Wayland)는 유니언 칼리지를 다녔던 침례교 목사였다. 그는 유니언 칼리지의 윤리학 교수이자 수학과, 자연철학과 교수였다. 엘리플렛 노트가 그를 브라운 총장으로 추천했다.

총장 후보로 꽤 인기가 좋았던 웨일랜드는 감소하는 학생 수, 낮아지는 입학 기준, 형편없는 학생 규율, 불만 가득한 교수진, 낮아지는 평판의 문제를 안고 있던 브라운대학을 이끌기 위해 1827년 캠퍼스에 도착했다. 그는 대학을 즉각 변화시키고자 제일 먼저 학생 규율부터 시작했다. 웨일랜드는 더 엄격한 행동 규칙을 시행했으며 통행금지 시간 이후 방을 정기적으로 검사하게 했고, 모든 교수진이 캠퍼스 내에 거주하면서 학생을 훈육할 것을 요구했다. 캠퍼스 안에 살길 거부하는 교수진을 쫓아내자 의과대학은 사실상 문을 닫게 되었다.

웨일랜드가 추진한 학문적 방식을 보면 오늘의 기준으로는 사소하다고 느껴질 수 있지만, 당시로서는 급진적인 방식이었다. 학생들의 학습 방식이라는 핵심을 곧장 찔렀기 때문이다. 그는 고정된 관습인 낭독, 형식적인 강의, 교재, 암기하는 방식에 도전장을 내밀었다. 교과서 암송을 금지하면서 학생들이 외우고 반복하기보다는 이해하고 설명하는 것을 목표로 했다.

1842년 총장에 오른 지 15년이 되던 해, 웨일랜드는《현재 미국의 대학 시스템에 대한 고찰 *Thoughts on the Present Collegiate System in the United States*》이라는 제목의 책을 써 널리 인정받았다. 그는 책에서 미국 대학의 학생 수가 줄어들고 있다고 지적하면서 깊고 넓은 범위의 개혁을 요구했다. 미국의 인구와 대학의 숫자는 증가하고 있지만, 학생 등록 수는 그에 따라 늘어나지 않았다. 웨일랜드는 대중은 대학이 제공하는 교육을 원하지 않는다는 결론을 내렸다. 대학 수업료가 이미 낮은데도 대학이 사람들에게 교육을 제공하는 데 어려움을 겪고 있다고 꼬집었다. 문제는 대학 프로그램이 시대에 뒤떨어져 있다는 것이었다. "우리 시대와는 매우 다른 사회"를 위해 만들어졌다면서(Wayland, 1842, 12) 웨일랜드는 몇 가지 특징만 제외하고는 미국 대학이 획일적이라며 비판했다. "4년제로 구성되었고 졸업하면 모든 것이 종료되며, 모든 학생이 똑같은 학문을 공부하고 각 학생에게 똑같은 시간이 할당되는"(9-10) 식으로 구성되어 있다는 것이다. 그는 이미 확고히 정립된 대학들이 이런 방식에서 벗어나길 거부하고 있다고 비판했다.

웨일랜드 총장은 그의 책에서 일련의 충고를 건네는 것에서 멈추지 않았다. 그는 책을 출판하기 전에 브라운대학의 이사회와 교수진에 제안을 받아들이라고 요구했다. 1849년이 되어서도 학생 수가 계속 감소하자 그는 자리를 내놓겠다고 선언해 브라운대학 커뮤니티와 이사회를 충격에 몰아넣었다. 웨일랜드를 붙잡기 위해 그들은 웨일랜드의 제안을 받아들이고 캠페인을 시작해 12만 5,000달러를 모아 지원해 주었다. 변화를 지향하는 이 프로그램은 '뉴 시스템'이라고 불리게 되었다.

뉴 시스템은 다양한 학위 과정을 두었다. 원한다면 교양 과목을 최소로 하고 실용적인 과목 위주로 선택하여 들을 수 있었다. 학업

기간을 4년에서 3년으로 줄일 수 있는 과정도 생겼다. 각 학위는 강의실에서 실제 수업을 들었던 시간보다는 시험 결과를 근거로 수여되었다.

학생들은 학위를 끝내지 않아도 됐다. 공부하고 싶은 과목을 고를 수 있고 과목을 끝낼 때마다 증명서가 수여되었다.

과학이나 공학 같은 더 실용적인 학문이 브라운대학의 프로그램에 추가되어 일부 코스를 더 듣도록 독려했다. 웨일랜드는 정비공이 브라운대학에서 물리학만을 공부해 정비와 국가에 도움이 되는 모습을 그렸다. 일부 코스는 등록 인원을 늘려 자금을 흐르게 했고, 중간 계층과 노동자 계층에게 고등교육의 문을 열어 대학 교육을 민주화하는 장치로 보이기도 했다. 브라운대학은 이런 방향으로 가면서, 지역사회의 요구에 부응하기 위해 사라사 날염에 관한 강의, 귀금속 관련 화학에 관한 강의를 개설하기도 했다. 두 강의 시리즈는 로드아일랜드의 프로비던스의 상인을 대상으로 열렸으며 참석률이 높아 화학 강의는 300명 이상의 사람을 모으기도 했다.

학생 수 늘리기에 혈안이 되어 있다는 비판도 있었지만 대학은 입학 기준을 낮추면서 브라운대학의 입학 요건을 민주화했다. 예를 들어, 라틴어와 그리스어는 더는 입학 요건이 아니었고 어떤 프로그램은 초등학교만 졸업하면 등록할 수 있었다. 뉴 시스템은 누구든 무엇이든 공부할 수 있는 대학이 발흥할 수 있는, 실로 대담한 프로그램이었다.

하지만 뉴 시스템은 완전히 실패로 돌아갔다. 브라운대학이 바라는 만큼 학생 수가 늘어나지 않았고 오히려 대학의 명성을 좀먹고 말앉다. 수익성이 덜한 단기 강좌의 학생 수는 넘쳐 난 반면 전통적인 학사 학위 과정의 학생은 결국 줄어들었다. 모든 사람을 대학에 입학시키려는 시도는 브라운대학의 위상을 떨어뜨렸고, 노동자층과 어깨를 부딪치고 싶지 않았던 부모와 아이들 즉, 전통적인 고객들을 몰아내는 결과를 낳고 말았다. 그들은 대신 더 높은 그리고 전통적인 기준을 요구하는 학교에 지원했다.

일부 뉴 시스템은 제대로 운영되지 못했다. 예를 들어, 학생들이 강의실에 앉아 수업을 듣는 정해진 시간 대신 학생들이 배운 지식을 시험으로 증명하여 학위를 얻는 것은 혁신적인 아이디어였다. 중요도를 학생들의 학습에 놓았고 각 프로그램을 학생에게 맞게 개인화하면서 웨일랜드가 비판했던 정형화된 대학 접근 방식을 깼다. 하지만 막상 학생들이 치렀던 시험은 피상적이었고 어렵지 않아 합격선이 매우 낮았다. 25%의 점수만 받으면 면제되었다(Bronson, 1914, 291). 교수 위원회는 4일 반나절 동안만 공부하면 석사 학위 시험에 충분히 합격할 수 있다고 했다(Bronson, 1914, 291). 둘 다 변화를 위한 교육적 논리를 깨 버렸고 더 나아가 브라운대학의 학문적 위상을 약화시켰다.

선택 교육 과정은 결국 실현되지 못했다. 학사 학위를 받기 위한 필수 과목 9개 중 2~4개만이 학생들의 선택을 받았고, 석사 학위의 12개 중에서는 3개만이 선택을 받았다(Bronson, 1914, 290-291). 문제는 경제성이었다. 요구되는 여러 과정과 선택 과목 시스템을 지원하기에는 사실상 학생회와 교수진의 숫자가 너무 적었다. 게다가 학생들이 자신의 강의를 듣도록 필수로 지정해 달라는 교수진의 요구도 문제였다.

　예상하지 못했던 결과도 있었다. 뉴 시스템 제도 아래서 학생의 훈육이 문제였다. 교육과정에 엄격함이 부족했고 학사 학위 기간이 줄어든 데다 학위를 끝내야 한다는 압력도 없어지자, 학생들에게 여유 시간이 늘어났다. 실력이 뛰어나다는 이유로 새로 고용한 교수진은 웨일랜드가 원하는 만큼 학생을 엄격하게 훈육하는 데 열성을 보이지 않았고 이내 대학을 떠났다.

　웨일랜드는 1855년 건강을 이유로 사임했다. 그의 후임자는 뉴 시스템은 실패작이라고 조용히 선언하고 해체의 순서를 밟았다.

　웨일랜드 이후 브라운대학은 뉴 시스템 이전의 브라운대학과 매우 유사한 방향으로 흘러갔다. 입학 요구 조건과 학위 요구 사항이 빠르게 복구되었다. 학사 과정은 4년제로 되돌아갔다. 1861년 브라운은 거의 대학의 표준으로 돌아갔고, 일부 강의만 듣는 사회적 약자층과 어울리기 싫어했던 학부생들은 웨일랜드 개혁의 정반대 시스템을 환영했다(Bronson, 1914, 325).

현 상태를 방어하려는 노력

　개혁을 향한 시도는 일류 대학인 예일대학에 의해 철저히 거부당하고 비난받았다. 하버드, 애머스트, 유니언 등 여러 대학의 새로운 시도를 예일은 대학 교육에 대한 모욕으로 받아들였다. 1828년 예일대학은 전통 커리큘럼을 방어하는 데 역사상 가장 큰 영향을 끼친, 일명 "1828 예일 리포트(Yale Report of 1828)"라 불리는 문건을 발간했다.* 학생 수가 가장 많고 지리적으로도 가장 다양한 곳에서 입학한 학생들이 모여 있던 예일에서 학생들은 3년 동안 라틴어, 그리스어, 수학, 그리고 과학, 천문학, 지리학, 역사, 수사학, 문법을 조금씩 공부했다.

리포트가 나왔을 당시 예일은 127년의 역사를 갖고 있었다. 하지만 학생 수는 요동쳐 어떤 해는 20%가 내려갔다가 다음 해에는 40% 정도 오르기도 했다. 대학 재정은 빈곤했다. 기부가 늘어나면 매년 발생하는 운영 손실을 메꾸는 데 사용해야 했다. 졸업생들의 간절한 기대는 실망스러운 결과를 낳았고 예일을 지지했던 코네티컷 주의회는 추가 책정액을 제공하길 꺼렸다.

예일 이사회, 총장과 교수진은 모두 학과 프로그램과 대학의 전반적인 생활에 꽤 만족했다. 하지만 대학 구성원 모두가 만족한 건 아니었다. 예일 학생들은 강의 수준과 음식의 질에 불만을 품고 데모를 벌였다. 교수진은 깊이 사고하는 대신 암기를 강조하는 커리큘럼을 고수하고 실용적인 과목 대신 사어를 강조해 비판받았다.

같은 기간 동안 코네티컷 주의회는 대학 평가를 시행했다. 평가 결과는 프로그램의 품질이 감소했다는 것과 예일 수업료는 경쟁 학교에 비해 낮긴 하지만 여전히 너무 비싸다는 것이었다. 당시 커리큘럼은 미국의 비즈니스 니즈와 영 맞지 않고 낡아 빠진 커리큘럼에 집

---

* 이에 대한 설명은 다음의 자료들을 기반으로 한다. 1829년에 "Original Papers in Relation to a Course of Liberal Education"으로 발간된 일명 "1828 예일 리포트", 아서가 조지프 졸너의 도움을 받아 쓴 "Locke College"라고 제목이 붙은 예일 리포트의 사례 연구, 프레데릭 루돌프가 쓴 *The American College and University: A History*, 예일 리포트의 역사에 대한 멜빈 우로프스키의 소논문 "Reforms and Response".

착하며 학생들의 커리어 준비에는 너무 신경을 쓰지 않는다는 비난을 받았다.

예일의 위태로운 재정적인 상태를 우려해 주 보조금을 추가로 받기 위해 로비하려는 계획을 세우고 있던 차에, 총장 제레미야 데이와 이사회는 학생 반동과 비판적인 입법부의 논평을 대학을 향한 심각한 공격으로 보았다. 그 대응으로 예일 졸업생, 대학교 이사회 회원이자 전 판사이자 주의회 의원, 현 상원 의원이던 노이스 달링은 이사회 위원회를 만들어 커리큘럼을 개혁하자고 건의했다. 특히 그 과정에서 사어를 빼는 방향으로 가야 한다고 주장했다. 노이스 달링은 코네티컷 산업 발전의 지지자였고 과거에 묶여 있는 낡은 아이디어에서 벗어나야 한다고 믿었다. 그는 오래된 예일 커리큘럼이 이리운하에 의해 상징되는 진보한 시대에 걸맞지 않다고 우려를 표했다.

9월, 예일 이사회는 상원 의원 노이스 달링의 제안을 승인했고 커리큘럼을 검토하기 위해 코네티컷 주지사를 포함하는 최고의 블루 리본 위원회를 만들었다. 4월, 위원회는 데이 총장과 예일대학 교수진에게 커리큘럼을 바꾸는 문제에 대한 해답을 제시해 달라고 요청했다.

그 결과가 바로 '예일 리포트'였다. 리포트는 예일대학과 사어의 가치뿐 아니라 대학 교육에 대한 해석도 포함하고 있다. 이는 전통적인 커리큘럼을 신중히 논리적으로 옹호하는 내용과 비평가들이 대학 교육에서 강력히 권고했던 개혁의 기각과 심지어 다른 대학이 채택한 개혁의 기각에 대해 논평했다. 리포트는 일제히 교수진의 열정적인 지지를 받았다. 사실 반대하는 교수가 있었다면 가면으로 잘 가린 덕이었을 것이다.

예일 리포트는 대학 교육이 불완전하며 개선이 필요하다는 것을 인정한다는 말로 시작한다. 하지만 대학이 변할 수 없다거나 고인 물이라고 믿는 건 오해라고 주장한다. 예일 리포트는 최근 대학은 학문 과정에 중요한 업데이트가 있었으며 강의 방법을 다양화했고 새로운 학문 분야를 추가했으며 입학 기준을 어렵게 했다고 주장했다. 그 발전은 지금껏 이룬 성취를 방해하지 않는 선에서 최대한 빨리 진행될 것이라고 자신했다.

리포트는 앞에 놓인 중차대한 변화의 시기에, 잠시 걸음을 멈추고 점진적인 변화가 적당한지 혹은 좀 더 빠른 변화가 필요한지 생각해야 한다고 주장했다. 사실, 비평가들은 훨씬 전부터 대학이 극적으로 재편성되어야 한다고 역설하며 그렇지 않으면 학생들을 잃을 것이라고 예견했다. 리포트는 이런 열정적인 비평가들이 본질에서 벗어난 질문을 던지고 있다고 주장했다. "어떤 형태의 변화가 필요한가?"(작거나 큰, 즉각적으로 혹은 점진적으로)라고 묻는 대신, 그들이 물어야 할 질문은 "대학의 목적이 무엇인가?"라는 것이다

이 질문에 대한 예일대학의 답변이야말로 예일 리포트의 핵심이라 할 수 있다. 리포트에 따르면, 대학 교육의 근본적인 목적은 "정신을 단련하고, 정신력을 확장하고 그것을 지식으로 저장하는 것"이다. 따라서 대학이 할 일은 학생들의 집중, 기억력, 분석, 식별력, 판단, 균형감, 규율, 상상력과 특성을 개발시킬 규정된 강의를 통해 학습을 위한 기초를 "넓고, 깊고, 단단하게" 닦아 세우는 것이다. 이는 오로지 전통적인 커리큘럼, 더 정확하게는 예일 커리큘럼을 통해 성취될 수 있다. 리포트는 커리큘럼의 각 구성 요소가 어떻게 이런 결

과를 낮게 하는지 설명하고 다른 과목이나 교육학은 포함할 필요가 없다고 선언한다. 그 어느 특정 대학도 이 리포트에 이름이 나오지 않지만 이러한 주장은 선택 과목과 현대 언어를 프로그램에 포함한 다른 대학을 향한 암묵적 사격이었다.

◆ ◆ ◆

예일 리포트의 저자들은 미국 대학이 유럽 대학을 흉내 내려고 해서는 안 된다고 경고했다. 이는 독일 대학의 요소를 가져온 하버드대학을 향한 공격이었다. 또한, 오직 특정 사고 기술을 개발시키거나 일부 과목만 학습하는 것도 충분하지 않다면서 과학과 공학의 일부 강좌를 제공하는 대학을 타깃으로 했다. 커리큘럼의 균형과 포괄성이 필수라고 강조한 것이다.

직업훈련과 전문 교육도 무시했다. 리포트는 대학 공부의 목적은 학생의 교육을 완성하는 것이 아니라 기초를 놓고 학생들이 사고하는 방식, 평생 무엇을 사고해야 하는지 가르치는 것이라고 주장했다. 그래서 저자들은 직업교육을 커리큘럼에서 배제했다. 직업교육은 폭이 좁으며 한 개인이 사고하는 방식과 지식을 완전히 개발하지 못한다는 것이었다. 인생은 단지 생계를 잇는 것 이상을 포함하기에 가족, 지역 사회, 국가를 섬기기 위해서는 직업교육을 훨씬 넘어서는 그 이상이 필요하다고 역설했다. 이렇게 폭넓은 교육의 개념은 저절로 성장하지 않으며 전통적인 커리큘럼이 전문적인 학습의 선구자 역할을 해야 한다고 주장했다.

예일 리포트는 이런 질문을 던진다 "한 개인이 학위를 받을 때 과연 그는 무엇에 적합한가? 그는 비즈니스를 할 자격이 있는가?" 리포트는 그가 거기서 멈춘다면 자격이 없다고 말한다. 그의 교육은 시작된 것이지 완성된 게 아니라는 것이다. 대학은 애초에 목적한 바 없는 것들을 수행하지 못했다는 이유로 비난받아서는 안 된다는 뜻이다. 석공의 비유를 들어 설명하기도 한다. 집의 기초를 놓은 석공이 건물을 완성하지 않았다고 해서 그리고 그의 노동의 결과가 사람이 살 수 없는 형태라고 해서 아무런 목적도 이루지 못한 것은 아니라고 역설한다.

리포트는 예일이 옹호하는 교육의 종류가 모두를 위한 것은 아니라고 말하면서 그 해에 앤드루 잭슨을 백악관으로 밀어 넣은 반엘리트주의에도 반박했다. 어떤 이는 시간이 부족할 수 있고 다른 이는 재원이 부족할 수 있다. 이런 개인을 위해서는 전문 분야 혹은 특별한 영역을 중점으로 하는 2년짜리 프로그램이 알맞을 것이다. 리포트는 그런 프로그램을 불완전한 교육으로 구분하는 반면 "불완전한 교육이라도 아무것도 안 받는 것보다는 낫다"라는 말을 덧붙인다.

◆ ◆ ◆

학생들에게 "거의 모든 것을 조금씩" 주는 식으로 운영된 뷔페식 프로그램을 향한 거부 반응도 보였다. "일부 교육은 종종 적절하기도 했다"라고 하면서도 "겉핥기식으로 가르쳐선 안 된다"라고 했다. 이건 토머스 제퍼슨이 버지니아에 새로 짓고 있는 대학을 향한 암묵적 공격이었다.

예일 리포트는 학생 수를 늘리고 민주화하라는 압력에도 불구하고 대학은 경쟁적인 입학 기준을 유지하고 직업교육을 금지해야만 한다고 조언했다. 대학이 처한 어려움은 숫자 경쟁이 아니라 탁월성을 위한 것이라고 역설했다.

리포트는 예일 커리큘럼의 상태가 현대적인지 혹은 지식 발전과 보조를 맞추고 있는지 자문하며 결론을 맺는다. 대답은 절대적으로 그렇다는 것이었다.

> 게다가, 교수진은 대학 교육과정이 어떻게 발전할 수 있는지, 어떻게 하면 더 실용적인 교육이 될 수 있는지에 대해 끊임없이 관심을 기울여 왔다. 그러므로 대학이 정적이고 시대가 원하는 바에 부응하려고 노력하지 않으며, 모든 노력은 지속적인 남용이 목적이고 대학이 설립된 당시와 다를 바가 없다는 의견은 근거가 없다. 지난 세기 동안 미국에서 일어난 변화는 대학의 변화보다 크지 않았다. ("Original Papers in Relation to a Course of Liberal Education," 349-350)

미국에서 대학 총장을 가장 많이 배출한 대학인 예일대학이 이렇게 입을 연 것이다. 이사회는 리포트를 받아들였다. 다음 반세기 동안 대학은 3학(문법, 논리, 수사학)과 4학(산술, 음악, 기하학, 천문학)을 계속 가르쳤다. 새로운 과목이 추가될 때는 선택 과목이 아니라 전통 커리큘럼에 부가적으로 추가되는 식이었다(Urofsky, 1965, 61).

비록 예일이 전통 커리큘럼을 만든 첫 번째 대학은 아니었지만 예일 리포트는 고등교육에 엄청난 파장을 일으켰다. 컬럼비아대학도 18년 전에 비슷한 의견을 냈지만, 예일처럼 설득력 있게 밀어붙이거나 철두철미하게 하진 않았다.

미국 전역의 대학들은 예일 리포트를 채택했다. 특히 인디애나, 오하이오, 위스콘신, 조지아, 노스캐롤라이나, 버지니아 대학 같은 중서부, 남부의 새로운 대학들이 받아들였다. 총장들은 예일이 인가한 즉각적인 학문적 신뢰도를 자신들의 대학에 심으려고 했다. 첫째, 벨로이트대학 카탈로그는 대학 프로그램에 "정확히 예일 플랜을 근거로 설계된"이라고 표현하기도 했다(Urofsky, 1965, 62). 역사가인 멜빈 우로프스키는 예일 리포트가 전통 커리큘럼을 너무 강제한 나머지 남북전쟁이 지나서야 개혁의 움직임이 다시 시작될 수 있었다(63)고 했다.

전쟁 전 시기는 다가올 변화를 위한 예행연습의 역할을 했다. 변화를 원하는 사람은 누구이고 원하지 않는 사람은 누구인지 분명히 알게 되었다. 미국의 대학 대부분과 전통적으로 대학을 가던 집안의 사람들은 변화를 거부했다. 정부와 산업계는 변화를 지지했다.

둘째, 성공을 위한 요구 사항들이 더 명확히 드러났다. 자금, 리더십, 교수진의 지지, 조직 규범과 가치의 공존 가능성, 그리고 타이밍이 극히 중요했다. 좋은 위치도 역시 자산이었다.

셋째, 변화에 가장 격렬하게 저항했던 대학에서조차 여전히 변화는 일어나고 있었다. 리포트가 지적했듯 시간이 흐르면서 예일대학은 과학이나 현대 언어 같은 실용적 과목에 교수진과 강의를 추가했다. 물론 그런 과목들은 대개 필수 과목이 아니었고 전통적인 과목을 대체해서 수강할 수 있는 것도 아니긴 했다.

제3장

새로운 모델과 확산

미국 고등교육의 진정한 변화는 미국 남북전쟁 이후 2차 산업혁명이 진행되는 동안 일어났다. 변화의 깊이, 범위, 속도와 특징은 직전보다 규모가 컸던 사회 변화의 물결을 즉각 반영하기도 조금 늦게 뒤쫓아가기도 했다. 새로운 리더도 등장했다. 그들은 정부, 산업계와 팀을 이뤄 미국의 칼리지를 대학(university)으로 변화시켰다. 이전의 리더들이 그랬던 것처럼 기존 대학을 개혁하기보다는 변화를 주면서 다양한 모델의 새로운 기관을 건설했다. 그 결과 새로운 모델이 확산되기 시작했다. 빨라진 개혁 속도를 주류 대학들도 받아들였다. 표준화, 규모 확장, 통합이 뒤를 이었다.

새로운 리더

　　남북전쟁 후 변화의 설계자로 불릴 만한 공적을 세운 인물로는 세 명의 총장이 있다. 코넬대학의 앤드루 딕슨 화이트(Andrew Dickson White), 존스홉킨스대학의 대니얼 코잇 길먼(Daniel Coit Gilman), 하버드대학의 찰스 엘리엇(Charles Eliot)이다. 이전 리더와 달리 그들은 목사가 아니었고 18세기에 태어나지도 않았다. 그들은 산업화 시대 태생으로 1830년대에 태어났다. 카네기, 굴드, 모건, 록펠러와 같은 시대의 사람이었다. 대도시 출신이고 유럽의 고등교육에 해박한 사람들이자 전쟁 전에 개혁을 시도했던 노력의 산물이다. 그들은 뛰어난 개혁가에게서 수학했고 그들의 적수를 마주한 이들이다. 그들은 사업가와 협력하여 일할 수 있는 학문적 기업가요, 경제학자 토르스텐 베블런이 "학문의 대가"(1918, 59)라고 명명한 이들이다. 고등교육을 종교적 소명 때문이 아니라 교육과 나라의 미래를 건설하기 위한 소환장으로 인지한 관리자인 동시에 선지자이다. 비록 미래를 바라보는 견해는 서로 달랐지만 새로운 시대를 위해 고등교육상을 바라보는 미국인의 새롭고 독특한 비전을 공유했다.

　　1831년도에 태어난 대니얼 코잇 길먼은 사업가 집안 출신이었다. 아버지는 방앗간 공장을 운영하는 사업가였고 양가 조부모도 모두 부유한 상인이었다. 길먼은 미래 "혁명적"인 제임스 킹슬리가 있었던 예일대학에 다녔다. 킹슬리는 라틴어 교수로 예일 리포트의 주요 저자였다.

　　길먼은 같은 반에 있었던 앤드루 딕슨 화이트와 친한 친구였다.

둘은 졸업 후 함께 유럽을 여행했다. 길먼은 이 경험을 바탕으로 1856년 〈유럽의 과학 학교들Scientific Schools in Europe〉이라는 제목의 기사를 *American Journal of Education*에 실었다. 이는 셰필드 과학 학교에서 재정 마련책으로 활용되었다.

길먼은 예일대학으로 돌아와 경력을 쌓아 사서 보조에서 시작해, 사서를 거쳐 마침내 셰필드 과학 학교에서 자연 지리학 및 정치 지리학 교수로 자리 잡았다. 이사회 일원이 되어 주의회, 언론, 부유한 기부자들의 집에서 연설하기도 했다. 셰필드의 일부 과정을 만드는 데 핵심적인 역할을 했던 길먼은 전통적인 대학이 아니라 기술, 과학 학교의 장점을 지지하는 인물이었다.

1867년 대니얼 코잇 길먼은 위스콘신대학의 총장직을 제안받았다. 3년 후에는 캘리포니아대학의 총장직을 제안받았으나 둘 다 거절했다. 그는 사실 예일대학의 총장이 되고 싶었기 때문이다. 자신의 모교를 진정한 대학으로 거듭나게 할 기회를 거머쥐고 싶었다.

마침내 그 기회가 1870년에 찾아왔다. 길먼은 마지막 총장 후보 두 명 중 하나였다. 다른 후보는 노아 포터 목사였다. 그는 예일대 졸업생이자 예일대의 윤리학 교수였고 예일 리포트의 독재를 유지하는 데 전념할 인물이었다. 결국, 예일은 노아 포터를 선택했다. 이에 실망한 길먼은 캘리포니아 대학이 다시 제안한 총장직을 받아들였다. 그는 캘리포니아에서 3년 동안 입법부와 힘든 전쟁을 하며 보냈다. 그리고 존스홉킨스의 이사로 볼티모어로 와 달라는 부탁을 받는다.

1832년생인 앤드루 딕슨 화이트는 친구였던 길먼처럼 풍족한 가정에서 자랐다. 그의 아버지는 뉴욕, 시러큐스의 부유한 상인이자 은행가였다. 화이트는 제네바 칼리지에서 1년간 학교에 다녔지만 시간 낭비라 판단, 다시 돌아와 예일대학에 등록했다. 예일에서 첫 스승이자 나중에는 친구가 된 노아 포터의 영향을 받았다. 길먼과 외국에 있는 동안 화이트는 소르본과 베를린대학에서 공부했고 미국 장관의 담당관이 되어 러시아를 다녀오기도 했다.

고향으로 돌아온 앤드루 딕슨 화이트는 다시 예일에 등록하여 대학원에서 역사를 공부했다. 대학원생에게 최고의 대학은 서쪽에 있다는 프랜시스 웨일랜드의 충고를 따라 화이트는 "영향력 있는 친구들"에게 편지를 쓴 끝에 미시간대학의 교수 자리를 받았다. 그리고 당시 총장이었던 헨리 태펀 밑에서 공부했다. 태펀은 노트가 총장으로 있던 시절의 유니언 칼리지를 다닌 사람이었다. 태펀은 미시간대학을 수많은 선택 과목과 대학원, 연구 교수진, 실험실, 응용과학 같은 분야의 전문 프로그램이 있는 연구대학으로 만들려고 했다. 전통적인 커리큘럼으로 구성된 영국 대학보다는 독일식 연구대학의 지지자였던 태펀의 비전은 스스로를 개혁가라 여겼던 화이트에게 큰 영감을 주었다. 화이트의 의견에 동의하는 사람은 별로 없었지만 그래도 그는 위대한 대학을 만들겠다는 꿈을 놓지 않았다. 하지만 태펀은 지역색이 강했던 이사회에 의해 1863년 해고당하고 만다. 이사회는 태펀이 너무 귀족적이고 대학을 독일화하려 하는 실수를 저질렀다고 판단했다.

그렇게 해서 중서부는 앤드루 딕슨 화이트를 좋아하지 않는다는 사실이 증명되었다. 그래서 그는 유럽으로 갔다가 고향인 시러큐스로 돌아갔다. 그리고 뉴욕주 상원 의원에 도전해 당선되었다. 화이트는 상원 교육위원회의 새로운 의장으로서 동료 상원 의원이었던 에즈라 코넬을 만나게 되었다. 코넬은 전신선을 계약하고 개발하는 사업으로 큰 재산을 일군 농부 출신이었다. 둘은 함께 위대한 대학을 만들기로 결단했다.

삼두 정치의 세 번째 구성원인 찰스 엘리엇은 1834년생이다. 보스턴의 명문가 아들로 태어났으며 가족은 대대로 하버드 출신이었다. 엘리엇 역시 하버드에 다녔고 하버드 대학과 로런스 과학 학교에서 교편을 잡았다. 보스턴의 시장이었던 아버지는 대학의 재무 담당자이자 대학의 역사가이기도 했다. 할아버지는 돈을 기부해 1814년 그리스어 석좌 교수직을 만들었다. 엘리엇이 하버드에 다닐 당시 총장이었던 자레드 스파크스는 가족과 가까운 친구였다. 하버드 교수였던 조지 티크너와 앤드루 노턴은 엘리엇의 삼촌이었다. 엘리엇 자신은 감독관으로 선출되어 1868년 하버드의 법인 조치를 검토하는 일을 담당했다.

하버드 졸업 후 찰스 엘리엇은 교사로 1년 동안 자원봉사를 했고 1854년 수학 튜터로서 하버드에 돌아왔다. 암송하는 강의에 한계를 느끼고 낙담했던 엘리엇은 실제로 시범을 보이는 강의를 선호했다. 전통적으로 행해지던 구두시험을 거부하고 하버드의 커리큘럼을 바꾸려고 노력했으며 강의를 발전시키려고 했다. 엘리엇은 튜터로서 학부에서 화학을 가르치던 조시아 쿠크와 가깝게 지내며 하버드 화학 프로그램을 확장하기 위해 애썼다. 행정 업무에 타고난 소질을 보이는 엘리엇을 보고 제임스 워커 총장은 그에게 다양한 행정 업무를 담당하도록 했다. 1858년 그는 수학과 화학 조교수로 승진했다.

하지만 임기 내내 찰스 엘리엇은 거들먹거리는 태도와 딱딱한 말투, 무턱대고 자신의 의견만 주장한다는 이유로 갖은 비난을 들었으며 다른 사람들과 갈등을 빚곤 했다. 1859년 그는 쿠크와도 사이가 틀어져 하버드를 떠나 로런스 과학 학교로 갔다.

전쟁이 일어나는 동안 로런스에서 학장 권한 대행을 맡게 된 엘리엇은 강의를 발전시키고 학교의 행정을 강화하는 데 온몸을 던져 헌신했다. 그는 시험의 난이도를 높였고 실험 수업을 늘렸으며 실험실 장비를 훔치던 좀도둑까지 치밀하게 조사했다. 하지만 세계 일류 과학자이자 로런스 과학 학교의 설립자인 루이 아가시와 충돌했다. 아가시는 실습보다는 이론을 강조하고 실험보다는 격식을 갖춘 강의를 강조하는 학교를 만든 사람이었기 때문이다. 애벗 로런스의 원래 목표는 엘리엇이 열망했던 실용적인 과학 학교를 만드는 것이었지만, 명성 있는 스위스 과학자로서 사실은 박물관 같은 학교를 만들고 싶었던 아가시를 고용함으로써 목표의 방향이 바뀌었다. 아가시는 비슷한 신념과 관심을 가진 동료들을 채용했다.

럼포드 체어 자리를 열렬히 원했던 엘리엇은 마땅히 자신이 맡아야 한다고 믿었지만, 당연하게도 체어에서 밀려났다. 럼포드 체어는 연구를 더 많이 한 학자이자 아가시의 조수였던 윌코트 기브스가 차지하게 되었다. 체어 자리에서 밀려났다며 위로차 받은 자리가 당혹스러울 정도로 재정이 빈약한 교수직이었던 데다 실험실을 관리하는 행정직에 놓이자 모욕감을 느낀 엘리엇은 하버드를 떠났다. 그리고 유럽에서 과학과 기술 교육을 2년간 공부했다. 거기서 그가 목격한 건 과학과 비즈니스 사이의 강력한 연계성이었다.

다음 단계로 찰스 엘리엇은 사업에서 경력을 쌓기 위해 학자 생활을 청산할지 심각하게 고민했다. 그의 가족은 1857년 불황으로 큰 타격을 입었다. 당시 엘리엇은 교수 월급보다 훨씬 더 풍족하게 지낼 수 있는 직을 제안받았고 그가 가진 재능, 기술, 좋은 집안, 연줄을 볼 때 민간 부문에서도 마찬가지로 성공하고 더 부유해질 수 있었을 것이다. 하지만 엘리엇은 그렇게 하지 않았다. 대신 1865년 MIT의 화학 교수로 일하기 시작했다. 실용성을 중시하는 그의 성격상 MIT가 하버드보다 훨씬 더 잘 맞았다.

4년 후, 엘리엇은 두 편의 글을 보스턴 지식인들이 가장 좋아하던 잡지인 《애틀랜틱 먼슬리》에 발표했다. 많은 이들이 "The New Education"이란 제목의 글을 높이 평가했고 특히 산업계의 환영을 받았다. 그가 주장하는 핵심은 과학 학교였다. 국가 발전을 위해 과학 학교의 중요성을 설명하고 과학 학교를 독립적이고 자율적인 기관으로 확립해야 한다고 주장했다. 그는 로런스 과학 학교를 맹비난하는 동시에 MIT를 높이 평가했다. 또한, 새로운 미국 대학을 위한 비전도 제시했다. 그는 이렇게 썼다.

씨앗에서부터 키워야 한다. 영국이나 독일에서 옮겨 와서는 풍성히 자라 열매를 맺을 수 없다. 서둘러 주문해서 6개월 내로 물건을 맞춰야 하는 방적 공장처럼 운영할 수는 없다. 숫자로 구성할 수 없고 때가 되지도 않았는데 돈을 쏟아부어 만들 수도 없다. 제대로 된 미국 대학이 등장한다면 그건 외국 대학의 복제품이나 온실에서 자란 화초가 아닐 것이다. 미국 특유의 사회적, 정치적 습관처럼 자연스럽고 느린 속도로 성장할 것이다. … 미국 대학은 유례없는 기관이다. 동시에 미국 대학은 독창적일 것이다. (Eliot, 1869a, 216)

이 글은 MIT를 위한 바이블이 되었고 그 덕에 엘리엇은 몇 달 뒤 새 직업을 얻었다. 계속해서 단기간만 머물렀던 총장들로 방향을 잃고 자산은 감소해 새로운 총장을 찾지 못하는 등 각종 문젯거리로 골머리를 앓고 있던 하버드가 마침내 엘리엇에게 총장 자리를 맡아 달라고 요구한 것이다. 새로운 총장이 된 그는 우선 로런스 과학 학교에 초점을 맞췄고 MIT와 합병하려 했다. 역시 복수는 냉정하게 해야 제맛이다.

미국 대학의 새로운 모델들

미국 대학은 정확히 찰스 엘리엇이 말한 대로 만들어졌다. 변화는 진행 중이었고 서로의 비전을 경쟁하듯 계속해서 내세우는 상태였다. 화이트, 길먼, 엘리엇은 대학이 어떤 모습이어야 한다는 자신들만의 분명한 모델 혹은 프로토타입을 제시했다.

그 모델들은 새로운 대학이었다. 기존 대학을 고치려고 애쓰기보다는 대체할 학교를 만드는 것이었다. 대학은 백지상태로 출발하고자 했다. 현재 관행을 뿌리 뽑거나 존경받는 교수진과 이사회를 설득할 필요도 없었다.

전쟁이 일어나기 전, 전통적인 형태의 대학 수가 증가하는 것에 더해 새로운 형태의 비전통적인 대학과 고등교육 기관들이 꾸준히 생겨났다. 일부 학교는 오랫동안 주류 고등교육에 접근을 거부당했던 사람을 타깃으로 했다. 즉, 여성, 흑인, 노동자와 농부들이었다. 다른 학교는 대학이 배제하는 직업교육을 제공했다. 군사, 공학, 법, 기술 과학, 교사가 그것이었다. 가장 야심적이었던 건 토머스 제퍼슨의 버지니아대학이었다. 1825년에 설립된 이 대학은 종파에 속하지 않는 대학으로 다양한 선택 과목 커리큘럼과 폭넓은 프로그램을 제공했다. 고대언어와 윤리학 같은 전통적인 분야는 물론 의학과 법학 같은 전문 직업 과목 그리고 현대 언어와 과학 같은 새로운 과목도 제공했다. 하지만 전쟁 전에 불던 개혁의 바람이 기존 대학에 크게 영향을 주지 못했던 것처럼, 상당히 비슷한 이유로 새롭고 혁신적인 대학 중 성공한 대학은 드물었다.

전쟁 후 등장한 대학의 새로운 모델 중 하나가 제퍼슨의 대학처럼 정부에서 땅을 무상으로 제공받아 세운 '랜드 그랜트 대학'이다. 1862년 연방 모릴법이 제정되면서 농업과 산업화 시대를 아우르기 위해 설계된 대학을 세울 수 있게 되었다. 워싱턴은 각 주에 3만 에이커의 국유지를 연방 의회의 각 상원 의원과 하원 의원에게 주었다. 땅은 최소한 대학 한 개를 세우기 위해 직접 사용하거나 혹은 땅을 팔아 자금을 댈 수 있었다. 대학은 교양 과목과 실용 과목을 혼합한 형태로 농업과 기계 과목, "과학과 전통적 과목을 배제하지 않고 군사 기술을 포함하는"(Morrill Act, 1862) 강의를 제공했다.

지금의 50개 주, 6개의 미국령 지역 그리고 컬럼비아 특별구에 65개의 대학이 세워졌다. 1890년 두 번째 모릴법이 통과되고 16개의 대학이 추가로 설립되었다. 인종차별을 금지하는 대학에 직접 자금을 지원하면서 인종차별을 금지했다. 남부에 있는 주들은 "분리하되 평등한" 흑인 대학을 새로 만들었다.

어떤 주는 정부에게 받은 땅으로 기존 공립대학 및 사립 리버럴 아츠 칼리지(liberal arts college)를 지원하거나 농업 학교를 세웠다. 공립대학과 사립 리버럴 아츠 칼리지는 종종 연결성이 없는 농업 학과와 기술 학과를 만들었다. 기존의 농업 학교는 이미 가르치던 내용을 확장하는 정도에 그치곤 했다. 다른 주는 기존 대학은 무시하고 새로운 대학을 세우거나 농업 및 기술 대학을 세웠다. 어떤 주는 한 개의 랜드 그랜트 대학을 세우기도 하고 다른 주는 자금을 여러 대학에 나눠 주기도 했다.

결과는 실망스러웠다. 주(州)정부는 엉망이었고 대학의 품질은 엇갈렸다. 다시 말해, 많은 대학이 학문적으로 빈약했고 너무 많은 대학이 그저 약간 추가만 하는 수준이었다. 입학 기준은 대부분 낮았으며 자금은 부족했다. 특히 자금을 분배해 여러 대학에 나누어 준 주의 상황은 더 심각했다. 농부들은 정식 교육보다는 실전 경험이 더 낫다고 믿으며 랜드 그랜트 칼리지에 입학하는 데 관심을 보이지 않았다. 남부에서는 흑인 학생은 랜드 그랜트 칼리지에 입학할 수 없었다. 랜드 그랜트 칼리지의 취지가 애매해졌고 길먼은 매우 비판적인 태도를 보였다. 이런 대학들은 수준 이하이며 코네티컷주가 랜드 그랜트 칼리지로 지정한 셰필드 과학 학교가 그랬듯 필수적인 연구를 한다기보다는 과학을 산업에 적용하려는 농부와 학생을 훈련시키는 산업학교에 지나지 않는다고 비난했다(Gilman, 1872, 427-443). 모릴법의 목적이 연구를 증진하고 농업 과학자와 기술 과학자를 준비하기 위함인지 또는 농부와 정비공을 더 교육하기 위함인지 혼란스러웠다. 대부분은 후자를 예상했고 전자를 확실히 하기 위해 1887년 해치법(Hatch Act)이 통과됐다.

◆ ◆ ◆

코넬대학은 랜드 그랜트 칼리지 중에서도 논란의 여지 없는 최고의 보석이었다. 랜드 그랜트 법 덕에 에즈라 코넬과 앤드루 딕슨 화이트가 함께 대학을 설립할 수 있었다. 뉴욕주 상원 의원인 화이트는 교육위원회의 의장을 맡았고 코넬은 재정과 건설을 담당했다. 책정액을 여러 곳으로 나누어 쓰라는 입법부의 압력과 싸우면서 둘은 힘을 모아 랜드 그랜트 책정액을 사용해 "진정으로 위대한" 단 하나의 대학에 자금을 댔다. 그들은 대학이 어때야 한다는 데 견해가 달랐다. 가난한 농부의 아들이지만 새로운 기술로 자수성가한 코넬은 애벗 로런스처럼 실용주의자였다. 그는 학생들에게 새로운 경제가 요구하는 지식과 전문성을 제공하면서 실용적 학문과 응용과학에 뿌리를 둔 대학을 머릿속에 그렸다. 화이트는 헨리 태펀이 실현하지 못한 연구대학을 꿈꿨다. 둘은 서로의 비전과 코넬대학에서 받은 50만 달러를 합쳐 "누구든지 무슨 학문이든 배울 수 있는" 대학을 만들었다.

코넬대학은 1865년에 설립되었고 1868년 미국에서 가장 큰 고등교육 기관으로 문을 열었다. 학생 수는 412명이었다. 종파가 없는 남녀 공학 대학이었으니 전통적인 고등교육의 두 가지 규범을 거부한 셈이었다.

전통 분야와 직업 관련 분야가 동등하게 제공된다는 것도 전통적인 대학과 다른 점이었다. 대학은 두 학부로 나뉘었다. 하나는 과학, 문학, 예술, 고대 및 현대 언어가 속한 학문적 학부였다. 또 다른 학부는 농업, 건축, 공학, 공업 역학, 역사, 정치과학으로 구성되어 공직에서 커리어를 준비하려는 학생을 위한 학과였다.

앤드루 딕슨 화이트는 학생들이 자신이 공부할 과목을 직접 결정하도록 했다. 커리큘럼은 선택 과목이었다. 학생들이 선택할 수 있는 5개의 학습의 경로 혹은 과정이 있었다. 그들은 문학사 학위를 받기 위해 전통 과정을 택했다. 이학사 학위를 받고 싶으면 과학을 공부하면 됐다. 전통과 실용을 섞은 복합 과정은 라틴어, 현대 언어, 수학, 과학을 포함했다. 이는 철학사 학위를 받을 수 있었다. 완전히 선택 과목만으로도 학사 과정을 구성할 수 있었고 학위를 안 받는 단과 과정 옵션도 있었다. 코넬대학의 교수진은 학교에서 제공하는 학위와 학위를 받을 조건에 대해 끝없는 논쟁과 개정을 반복했다.

고등교육을 민주화하는 것은 대학의 또 다른 목표였다. 여성도 대학 입학이 허용됐을 뿐 아니라 계급과 인종의 장벽도 무너졌다. 아주 초기에는 학생들이 어렸고 대학이 위치한 지역의 사람이었으며 시골 출신에다 공부할 수 있는 준비가 안 되어 있었다. 이렇게 입학한 첫 동기생 중에는 10명 중 1명 정도만 학위를 받았다. 시간이 흐르면서 학생들의 학문적 자질과 사회경제 상태는 상당히 상승했다.

앤드루 딕슨 화이트는 저명한 학자를 교수로 채용하고 싶었지만 가능하지 않았다. 그래서 그는 전도유망한 젊은 교수를 고용했고 루이 아가시 같은 유명인을 단기 방문 교수로 뽑았다. 코넬대학 교수진은 학문 전문직으로 대우받아 대부분 대학에서 요구하던 학생을 훈육하는 업무에서 배제되었다.

에즈라 코넬은 1874년 사망했다. 대사 자격으로 잠시 독일로 가는 등 임기 내내 거듭 공직을 수행했던 화이트는 1885년 마침내 은퇴했다. 코넬과 화이트가 맺었던 파트너십에서 코넬의 비전이 화이트의 비전보다 더 많이 현실화하였다. 화이트가 중시하던 연구 중심 대학은 그가 죽고 나서야 현실로 이루어졌다.

화이트와 코넬은 전통 대학도 보존할 가치가 있다고 믿었기에 실용적이고 발전된 학문, 학생 선택, 고등교육의 넓어진 문턱, 더 전문성 있는 교수진에 뿌리를 둔 현대적인 대학에 전통 대학 형태를 끼워넣은 대학을 설립했다. 이런 대학이야말로 랜드 그랜트의 이상적인 모습이었다. 웨일랜드의 브라운대학의 확장판이었지만 헨리 태펀의 연구대학은 아니었다.

◆ ◆ ◆

연구대학은 미국 대학의 두 번째 모델인 존스홉킨스대학이 1876년 설립될 때까지 기다려야 했다. 존스홉킨스는 대학원과 연구센터 중심 대학이었다. 볼티모어 상인이자 은행가, 자선가, 미국에서 가장 부자였던 존스 홉킨스(1795~1873)는 유색인종 아동을 위한 고아원, 병원, 간호 학교, 의학 학교 그리고 모든 시설을 관리할 수 있는 대학을 건립하기 위해 유언으로 700만 달러(현재의 돈으로 계산하면 1억 4,000만 달러)의 유산을 남겼다. 이는 대부분 볼티모어와 오하이오의 철로 주식이었다. 홉킨스가 대학에서 무얼 원하는지, 제대로 알지 못하는 12명의 대학 이사회 회원은 그 어떤 가이드도 받지 못한 채 대학을 설립해야 했고 총장도 뽑아야 했다.

이사회는 고등교육에서 유명하다는 사람들과 의논을 거듭했다. 엘리엇, 화이트, 포터 등이었다. 그들은 잠재적 목표는 물론이요 심지어 새로운 대학에 대한 전망에도 합의점을 찾지 못했지만, 대니얼 코잇 길먼이 적임자라는 데는 모두 동의했다.

기존의 미국 대학과는 전혀 다른 명문 대학을 세우겠다는 열망을 품고 캘리포니아를 떠난 길먼은 대학교 연구를 위해 가야 했던 독일에서 돌아와 1875년 존스홉킨스대학의 총장직을 받아들였다.

존스홉킨스대학은 홉킨스 전체 사업의 중심에 있었다. 길먼은 홉킨스 유산으로 일군 기타 기관과 대학 간의 연결성을 살리기 위해 대학에서 학자를 양성하고, 학문을 발전시키고, 연구 결과를 적용해 사회 문제를 해결하려는 포부를 갖고 있었다. 그는 새로운 대학을 대학원으로만 구성해 졸업자에게 박사 학위를 수여하려고 했으나 볼티모어라는 도시에 소수만을 위한 콧대 높은 교육 시설은 불필요하다고 여긴 지역사회에 분란을 일으키고 말았다. 이렇게 되자 언제나 실용주의 노선을 따랐던 길먼은 3년 과정으로 학사 학위를 받을 수 있는 소규모 대학을 추가로 개설했다.

길먼은 학자 한 명, 교수 한 명을 신중히 골라 대학을 세워 나갔다. 그가 꿈꿨던 대학의 가장 중요한 토대는 건물이나 연구 내용이 아니라 오로지 사람이었다. 사실, 존스홉킨스대학의 고적하고도 밋밋한 외관을 본 이들은 자칫 오래된 공장으로 오해하기 십상이었다. 하지만 그게 바로 길먼이 의도한 바였을 뿐 아니라 홉킨스도 기부금

원금을 건축 비용에 쏟아붓지 말라는 유언을 남기기도 했다. 오로지 이자만 건물을 짓는 데 사용할 수 있었다.

길먼은 미국 최초로 교수 중심 대학을 건립한 사람이다. 글자 그대로는 교수의 자유라는 뜻이지만 학문의 자유로 더 잘 알려진 '레르프라이하이트(Lehrfreiheit)'의 기본 개념은 독일에서 차용해 왔다. 연구 내용이나 주제를 중심으로 구성된 각 학과는 얼마든지 자유롭게 수업을 설계할 수 있었다. 그래서 커리큘럼에 혼란을 가져오긴 했지만, 교실 안팎으로 다양한 학계가 형성되는 결과를 낳았다.

교수진은 필요한 실험실 장비를 제공받았으며 도서관도 전폭적인 지지 속에 지어져 마음껏 연구할 수 있었다. 하지만 가장 큰 경비는 학생을 모집하는 데 쓰였다. 이는 대단히 주목할 만한 공적으로 1870년 미국에 대학원생은 고작 200명에 불과했기 때문이다. 학비를 감당할 수 있는 여력이 되는 학생은 당시 학문적으로 훨씬 진보해 있던 유럽 대학에서 학업을 이어갔다(Bishop, 1962). 그래서 존스홉킨스는 대학원 연구 장학금을 두둑이 주겠다는 조건으로 미국에서 가장 뛰어난 학생들을 끌어모았다. 첫해에 미국 전역에서 학사 학위를 소유한 54명의 학생을 모집했고 막판에 성적은 다소 평범한 지역 학부생 35명을 추가로 선발했다. 대학의 규모가 커지면서 학부생 비율은 줄어들고 대학원생 비율은 점차 증가했다.

최초의 존스홉킨스 프로그램은 인문학과 과학이었고 전문 대학원이 뒤이어 개설되었다. 학생이 학습할 분야를 선택할 수 있는 자유를 뜻하는 '레른프라이하이트(Lernfreiheit)'가 모든 학생에게 적용되었다. 박사 과정 학생은 하나의 전공과 두 개의 부전공, 프랑스어,

독일어를 공부하고 졸업 논문을 써야 했다. 존스홉킨스대학은 독일어인 '하우프트파흐(Hauptfach)'와 '네벤파흐(Nebenfach)'를 차용해 미국에서 전공과 부전공이란 용어를 처음으로 사용했다. 코넬대학이 여전히 낭독 같은 교수법을 고수하고 있을 때 존스홉킨스대학은 강연, 실험, 세미나 형식을 기초로 학생을 가르쳤다.

미국에서 최초로 여성의 입학을 허가하고 입학 조건으로 학사 학위를 요구했던 존스홉킨스 의과대학은 그 분야 중 최정상에 있는 학교로 인정받았고 또한 임상실습과 연구 과제, 실험실 교육을 도입해 혁신적인 교수법에서도 선두에 있다는 사실을 입증했다. '플렉스너 리포트'라고도 하는 1910년도에 발행된 《미국, 캐나다의 의학 교육 *Medical Education in the United States and Canada*》에 따르면 존스홉킨스는 북미 지역에서 가장 모범적인 의과대학 두 곳 중 하나였다.

길먼은 존스홉킨스대학이 대학 교육에 변화를 가져올 주체가 되려면, 새로운 학자를 배출하고 전문 분야 연구를 지원하는 일 이상을 해야 한다는 걸 깨달았다. 그래서 그 결과 미국에서 가장 오래된 대학 출판사인 존스홉킨스대학 출판부를 설립해 학술지와 학술적 전문직 협회를 만들어 전미 학자 네트워크를 구축하려고 했다.

규모가 작은 편이라고 할 수 있는 존스홉킨스대학은 미국 대학 교육의 변화라는 면에서 크기를 초월해 중대한 역할을 해냈다. 세기가 바뀔 무렵, 존스홉킨스는 하버드와 예일을 합친 것보다 더 많은 수의 박사 학위 소지자를 양산했다. 졸업생들은 교수진으로 채용하려는 최상위 대학의 열렬한 구애를 받았다. 대학을 설립한 지 20년도 채 지나지 않아 미국 전역의 60개 대학마다 적어도 3명은 존스홉킨스 출신 교수가 일하게 되었다. 위스콘신대학은 19명을 채용했다. 컬럼비아대학은 13명, 하버드대학은 10명을 뽑았다. 1926년도에 시행한 조사 결과 저명한 교수 1,000명 중 243명이 존스홉킨스 출신임이 밝혀졌다(Brubacher, 2017, 149).

결론적으로 존스홉킨스는 일련의 연구 기술이 요구되는, 연구하고 가르치고 학생을 돕는 대학교수라는 새로운 직업을 창조해 낸 셈이다. 예일대학과 유니언 칼리지와 달리 존스홉킨스 졸업생들의 최종 목적은 대통령직이 아니었다. 존스홉킨스대학은 존 R. 코먼스(역사), 존 듀이(철학), 에이브러햄 플렉스너(교육), 월더 하인스 페이지(저널리즘과 출판), 조사이어 로이스(철학), 플로런스 사빈(의학), 프레더릭 잭슨 터너(역사), 우드로 윌슨과 허버트 백스터 애덤스(정치학) 같은 학문 분야를 정립한 졸업생들을 배출해 냈다.

◆ ◆ ◆

찰스 엘리엇이 인정한 대로, 존스홉킨스대학은 엘리엇과 다른 대학 총장들에게 대학을 모방하라고 강요했다. 그들은 연구와 고등 학술 연구를 받아들여 새로 출현한 산업사회의 요구에 부응했다.

1901년 길먼은 은퇴했지만, 떠나기 전 10년 동안 볼티모어와 오하이오 철로 주식이 폭락하고 다른 대학들이 연구와 대학원에 상당한 투자를 하면서 대학원으로서의 좁스홉킨스의 지위는 낮아졌다. 결국 존스홉킨스는 다른 대학과 보조를 맞추긴 했지만 더는 선두를 달리진 못했다.

세 번째 모델은 엘리엇이 그가 《애틀랜틱 먼슬리》에 발표한 글에서 강조한 MIT였다. 그는 최초의 교수진 중 한 명이었고 화학부 과정을 설계했으며 화학 실험실을 위한 두 권의 교과서를 공동 집필했다. 하지만 MIT의 설립자는 윌리엄 바턴 로저스(William Barton Rogers)였다. 그는 커리어 중 많은 부분을 과학 학교 모델을 세우려고 노력했던 사람이다. 로저스는 1804년 과학자 집안에서 태어났다. 아버지는 펜실베이니아대학에서 수학한 의사였고 후에 윌리엄 앤드 메리 칼리지에서 화학 교수가 되었다. 로저스와 그의 두 형제는 홈스쿨링을 받았는데, 이로 인해 과학 분야로 진출할 수 있는 실력을 쌓았지만 동시에 대학 교육과 동료들의 수준에 실망하는 계기가 되기도 하였다.

윌리엄 바턴 로저스는 일찍부터 MIT에 대한 아이디어를 가다듬기 시작했다. 윌리엄 앤드 메리 칼리지를 졸업한 후 형제들과 아카데미를 설립 후 공개 강의를 하며 대학 프로그램에 대한 아이디어를 축적했고 그의 모교에서 아버지의 뒤를 이어 자연철학과 및 화학과 교수가 되었다.

7년 후인 1835년 로저스는 버지니아주에 채용되어 영연방의 지질 조사를 수행했다. 이 조사를 통해 로저스는 함께 일할 수 있을 정도로 훈련된 사람이 없다는 걸 알게 되었고 이 조사를 사람들을 훈련하는 도구로 사용할 수밖에 없었다. 사실상 실습 학교가 된 것이다.

로저스는 지질 조사가 고수익 사업이라는 사실도 깨닫게 되었다. 농업계, 산업계, 정치계 모두가 그들이 원하는 결과를 얻으려고 안달이었기 때문에 지질 조사가 정치적 화제에 놓였다. 짧게 말하자면, 응용과학 연구는 커다란 가치가 있었다.

조사가 끝나자 로저스는 버지니아대학 교수로 돌아갔다. 버지니아대학은 윌리엄 앤드 메리 칼리지보다 더 일하기에 좋은 곳이었다. 학생들에게 전통적인 커리큘럼을 넘어 일부 선택 과목을 제공했기 때문이다. 로저스는 교수로서 후에는 학장으로서 실험실 작업을 강조하는 응용과학 교육 프로그램을 만들기 위해 필라델피아에 있는 프랭클린 인스티튜트를 위한 계획을 세웠으나 받아들여지지는 않았다.

보스턴 상류층 출신의 여자와 결혼한 로저스는 버지니아를 떠나 1853년 보스턴으로 옮겨 갔다. 보스턴에서 로저스는 〈기술협회, 기술박물관, 산업기술학교를 포함한 보스턴 기술연구소 설립 계획〉을 수립했다. 1862년, 응용과학과 기술에 관심이 있는 학자들의 모임인 기술협회가 손쉽게 설립되었다. 새로운 기술을 모으고 진열할 수 있는 박물관은 결국 지어지지 않았다. 자금이 부족했던 산업기술학교는 1861년 매사추세츠 공과대학(MIT)이라는 이름으로 설립되었다. MIT는 세 개의 매사추세츠 랜드 그랜트 칼리지 중 하나였다. 다른 하나는 그랜트를 전부 다 받으려고 투쟁을 벌였던 로런스 과학 학교, 나머지 하나는 애머스트에 있는 국립 농업 대학교였다. MIT는 1865년 총 15명의 학생으로 문을 열었다. 대학의 모토는 "mens et manus"(정신과 손)으로 새로운 대학과 새로운 경제를 위한 응용과학자를 교육한다는 본질을 담았다.

학교는 두 개의 프로그램을 제공했다. 주간 학교는 보통 풀타임 수업을 듣는 학위 과정 학생은 물론 단과 코스를 듣는 특별 학생을 위한 것이었다. 야간 학교는 기술에 흥미가 있는 사람들을 위해 일련의 강의를 제공하는 식이었다. 1880년까지는 특별 학생이 정규 학생보다 더 많았다.

비록 고등교육에서 고전 언어를 요구하는 조건은 사라지는 추세였지만, 입학 조건은 엄격한 편이었다. 학생은 적어도 16세 이상이어야 했고 산술, 대수학, 평면 기하학, 영어, 문법, 지리학을 포함한 입학시험에 통과해야 했다.

MIT의 커리큘럼도 매우 달랐다. 4년제 학사 프로그램은 현대 필수 과목인 과학, 수학, 현대 언어, 역사와 경제 그리고 (1) 건물과 건축, (2) 토목 공학과 지형학 공학, (3) 지질학과 광업, (4) 기계 공학, (5) 실용 화학, (6) 일반 과학과 문학의 6개 중에서 하나를 선택하는 방식으로 구성되어 있었다. 처음 2년 동안 집중적으로 공부하게 되는 필수 과목은 프로그램 내내 확대되었다. 1학년 학생은 대수학, 입체 기하학, 기초 역학, 삼각법, 화학, 영어, 독일어 그리고 그림을 배웠다. 2학년은 미적분학, 구면 삼각법, 해석 기하학, 천문학, 측량술, 물리학, 정성 화학 분석, 영어, 프랑스어, 독일어와 그림을 배웠다. 3년째에는 필수 과목들이 더 적었고 4학년 학생들은 각자 전공 분야를 공부했다. 3학년의 필수 과목은 물리학, 지질학, 역사, 미국 헌법, 영어, 프랑스어와 스페인어 그리고 독일어였다. 4학년은 정치 경제학, 자연사, 프랑스어 또는 이탈리어어, 그리고 독일어였다(Eliot, 1869a, 217-218).

교수진과 강의 방법은 MIT의 실용적인 접근에 맞춰 조정되었다. 연구에 참여하고 논문을 쓰는 교수 그리고 로저스와 엘리엇의 신념과 경험을 공유하는 교수들을 고용했다. 강의는 전통적인 낭독, 강연보다는 실험실을 선호했다. 실험실은 계획했던 프로그램을 제대로 실행에 옮기려고 할 때 가장 어려운 요소였다. 예를 들어, 기계 공학 실험실은 보스턴 네이비 야드의 정비소에 있을 수밖에 없었다. 교수진이 실험실을 빠르게 변하는 기술에 맞춰 최신 장비를 갖추길 원하면서, 응용과학이 실제로 일어나는 환경과 응용과학 연구가 어떻게 수행되는지에 맞춰 개정 작업이 계속되었다. 교수진은 아주 적은 예산으로 학생들을 가르치면서도 꾸준히 개발해 나갔다.

MIT는 성공 스토리를 증명했다. 로런스 과학 학교의 등록 학생 수가 감소하던 1870년 MIT 등록 학생 수는 200명을 넘었고 1873년에 350명까지 늘더니 1894년에는 1,000명이 되었다. 새로 출현한 MIT는 초기 비평가들이 비판했던 직업훈련 학교가 아니었다. 그 대신 미국의 일류 과학 및 공학 대학이 되었다. MIT는 미국의 과학 학교의 표준과 디자인에 변화를 가져왔다. 응용과학의 지위를 격상하고 다른 대학이 모방하는 커리큘럼과 교육법을 만들어 냈다. 응용과학과 공학에서 훈련과 연구를 어떻게 해야 하는지 기준을 세웠다. 교수진과 졸업생은 2차 산업혁명의 원동력이 되었다.

MIT의 업적을 평가하는 1894년 연례 보고에서 프랜시스 워커 총장은 (로저스는 1882년 워커의 취임식이 진행되는 동안 연단에서 사망했다) MIT의 공학 모델이 미국의 모든 주에 있는 대학으로 퍼져 나갔다고 썼다. "실로 모방은 가장 훌륭한 아첨이다. … MIT의 살아있는 설립자들은 정말 기뻐할 만하다. "New Education"이라는 전쟁에서 승리를 거뒀으니까"(MIT, 1894).

토머스 에디슨에게 아들을 어느 대학에 보낼 거냐고 묻자 그는 망설임 없이 MIT라고 답했다(Edison, 1929).

새로운 모델의 확산: 주류 고등교육의 변화

찰스 엘리엇은 고등교육의 변화에서 중추적 역할을 한 인물이었다. 그는 왕이 된 왕자를 몰아내고 미국에서 제일 오래되고 부유하면서도 산업혁명의 요람기에 있는 가장 유명한 대학을 통솔했다. 임기 4년 동안 그는 차례로 개혁가, 결정권자, 개혁을 정당화한 사람, 통합자, 표준을 만든 사람, 변화의 통합자의 역할을 거쳤다.

엘리엇은 화이트, 길먼, 로저스와는 매우 다른 미국의 대학 모델을 만들어 냈다. 엘리엇의 대학은 독특한 프로토타입이 아니었다. 랜드 그랜트 대학도, 연구 대학원도 아니었으며 과학 학교도 아니었다. 1869년부터 1909년까지 50년 동안 일하면서 엘리엇은 이 세 가지 모델을 모두 통합했다.

◆ ◆ ◆

그가 만든 모델은 다리였다. 전쟁 전 시기와 현재를 잇는 다리로 초기의 다양한 시도들이 발전했다는 사실을 증명했다. 고등교육의 주변부에서 정중앙까지 그들의 비전을 실현하면서 세 개의 새로운 모델(코넬, 홉킨스, MIT)과 주류 고등교육 사이에 놓인 다리였다. 칼리지가 어떻게 대학으로 변할 수 있는지 시범을 보이면서 미국에서 가장 칭송받는 대학과 전통적인 동료 대학 사이를 잇는 다리였다.

엘리엇은 563개의 대학에 6만 3,000명의 학생이 있던 시기, 즉 대학에 진학할 수 있는 연령의 인구 중 1%가 대학에 다니던 시기에 하버드의 총장이 되었다. 대학은 대부분 전통적인 커리큘럼을 제공하고 있었다(National Center for Education Statistics, 1993, 64). 그는 1869년 10월 9일 105분 길이의 취임 연설로 하버드와 고등교육 세계를 뒤흔들었다. 코넬대학의 비종파주의와 남녀공학을 받아들이는 일련의 개혁을 요구했다. 엘리엇은 과목 자유 선택제, 전통 과목과 현대 과목의 동등한 지위, 전문 학교의 경쟁력 강화, 강의 품질 개선을 강조했다. 그는 하버드의 커리큘럼을 축소하고 싶어 하지는 않았다. 문제는 "무엇을 가르치는가가 아니라 어떻게 가르치는가"(Eliot, 1869c, 31)였다. 최고의 교육법은 과목 특성에 맞는 방법으로 가르치는 거라고 믿으며 무턱대고 외우는 낭독은 줄이라고 요구했다. 엘리엇은 더 넓고 깊으며, 더 지적으로, 더 생동감 있게 강의하는 방법을 선호했다. 결국, 학생들을 더 적은 규칙, 높은 기준으로 성인처럼 대해야 했고 자율성을 더 주어야 했다. 무엇보다 교수의 질을 높이는 것이 우선이었다. 교수는 더 많은 월급을 받아야 했다. 사소한 학생 훈육에 대한 교수진의 책임을 줄이는 작업부터 시작해, 강의 규모와 일의 양은 축소해야 했다. 그리고 독창적인 연구를 수행하라는 압력은 계속되었다.

고등교육의 변화에서 엘리엇이 한 역할과 그의 임기는 대략 3단계로 나눌 수 있다. 1단계는 1800년대 중반부터 1880년까지로 그는 개혁가였다. 하버드 칼리지를 하버드대학으로 바꿨고, 변화가 어떻게 일어나야 하는지 전통적인 대학에 실연해 보였다. 이러한 개혁을 받아들인 것이 다름 아닌 하버드대학이었기 때문에 엘리엇이 변화의 필요성과 적절성을 언급했던 것은 예일만큼이나 파급력이 컸다.

엘리엇은 자신의 취임 연설 중 제안했던 일들에 착수했다. 임기 동안 계속 유지된 자유 선택 과목 시스템의 도입은 학생들이 원하는 과목을 선택하는 것 그 이상이 필요했다. 그것은 하버드의 기본적인 커리큘럼을 다시 디자인해야 하는 일이었다.

엘리엇이 취임하고 1년이 지난 후, 하버드의 강의 목록은 학생이 속한 학년이 아닌 과목별로 구성되기 시작했다. 6년 만에, 소수만 남은 필수 과목은 신입생만 듣는 과정으로 강등되었다.

필수 과목의 위기는 민감한 사항이었다. 전통적인 커리큘럼의 초석인 라틴어와 그리스어를 없애야 했다. 이는 시의회의 큰 반대를 낳아 엘리엇의 임기를 위협할 정도였지만, 막상 승인되고 나니 엘리엇의 입지가 더 단단해지는 계기가 되었다. 1890년 초에는 모든 필수 과목이 없어졌고 고정된 4년제 학사 프로그램에 종말을 고하며 학생들은 졸업하려면 18개의 강의만 패스하면 됐다. 학생들은 학기마다 몇 개의 과목을 수강하느냐에 따라 3년 안에 졸업할 수 있었다. 학생들이 졸업 후 전문적인 학업을 이어 나가리라고 믿었던 엘리엇이 지지한 제도였다. 필요한 과목 수를 이미 이수한 학생은 4학년 때 게으름뱅이처럼 지낼 수 있었다(Geiger, 2015). 1902년 엘리엇은 교수진에게 학사 학위를 위한 4년 요건을 포기하라고 설득했다. 1906년이 되자 학생의 41%가 3년 혹은 3년 반 만에 대학을 졸업했다.

선택 과목 시스템 덕분에 더 실력이 좋은 교수진을 채용하고 강의를 발전시킬 수 있었다. 공통 필수 과목 시스템이 끝나자 강의 규모가 줄어들었다. 교수진은 자신의 강의에 수준 높은 학문을 소개할 수 있었고 훈육을 담당하는 자잘한 일은 더는 하지 않아도 됐다. 학생의 행동 규칙은 현대화되었고 단순해졌다. 엘리엇은 교수 월급도 인상했다.

엘리엇이 가져온 변화의 다른 당면한 목표는 자율적인 전문 학교였다. 그가 취임했을 때는 네 개가 있었다. 의과대학, 신학대학, 법학대학, 그리고 새로 등장한 치과대학이었다. 엘리엇 총장은 이에 더해 경영대학과 문리 대학원도 추가했다.

엘리엇은 전문 학교를 대학으로 가져왔고 그의 계획에 찬성하는 사람을 각 대학의 학장으로 임명했다. 입학 기준을 강화해 학사 학위를 소지하고 있거나 적절한 대체 조건을 채우라고 요구했다. 전문 학교의 기간을 늘려 법학대학은 3학기를 3년으로, 그리고 의과대학은 2학기를 3년으로 늘렸다. 전문 학교는 어려운 졸업 시험을 치러야 했다. 전에는 법학대학과 신학대학은 졸업 시험이 없었고 의과대학은 10분짜리 시험 9개 중 5개만 통과하면 됐다. 하버드대학의 전문 학교는 각 분야에서 리더로 올라섰다. 법학대학은 사례 연구법 강의 쪽에서 선구적이었고 의과대학은 연구실과 임상 실습 교육을 채택했다(Geiger, 2015, 320).

엘리엇은 취임 연설에서 발표하지 않았던 영역도 바꾸어 나갔다. 여성을 위한 자매기관인 래드클리프대학을 1879년에 설립했다. 하버드는 다른 주류 대학보다 흑인, 가톨릭 신자, 유대인 학생에게 더 호의적이었다. 그는 MIT를 로런스 과학 학교와 합병하려고 끊임없이 노력했고 과학 학교 모델을 세우는 데 거의 성공하는 듯했다. 하지만 결국 실패로 돌아가자 엘리엇은 로런스 과학 학교의 규모를 줄여 최고의 프로그램은 대학으로 옮겼고 남은 프로그램은 하버드대학 공학과로 이전했다.

엘리엇은 개혁가로서 코넬과 MIT 모델에서 영감을 끌어냈다. 임기 중 다음 단계에서는 존스홉킨스의 연구 모델을 추가했다. 비록 하버드가 1872년에 대학원을 만들고 1873년 처음으로 박사 학위자를 배출했으나 엘리엇은 연구보다는 수업의 중요성을 계속 강조했고 연구 목적은 거부했다. 그러나 1880년대 하버드가 존스홉킨스에 계속 교수진을 빼앗기자 엘리엇은 생각을 바꾸게 되었고 대학의 진로를 재빨리 변경했다. 1890년에 엘리엇은 문리 대학원을 설립했다. 대학의 학문적 활동을 발전시키고 오래된 분야와 새로운 분야 전반을 아우르는 순수 학문과 응용 학문을 모두 제공하고 독창적인 연구를 위해 자금을 투자했다. 10년도 채 지나지 않아 하버드대학 교수진의 3분의 2가 박사 학위자로 구성되었다.

하버드에서 일했던 마지막 단계에서 엘리엇은 40년 전 자신이 예언했던 것처럼 화이트, 길먼, 로저스가 만든 모델을 조합해 완전히 새로운 미국 대학을 만들어 냈다. 엘리엇과 루스벨트 대통령의 회동을 사람들은 이렇게 표현했다. "엘리엇 총장(President)이 워싱턴에서 루스벨트 씨(Mr.)를 만나고 있다."

산업혁명은 새로운 미국 대학이 개혁 전반을 이끌도록 부채질했고, 대학은 무수한 정책과 관행의 끝없는 변화를 받아들였다. 엘리엇은 이 혼란 속에서 질서를 정립하기 위해 그리고 고등교육을 위해 공통의 어휘와 품질 기준을 설립함으로써 표준화하기를 원했다. 임기 말엽인 1892년에는 미국 교육 협회의 의장직을 하면서 중등학교 커리큘럼과 대학교 입학 기준을 정립했다. 이뿐 아니라 1905년에는 카네기 교육진흥재단의 첫 번째 의장이 되어 산업화 시대에서 보편적으로 쓰인 수업 단위인 카네기 유닛을 만들었다. 또한 1885년 학계가 대학 수준의 적합성을 판단하는 자주 규제 메커니즘인 인증 제도를 수립하는 데 앞장서기도 했다. 1899년에는 칼리지 보드를 만들어 가족 수입, 인종, 종교와 고등학교의 이름에 상관없이 대학에 지원하는 모든 학생을 평가하기 위한 공동 표준을 세웠다.

엘리엇은 1909년 하버드에서 은퇴하여 17년 후 사망했다. 그의 업적은 미국 대학의 실험, 모델, 확산 그리고 표준화 전반에 걸쳐 있다.

제 4 장

표준화, 통합, 확대

엘리엇이 하버드에서 만들어 낸 것은 하나의 혼합체였다. 그는 개혁들을 점진적으로 쌓아 올리며 서로 결합하고, 연결하며, 더욱 깊고 넓게 발전시켰다. 그러나 그 변화들이 결코 완전히 통합되거나 하나의 통일된 전체로 이루어지지는 않았다. 그는 마차를 개조해 비행기를 만들어 낸 셈이었다.

반면 시카고대학에서 윌리엄 레이니 하퍼는 모든 요소를 유기적으로 연결하고 통합하여 결합체를 만들어 냈다. 엘리엇 다음 세대로 1856년 태어나 아들뻘이 되는 하퍼는 엘리엇과 같은 나이에 총장이 되었다. 새로운 대학을 건설할 기회를 얻은 그는 완전히 바닥부터 미국 대학을 건설했다. 그에게는 사람도, 프로그램이나 조직도 변화시킬 게 없었다. 프로토타입은 이미 실험을 끝냈다. 즉, 토대는 이미 마련되어 있었고 그는 그 위에 건설했다. 이런 관점에서 보면 하퍼는 통합 및 정리 역할을 담당했다.

윌리엄 레이니 하퍼는 영재이자 학자, 카리스마 넘치는 교사이자 유명한 연설가요, 기업가, 종교 지도자였다. 그는 오하이오의 작은 마을에서 소규모 가게를 운영하던 엄격한 장로교 집안의 아들로 태어났다. 머스킨검대학을 14세의 나이로 졸업해 고대 언어와 사랑에 빠졌고 특히 히브리어를 좋아했다. 그 후 19세가 되기도 전에 예일대학에서 2년간 공부하여 박사 학위를 받았다. 그리고 학교 교장으로 잠시 일했다가 두 곳의 침례 대학교, 데니슨과 모건 파크 신학교에서 고대 언어와 구약을 가르치는 교수로 일하면서 침례 교회를 섬겼다. 23세의 나이에 셈어족을 가르치는 정교수로 예일대학에 돌아왔다. 예일에서 실력이 뛰어난 학자로서 아랍어, 아람어, 아시리아어, 히브리어, 시리아어를 가르쳤다.

게다가 하퍼는 히브리어와 성경의 연대 과정을 만들었는데 수천 명의 수강생이 몰려들었다. 그는 19세기 후반과 20세기 초반에 시골 전역에서 인기를 끌던 셔토쿠어(Chautauqua), 즉 강연, 음악, 오락, 설교로 구성된 성인을 대상으로 하던 프로그램에서 뛰어난 강사로 미국 전역에 이름을 날렸다. 그는 수많은 추종자였던 학생, 미디어, 대중, 목사들에게 매년 수천 장에 이르는 책, 저널, 소책자를 배부했다.

◆ ◆ ◆

윌리엄 레이니 하퍼는 침례 교회의 믿음을 전파하는 데 뛰어난 영업력을 보였지만 그의 저변은 학자였다. "진실을 찾아다니는 회의론자"였던 그는 성경에 의문을 던지고 과학적인 방법을 사용해 답을 구하고자 했다(Boyer, 2015, 80-81).

1887년 전국 학부생 중 62%가 여전히 전통적인 과목을 수강하고 있을 때(National Center for Education Statistics, 1993, 64) 작은 침례교 대학이었던 시카고대학은 문을 닫게 되었다. 존 D. 록펠러는 새로운 시카고대학을 계획하는 걸 도와달라며 하퍼 교수를 초청했고 하퍼는 초대 총장이 되었다. 15년의 임기 동안 하퍼는 미국에서는 한 번도 본 적이 없는 규모의 학문 도시를 만들었다. 이는 새로운 미국 대학 의 정수로 여겨진다.

시카고대학은 남녀공학이었고 학부 과정과 석사 과정을 제공했 다. 문리학부와 신학, 법학, 의학, 공학, 교육학, 예술을 포함한 전문 직업 학과도 있었다. 이집트학, 사회학 같은 새로운 과목의 본고장 이기도 했다. 교육과 독창적인 연구에도 참여했다. 학술지도 만들었 을 뿐 아니라 대학 출판부는 시카고대학 교수진의 논문을 전파했다. 방대한 부서를 설립해 야간 코스와 대중 공개 강연 그리고 전국적으 로 통신 교육을 제공했다. 하퍼는 대학 대항 스포츠, 남학생 클럽, 여학생 클럽, 동아리, 활동, 연설가가 활동하는 풍성한 캠퍼스 라이 프, 다시 말해 셔토쿠어의 대학 버전을 꿈꿨다. 이 모든 일이 프레데 릭 로 올므스테드가 디자인한 조경과 함께 탑과 첨탑이 있는 40개의 건물로 이루어진 캠퍼스에서 일어날 터였다.

하퍼는 항상 대학에서 학부 교육과 대학원 교육, 강의, 연구를 동 등하게 중요히 여겨야 한다고 주장했다. 하지만 그가 선호하는 건 대학원과 독창적인 연구였다. 하퍼는 맹렬한 기세로 시카고대학의 교수진을 채용했다. 그가 고용한 교수들은 미국에서 가장 유명한 학자였을 뿐 아니라 그중 몇 명은 시카고대학에 오기 전에 다른 대학의 총장이었다. 또한, 가장 전도유망한 젊은 학자도 고용하는 것도 잊지 않았다. 하퍼는 일류 대학에서 교수진을 재빨리 빼왔다. 존스홉킨스의 대학원을 모델로 삼은 클라크대학에서 하퍼는 거의 전 교수진과 아마도 미국에서 가장 유명한 심리학자이자 총장이었던 G. 스탠리 홀까지 데려왔다. 그는 미국에서 최대 7,000달러(현재 가치로 18만 달러)라는 가장 높은 전문직 연봉을 제시하며 교수진을 중서부로 오라고 설득했다. 그는 완벽한 언론의 자유를 약속했으며 새로운 규율과 하고 싶은 전문 분야를 설립해도 좋다는 자율성도 주었다. 또한, 대학원생만 가르치게 될 거라고 했다. 하지만 시카고대학은 학부생이 대학원생보다 훨씬 더 많았으므로 그 말이 정확하다고 볼 수는 없다.

◆ ◆ ◆

사실 1892~1893년 동안 첫 입학생은 540명으로 학부생 323명, 대학원생 217명이었다. (이에 더해 침례 교회에 헌신할 것임을 증명할 의도로 신학생 204명도 추가로 있었다.) 교수진은 학부생과 대학원생 모두를 가르쳐야 했다. 학부생은 대부분 그 지역 출신이었다. 즉, 대부분 집에서 통학하거나 캠퍼스 밖에서 살았다. 반면 대학원생들은 더 넓은 지역에서 온 학생들이었는데, 중서부 지역 출신이 많았고 다른 지역 학생들도 소수 있었다.

4년의 학부 프로그램은 상급, 하급으로 나누어 유니버시티 칼리지와 주니어 칼리지로 불렀다. 하급 과정인 주니어 칼리지는 중등교육과 고등교육을 혼합해 가르쳤다. 많은 중등학교들이 학생들에게 대학에서 공부할 수 있는 준비를 제대로 시키지 못했기 때문에 이는 필요한 과정이었다. 학생들은 일단 일반 교양 과목의 미리 규정된 부분을 공부했고 시간이 흐르면서 선택 과목을 들을 수 있었다. 대학 공부의 실질적인 시작을 목표로 한 상급 과정은 처음에는 주로 선택 과목 위주였으나 점점 더 전문화되었고, 전공 과목에서 더 많은 학업 부담을 요구하게 되었다.

윌리엄 레이니 하퍼는 시카고대학이 진정한 대학으로 거듭날 수 있도록 주니어 칼리지를 서둘러 없애려고 했다. 그래서 그는 초등학교 마지막 2년을 늘리고 대학의 초반 2년을 포함하여 미국의 중등교육을 6년으로 늘릴 것을 제안했다. 하지만 아무런 성과를 보지 못한 제안이 되고 말았다. 하퍼는 다른 방법을 찾아 미국의 소규모 칼리지들을 주니어 칼리지로 변화시키자고 제안했지만, 이 역시 가망 없는 계획이었다. 하지만 1902년 근처 도시에 있던 공립 학교들의 관리자와 협력해 미국 최초의 공립 주니어 칼리지를 세웠다. 하퍼는 시카고대학의 주니어 칼리지를 폐쇄하는 데는 성공하지 못했지만 고등교육의 새로운 기관을 창설한 인물이 되었다. 주니어 칼리지는 현재의 커뮤니티 칼리지의 전신으로, 오늘날 미국 대학 신입생의 절반 이상은 커뮤니티 칼리지에 등록하고 있다.

대학에서 하퍼가 해낸 최고의 업적은 편입생의 입학을 장려하여 주니어 칼리지와 대학교 사이의 등록 학생 균형을 변화시킨 것이었다. 그의 총장 임기가 끝날 무렵, 학사 학위 취득자의 60%가 시카고대학에 오기 전 다른 학교에 다니던 학생들이었다.

대학원은 여전히 석사 과정 위주였지만 박사 과정에도 집중했다. 하퍼는 모든 학과가 박사 과정을 제공하고 학술지를 창간하길 바랐다. 1892년부터 1910년 사이 시카고대학은 573명의 박사 학위 취득자를 배출하여 미국에서 가장 많은 박사 학위를 낸 대학이 되었다. 수년간 그 숫자는 치솟았지만, 졸업생들이 일할 수 있는 전문직이 충분하지 않은 탓에 사실 문제가 되기도 했다. 많은 졸업생이 학교로 가서 교사가 되거나 대학 행정직으로 진출했다.

시카고대학에서 주요 강의 수단은 강연, 세미나, 실험실과 학회였다. 낭송은 역사 속으로 사라졌다. 심지어 교과서도 무시되었다.

시카고대학은 12주로 된 학기를 4번 운영하며, 1년을 쿼터제로 하는 시스템을 채택했다. 각 학기 사이에는 일주일 방학을 두었다. 당시 고등교육의 보편적인 시스템은 1년 2학기 구성이었다. 이는 밭에서 수확물을 심고 거두는 데 휴식이 필요했던 농경 사회의 흔적으로 여름에 휴식 기간을 둔 것이다. 쿼터제에서 교수들은 1년간 3쿼터를 가르치고 네 번째 쿼터 때는 유급으로 대학이 지원하는 연구에 매진했다. 교수들의 강의 부담은 가벼운 편으로 학기당 두 과목만 가르치면 됐다. 학생에게 쿼터 시스템은 학사 학위를 자신만의 속도로 완성할 수 있다는 뜻이었다. 쉬지 않고 공부하면 3년 안에 학사 학위를 받을 수 있었다. 12주로 이루어진 학기는 6주로 더 나누어 시카고의 학생들은 1년에 8회 등록할 수 있었다. 쿼터 시스템은 대학에 경제적으로도 알맞았다. 즉, 시카고대학은 1년 12개월 내내 운영할 수 있었기 때문에 강의 인원을 지나치게 늘리지 않고도 높은 등록 학생 수를 유지할 수 있었다. 초기에는 강의 규모를 30명으로 제한했고 더 적은 경우도 많았다. 수업 참석은 의무였다.

이전 전통적인 대학과 비교해 아마도 시카고대학의 가장 커다란 변화는 대학의 구조와 규모일 것이다. 대학은 이제 기업처럼 보였다. 이사회 21명은, 비록 3분의 2는 침례교도여야 했지만, 침례교 신자였던 존 D. 록펠러를 포함해 기업 리더들이 대부분이었다. 리더십이 종교보다 더 중요했고 환전상이 신부보다 더 강력했으며 기부금 모집이 경건한 신앙심보다 더 중요했다. 수천만 달러를 건넨 건 이사회였다. 다시 말해, 록펠러 개인이 기부한 금액만 해도 2,400만 달러에 달했다. 하지만 이사회는 계속되는 초과 지출과 결손액을 내는, 회사에서는 절대 허용하지 않을 법한 하퍼의 만행을 관리해야 하는 끔찍한 일을 감당해야 했다. 하퍼의 철학은 대학이 필요하다고 생각하는 것을 구매하고 기부자, 기업 거물, 침례교 신자, 그리고 지역 후원자들에게 요청하여 필요한 금액을 메꾸는 것이었다. 위대한 시카고대학은 만들어진 게 아니라 돈을 들여 구매한 것이었다. 그 시기의 훌륭한 대학들, 스탠퍼드, 듀크, 라이스, 밴더빌트도 마찬가지였다.

◆ ◆ ◆

하퍼 총장은 더는 목사가 아니었고 100만 달러 이상의 예산을 가진 기업의 리더였다. 그는 기금 모금가, 행정가, 관료의 정점, 공인, 대학의 얼굴이자 재능 있는 교직원의 채용 담당자이자 개발자, 대학의 선지자이자 기획자, 교수진의 학문적 리더요, 학자이자 교수, 학생들의 가디언, 기차가 제시간에 운영되도록 책임지는 사람, 재정

감독관, 공장 관리인 그리고 캠퍼스 서비스의 책임자였다.

1909년이 되자 시카고대학은 문어발 기업이 되었다. 등록 학생 수는 5,000명 이상이었고 거의 300명에 가까운 교수를 고용해 6등급으로 나누었다(Slosson, 1910, x). 시카고대학은 학교, 칼리지, 분과, 학과, 기관, 센터, 행정실, 부속 기업으로 나누어져 학장(dean), 학과장(chair), 소장(director), 부장(chief) 등 각기 다른 직함을 가진 사람들이 담당했다.

학생들은 경영, 법, 의학과 교육 분야에서 산업화 시대를 위해 준비되었다. 시카고의 두 번째 총장인 해리 프랫 저드슨은 1896년《비즈니스 교육을 위한 대학*The Higher Education as a Training for Business*》이라는 제목의 책을 썼다. 이 책은 왜 대학이 비즈니스 커리어를 위한 최고의 준비 수단인지 설명하고 있다.

그리 유명한 인물은 아니었던 경제학자 소스타인 베블런은 시카고대학에서 하퍼가 총장으로 있던 당시 동료 교수이자 조교수였다. 그는 고등교육의 과거가 완전히 상실되었다며 애통해했고 대체된 시스템을 맹비난했다. 베블런의 책《미국의 고등교육*Higher Learning in America*》에서 그는 새로운 미국 대학의 직업교육 중시, 공리주의, 관료 체제, 기업화, 전문화, 회계 및 분류 시스템을 비난했다. 그는 자본의 논리, 자유 선택 과목 제도, 학점 제도, 교수진의 종속, 기업가가 된 총장, 사업가가 지배하는 이사회, 그 결과로 나온 학습을 사소하게 여기는 태도를 공격했다. 하지만 이는 바람 부는 들판에서 혼자 소리 지르는 꼴이었다.

하퍼는 49세라는 이른 나이에 암으로 사망했다. 그는 병원에서

죽기 전날 밤까지도 시카고대학의 미래를 위한 다음 단계의 계획안을 작성했다. 안타깝게도 짧은 경력이었지만 진정으로 위대한 대학을 세웠고 산업화 시대의 원동력이 될 새로운 미국 대학의 국가적인 모델을 정립했다.

표준화

산업화 시대는 높은 수준의 고등교육을 이수한 전문가, 과학자, 공학자, 사업가, 의사, 변호사, 교사를 필요로 했다. 고등교육이 붐을 이루게 되었다.

하퍼가 사망하고 4년이 지난 1910년, 미국에는 거의 1,000개의 칼리지와 대학이 있었다. 그중 38개의 대학에서 박사 학위를 수여했다. 미 전역에 9,300명의 대학원생 포함 약 30만 명의 학생들이 등록해 있었다. 대학 연령 인구 중 거의 5%가 이런 대학에 다녔고 3만 6,000명이 넘는 직원이 고용되어 있었다. 그해, 3만 7,144명에게 학사 학위를, 2,113명에게 석사 학위를, 443명에게 박사 학위를 수여했다(Levine, 1987, 12; National Center for Education Statistics, 1993, 75).

칼리지는 대학으로 가는 길목에 있었다. 대학은 그들의 전신인 전통적인 칼리지라기보다는 영리 기업처럼 보이기도 하고 행동하기도 했다. 대학은 대부분 과학, 새로 떠오른 학문 분야와 전문직 분야의 학위를 제공했다. 대학원은 증가 추세에 있었다. 시대가 요구했기 때문이다.

문제는 칼리지와 대학이 이 작업을 다 다르게 했다는 것이다. 대학들은 새로운 학위를 끝도 없이 만들어 냈고, 극적으로 다른 품질과 구성의 새로운 프로그램을 채택했고 경험과 자격이 거의 없는 직원을 채용했으며, 표준의 변화무쌍한 잣대를 들이대 새로운 학생을 선발하고 졸업시켰다. 고등교육의 성장은 무질서하고 혼란스럽고 어수선해지고 말았다. 공통된 특징은 무엇이 대학 교육을 구성하는가에 대한 보편적 이해와 과거의 합의된 관습이 사라지고 대학 각각이 만든 규칙으로 대체되었다는 것이다. 과정은 무엇으로 구성되어야 하는지, 학위를 받기 위해서는 어떤 공부를 해야 하는지, 혹은 직업을 위해서는 어떤 준비를 해야 하는지 같은 필수 요소들의 의미가 모호해지고 혼란스러워졌다.

겉으로 보기에 이렇게 혼란스러운 상황은 고등교육을 표준화하고 공통 원칙, 정책, 관행을 개발하기 위해 19세기 후반에 운동을 촉발하게 되었다. 이 일을 담당하기 위해 네 가지 종류의 기관이 중요한 역할을 했다. (1) 정부, (2) 전문 협회, (3) 인증 협회, (4) 재단이었다. 이들은 함께 에드윈 슬로슨이 1910년 "표준 미국 대학"이라고 칭한 결과물을 냈다(Slosson, 1910, 382).

미국은 교육을 국가적으로 감독하는 교육부가 없었고 의회가 각 주에 책임을 부여했다. 그 결과 주정부가 새로운 표준을 만들고 채택하고 자금을 대는 데 주요 역할을 하긴 했지만, 그 과정은 여러 학문 분야가 생겨나기 시작한 1880년대와 1890년대에 자발적으로 설립된 각종 전문 협회가 이끌었다. 각 협회는 그들의 분야를 정립한 모델 대학의 자극을 받아 자신만의 유대를 형성했고 교수진을 전문화했으며 강의, 연구, 커리큘럼에서 협회의 가치와 규범을 형성했다.

동시에 칼리지와 대학은 여러 가지 다양한 방식으로 동료들과 연합하여 새로운 기관들이 쏟아졌다. 1887년 한 해만 해도 주립대학, 랜드 그랜트 칼리지, 침례교 대학, 여자 대학을 위한 협회가 설립되었다. 31년 뒤 이런 기관을 모두 관리하는 미국 교육 회의(American Council on Education)가 만들어져 고등교육의 공통 안건을 진행했다.

대학 인증 협회도 이 시기에 탄생했다. 1885년과 1895년 사이 이러한 기관들은 미국 대부분 지역에 걸쳐 고등학교 졸업과 대학 입학 기준을 개발하는 작업을 시작했다. 결국, 북동부, 동부 연안, 남부, 중서부에서 6개의 대학 인증 협회가 만들어져 50개의 주를 모두 관리했다. 그들은 고등교육을 자주 조정하는 기관으로 진화해 대학의 구성 요소가 무엇인지 기준을 정하는 강력한 기관이 되었다. 각 대학이 기준을 얼마나 철저히 충족했는지 평가하고 충족한 대학을 고등교육과 대중에게 발표하는 일을 했다.

마지막 관계자는 재단이다. 재단은 고등교육을 표준화하는 데 필요한 자금과 수단을 제공했다. 새로운 대학과 기존 대학을 지원하기 위해 큰 규모의 증여에 더해, 거물급 기업들은 그들의 자선 사업을 진행할 도구를 만들어 냈다. 카네기 재단과 록펠러 재단은 고등교육을 표준화하는 데 대단히 큰 역할을 했다.

이렇게 네 가지 조직이 함께 미국 고등교육을 표준화했다. 이수 단위 시간을 근거로 미국 전역의 칼리지와 대학의 공동 회계 시스템을 만들고, 대학이 제공하는 프로그램을 위한 좀 더 높고, 엄격한 공통 품질 한계를 설정했다. 고등교육의 양적·질적 측면에서 표준화 작업이 된 것이다.

공통 양적 기준 정하기

고전 과목들로 구성된 통합 커리큘럼이 다양한 강좌로 분산되고, 여러 학문 분야가 생겨나고, 자유 선택 과목 제도가 부상하면서 전국의 대학에는 커다란 혼란이 발생했다. 새로운 세상에서 강의의 구성 요소는 무엇인지, 대학과 학생의 학문적 발전을 어떻게 측정해야할지, 심지어는 졸업하려면 어떤 조건을 충족해야 하는지도 불분명한 상황이었다.

처음에 대학은 자신들만의 독특한 관행을 개발했다. 예를 들어, 하버드대학은 졸업하려면 18개의 강의를 이수해야 했는데 각 강의는 학기당 주 4~5회의 수업을 들어야 했다. 미시간대학은 24~26개의 강의를 이수해야 했는데 각 강의는 "학기당 낭독이든 실험이든 강연이든 일주일에 5번"이라고 정의했다(Levine, 1978, 159). 두 대학은 졸업하기 위해 이수해야 하는 강의의 숫자, 강의를 구성하는 수업 횟수, 학기의 기간도 달랐다.

이런 어려움은 공립 중등학교의 등록 학생 수가 폭발적으로 늘면서 악화되었다. 최초의 대학이 설립되고 난 후 300년 후인 1830년대와 1840년대가 되어서야 최초의 공립 중등학교가 등장했지만, 1900년이 되자 중등학교에 등록한 학생 수는 고등교육 등록생 수의 2배이상이 되었다(National Center for Education Statistics, 1993, 36). 저마다 다른 수준의 프로그램을 제공하는 중등학교에 다녔던 학생들이지원서를 쓰기 시작했고 대학들은 이런 다양한 학생들의 지원서를받게 되었다.

고등교육을 표준화하는 과정은 중등학교에서부터 시작해야 했다. 미시간, 위스콘신, 캘리포니아 대학이 지역 내 중등학교를 검증하기 시작했다. 어떤 학생을 입학시킬지 결정하기 위함이었다.

그러나 이는 효율적인 방법이 아니었다. 중등학교가 늘어나는 속도가 대학이 학생들을 검증하는 속도보다 더 빨랐기 때문이다. 결국, 이런 작업은 산처럼 높이 쌓여만 갔다. 1885년 중등교육과 중등 이후의 교육 사이의 관계를 건설하기 위해 '뉴잉글랜드 대학 및 프렙스쿨(preparatory schools, 대학 진학을 목표로 하는 고등학교) 협의회'가 설립되었다. 2년 후, 비슷한 기관이 뉴욕, 뉴저지, 펜실베이니아 주에도 등장했다.

그러자 표준화가 전국적으로 일어나기 시작했다. 엘리엇 총장은 1892년 이 문제가 전국적이라는 걸 인지하고 미국 교육 협회에 뛰어난 교육가를 선출해 '10인 위원회(Committee of Ten)'를 구성하라고 요구했다. 그래서 고등학교의 교육과정은 어때야 하고, 대학과 고등학교가 어떻게 유기적 연관성을 갖추게 할지 결정하게 하였다. 비록 뒤로 수많은 시도가 뒤따르긴 했지만, 엘리엇의 요구가 고등학교 교육과정을 표준화하거나 중등교육과 고등교육을 조정하기 위한 첫 번째 시도였다. 광범위한 조사 끝에 10인 위원회는 단 하나의 고등학교 교육과정을 제안했다. 이 교육과정은 미국에서 가장 좋은 학교들의 프로그램을 반영했고 모든 학생이 대학에서 학업을 이어 갈 수 있도록 설계되었다.

이 제안을 현실화시키기 위해 컬럼비아대학 총장인 니콜라스 머레이 버틀러는 엘리엇의 도움을 받아 미국 중부 교육 협회에 대학 입학시험 위원회를 설립해 10인 위원회의 제안에 뿌리를 둔 대학 입학 시험을 개발하라고 요구했다. 이렇게 해서 최초의 시험이 1901년에 시행되었다.

질서를 확립하기 위한 여러 계획들이 동시에 진행되었다. 교육 표준화의 기준을 '시간'으로 하는 것에 점점 더 초점이 맞춰졌다. 그 결과 1895년 뉴욕주 교육 이사회는 '카운트'라는 개념을 제안하면서 과목당 10주, 주 5일 수업을 표준 척도로 제안했다. 2년 후 엘리엇은 '포인트'라는 개념으로 대항하면서 과목당 한 학기에 주 4~5회 수업을 제안했다. 대학에 입학하려면 20포인트가 필요했다. 칼리지 보드는 1899년에 엘리엇의 제안에 동의했지만, 대신 엘리엇의 2포인트에 해당하는 '유닛'을 제안했다. 1902년 북중부 교육 위원회는 유닛을 35주 이상 주 4~5회 45분 이상 수업하는 것으로 재정의했다(Levine, 1978, 160).

이런 일은 1906년까지 계속되었는데, 그때 앤드류 카네기로부터 1,000만 달러를 지원받고 엘리엇이 의장을 맡은 카네기 교육진흥재단이 유닛을 정의하고 전국의 학교와 칼리지에서에서 공통적인 관행을 확립할 기준을 정했다. 이 재단은 퇴직 후 빈곤에 시달리는 교수들에게 연금을 지급했는데 여기에 참여할 수 있는 대학의 기준을 수립했다. 적어도 6인의 정교수, 박사 학위를 가진 학과장, 4년간의 리버럴 아츠 프로그램, 입학을 위한 중등학교 졸업 조건, 그리고 비종교적 지향이 재단의 요구 사항이었다. 그들이 입학시킨 학생은 적어도 고등학교에서 14유닛을 받아야 했다. 카네기는 고등학교에서 연간 주 5회 진행되는 수업을 유닛으로 정의했다(Levine, 1978, 160-161).

교수진을 위한 연금의 약속에 희망을 걸었던 카네기의 정의는 고착되었다. 카네기 유닛 혹은 학점(credit)은 신입생 선발뿐 아니라 대학 학사 운영에도 표준 통화가 되었다. 그것은 온도를 재는 단위나 무게를 다는 단위와 마찬가지로 산업화 시대의 학문적 회계 시스템의 기본이 되었다. 카네기 유닛은 학생의 발전을 측정하고 대학 졸업의 기준을 설정했다. 결론적으로 말하자면, 미국 대학을 표준화한 것이다.

공통 질적 기준 정하기

비전통적인 학습 방법이 새롭게 채택되자 이번엔 질적 표준화의 문제가 발생했다. 의학, 법학, 공학, 경영, 교육, 간호 교육 간에는 접근 방식에서 엄청난 차이가 있었다. 입학, 교육과정, 교수진, 시설, 프로그램, 졸업 요건의 적절한 수준에 대해 그 어떤 합의된 사항도 없었다. 양적 표준화를 만든 동일한 네 그룹이 질적 표준화의 문제에 대해서도 똑같이 대응했다. 변화는 1900년에 재앙 수준이었던 의학 교육에서 가장 빨랐고 가장 포괄적이었다.

대부분의 의과대학은 교수진, 학생, 시설, 프로그램 품질 면에서 1869년 엘리엇이 하버드에서 목격했던 수준보다 훨씬 낮았다. 이런 학교들이 배출한 의사들은 교육도 훈련도 제대로 받지 못했으며 환자를 돌볼 능력도 부족했다. 존스홉킨스와 하버드 의대만이 우수한 수준이었다.

카네기 재단은 북미 지역 의과대학 수준을 바꾸어 놓았다. 의학

교육 전반을 변화시켜 의사의 수준, 의사가 되기 위한 준비, 수행 능력의 결과를 극적으로 상승시켰다. 이는 엘리엇이 추천했던 에이브러햄 플렉스너(Abraham Flexner)라는 이름의 젊은 교육가가 1910년에 수행했던 연구와 함께 진행되었다. 플렉스너는 미국과 캐나다에 있는 모든 의과대학을 방문하고, 의학 교육의 표준 수립을 위한 보고서를 작성하고, 의과대학의 모범을 이미 보여 준 홉킨스와 하버드를 참고하여 의과대학의 모델을 정립하고, 의과대학의 품질을 증진하기 위한 권고 사항을 제공했으며 북미에 있는 모든 의과대학의 평가를 발표했다.

'플렉스너 리포트'로 알려진 카네기 재단의 이 연구 보고서는 미국에서 가장 가난한 의과대학의 문을 닫는 효과를 가져왔다. 또한, 더 부족한 학교를 보충하고 최상의 학교에 투자하게 되기도 했다. 미국 의사 협회는 의사와 의학 교육에 더 높은 기준을 수립했다. 더 엄격한 국가 인증 조건, 의학과 의학 교육을 위한 민간 및 공공 자금이 유입되었다. 록펠러 재단의 기부액은 거의 1억 달러에 달했다.

카네기 계획은 여러 이유로 성공했다. 브라운대학에서 웨일랜드가 개혁했던 것과 달리 타이밍이 좋았다. 사회적으로 미국의 의사, 의료 서비스, 의과대학에 광범위한 불만이 표출되고 있는 시기였다. 카네기 재단은 저명한 이사회, 후원자를 보유하고 있었고 가시적이고 중요하며 신뢰할 수 있는 성과를 낼 수 있는 대학들과 연줄도 있었다.

리포트는 설득력이 있었다. 조사는 폭넓고 분명하게 진행되었고 반박의 여지가 없었다. 프로젝트 시작과 동시에 이해관계자들의 네트워크가 구축되었다. 미국 의사 협회, 대학 관계자들, 주정부, 언론, 자금 제공자들이 함께했다.

플렉스너 리포트는 널리 퍼져나갔다. 1만 5,000부가 주요 관계자에게 배부되었고 언론 홍보는 전례가 없을 정도였다. 보고서는 의학교육을 표준화했고 장을 마련했으며 미국 의과대학의 수준을 높이 끌어올렸다. 덜 눈에 띄지만 유사한 일이 미국 대학 전역에서 일어났다. 산업사회의 요구에 부응하도록 대학 프로그램 수준이 향상되고 전문화, 현대화, 재구성되었다. 다음 10년간 카네기 재단은 플렉스너 리포트와 같은 방식으로 공학, 법학, 교육학 리포트를 발행했다. 그 어떤 것도 플렉스너 리포트가 불러온 변화만큼 큰 영향은 없었지만, 모두가 한 방향으로 가고 있었다. 1920년 미국 고등교육은 실제로 표준화되었다.

확대와 통합

윌리엄 레이니 하퍼가 시카고에서 만들어 낸 위대한 대학은 단한 곳뿐이었다. 산업사회는 그런 대학이 더 많아야 했다. 제1차 세계대전 이후 우후죽순으로 늘어난 연구대학, 랜드 그랜트 칼리지, 기술 및 과학 대학, 주니어 칼리지 같은 다양한 고등교육 기관들은 더개선되고 상호 연결되어야 했다.

규모의 확대와 통합은 농업 대학의 변화를 완성했고 고등교육의 산업화 시대 시스템을 정립했다. 이를 설계한 클라크 커(Clark Kerr)*는 총장의 새로운 세대의 마지막이었던 엘리엇이 은퇴하고 2년 후인

1911년에 태어났다.

커는 펜실베이니아 농장 출신으로 스워스모어 칼리지에 다녔다. 스탠퍼드에서 석사를 하고 UC 버클리에서 노동 경제학으로 박사 학위를 받았으며 강의, 연구, 실습이 혼합된 경력을 쌓았다. 안티오크 대학, 워싱턴대학, 버클리에서 가르치기도 하면서 많은 글을 썼다. 하지만 또한 노동계 지도부와 서해안 부두를 운영하던 조직 폭력배 사이를 중재한 노동 협상가가 되기도 했다.

커의 부상은 혜성 같았다. 1945년 그는 버클리로 가서 주지사 얼 워런을 도와 노동 문제 관련 프로젝트를 이끌었다. 전쟁 중에 억눌렸던 노동 불만이 전쟁 후에 폭발하면서 연쇄적인 공장 폐쇄에 직면한 상태였다. 커는 서부에서 가장 바쁜 노동 협상가가 되었다.

경력의 전환점이 1949년에 일어났다. 미국 내에서 냉전이 달아오르자, 캘리포니아대학 이사회는 충성 선서에 서명하지 않는 교수는 모두 해고하겠다고 위협했다. 교수진은 들끓었다. 충성 선서에 서명을 한 사람이자 대학 종신 재직 위원회의 주니어 멤버였던 커는 이사회 앞에서 교수진을 위해 거침없이 자신의 의견을 피력했다. 그의 주장은 논리적이면서도 강력했다. 1952년 캘리포니아대학 버클리가 초대 총장(chancellor)을 구하던 시기, 커가 교수진의 선택을 받게 되었다. 41세부터 6년간 버클리 총장을 맡았던 그는 이후 캘리포니아대학의 총장(presidency)으로 격상되었다.

＊ 클라크 커의 설명과 산업화 시대 고등교육 시스템의 설립은 셸던 로스블라트가 2012년 편집한 *Clark Kerr's World of Higher Education Reaches the 21st Century*에서 아서가 쓴 "Clark Kerr and the Carnegie Commission and Council"을 주로 참고하였다.

커는 캘리포니아 주지사였던 로널드 레이건의 지시로 1967년 해고되었다. 레이건은 버클리대학의 혼란스러운 상황을 정리하겠다는 공약을 내걸었다. 그때 버클리대학 학생들은 언론의 자유를 요구하며 대대적인 시위를 벌였기 때문이다.

커는 바로 카네기 재단의 고등교육 위원회 의장으로 임명되었다. 그는 연구대학을 멀티버시티(multiversity)라는 명칭으로 바꾸고 강의, 연구, 서비스를 죄다 제공하는 대학이 아닌 보다 현실적인 비전을 제시했다. 그는 연구를 가장 중요한 특징으로 꼽으며 연구대학을 현대화했다. 그는 연구 중심 대학을 대량으로 설립했는데, 본래부터 연구대학이라고 할 수 있는 2개의 캠퍼스를 포함한 6개의 캠퍼스를 9개의 명문 캘리포니아대학 캠퍼스로 확장시켰다. 그는 캘리포니아에서 미국 고등교육의 산업화 시대 변화를 완성한 '캘리포니아 마스터 플랜'의 발전을 이끌면서 연구대학을 주 전체의 고등교육 시스템으로 통합했다.

학생 등록 수가 치솟았다. 1944년 제1차 세계대전 후 대량 실업 사태를 피하기 위해 만들어진 제대 군인 원호법(일명 G.I. Bill)을 통해 225만 달러를 투자해 전직 군인들이 대학에 다닐 수 있게 했다.

트루먼 대통령의 1947년 '민주주의를 위한 고등교육 위원회' 덕분에 더 많은 학생이 몰려와 1960년이 되자 학생 수는 두 배로 늘었다. 미국 어디에 있는 대학이든 최소 2년간은 무료로 다닐 수 있게 하는 정책이었다. 주니어 칼리지의 업데이트 버전인 커뮤니티 칼리지가 발전하기 시작했다. 대학과 대학원도 확장되어야 했다. 재정 지원도 확대되고 고등교육에서 오랫동안 장애물이었던 인종, 소득, 지역,

성별, 종교에 의한 차별이 근절되었다.

캘리포니아는 이런 변화의 근원지였고 캘리포니아대학의 총장이 이를 이끌었다. 캘리포니아는 경제적으로 붐을 이루었다. 인구도 뉴욕 주를 추월하여 미국에서 가장 큰 주가 되었다. 그러나 주 전체의 고등교육 시스템은 여전히 일관성이 없고 분열되어 있었다. 대학이 성장하려면 이전보다 더 잘 계획하고 조직하고 더 이성적이며 덜 정치적이어야 했다.

이 때문에 클라크 커는 수많은 변화를 시도하게 되었다. 하지만 고등교육의 산업적 변화를 완수하기 위해서는 두 가지 필수적인 사항이 있었다. 첫째는 연구대학의 입지를 강화하고 규모를 키우는 것이었다. 높은 수준을 유지하면서도 캘리포니아 전역의 학생들이 입학할 수 있는 규모의 대학을 만들고자 했다. 제2차 세계대전이 끝난 시점에도 연구대학은 여전히 무르익지 않았다. 존스홉킨스가 설립된 지 69년밖에 지나지 않은 시점이었다. 커는 캘리포니아대학의 총장이 되면서 6개의 대학을 물려받았다. 버클리, UCLA, 농과대학, 교육대학, 의과대학 그리고 갖가지 부속 연구소로, 그 종류와 수준이 매우 다양했다. 커는 각 대학을 강화하고 확장했으며 필요한 경우 연구대학으로 재구성했다. 얼바인, 샌디에고, 산타 크루즈에 세 개의 새로운 캠퍼스를 추가했다. 현대의 캘리포니아대학을 건설한 것이다. 이렇게 보면 자동차 분야에서 헨리 포드가 세운 업적처럼 연구대학 분야에서 중요한 일을 해낸 셈이다. 그는 저렴한 가격과 고품질에 굶주려 있던 미국을 위해 교육도 대량 생산해 낼 수 있음을 보여 주었다.

둘째, 커는 고등교육을 위한 '캘리포니아 마스터 플랜'을 성공적으로 해냈다. 공립대학, 4년제 대학, 2년제 대학에 서로 다른 사명을 확립하면서도 상호 보완적인 방향으로 연결했다. 캘리포니아 전역에서 누구나 고등교육에 참여할 수 있으며 다양한 대학 중 선택할 수 있는 권리를 갖고, 최상의 고등교육 시스템이 제공되도록 합리적인 계획과 방법을 마련하고자 하였다. 치열한 장기적 협상이 진행되면서 마스터 플랜은 세 개의 분명한 고등교육 분야를 정립했다. 첫 번째는 엘리트 분야였다. 커의 캘리포니아대학은 연구에 집중하고 박사 학위를 수여하며 고등학교 졸업자 중 상위 12.5%를 등록시키는 데 집중했다. 두 번째는 더 접근이 쉬운 분야로, 캘리포니아 주립대학 시스템이 이에 해당했다. 중등교육 졸업자의 상위 3분의 1을 합격시켰고 학부 교육, 일부 전문 교육, 제한된 석사 과정을 제공했다. 세 번째 분야는 중등교육 이수자 모두에게 열린 커뮤니티 칼리지로, 대학 편입 프로그램과 직업 프로그램을 제공했다.

커가 협상한 마스터 플랜은 캘리포니아주의 칼리지와 대학 사이의 평화 조약이었다. 그들은 고등교육의 단 하나의 모델만을 향해 맹렬히 달려들고 있었다. 2년제 칼리지는 4년제 칼리지가 되길 바랐고 4년제 칼리지는 대학이 되려고 했다. 그러나 커는 접근성, 뛰어난 수준, 다양성의 기둥에 세워진 산업화 시대를 위한 고등교육의 선구적인 모델을 만들어 냈다. 당시에도 그랬지만 지금도 미국 고등교육의 눈은 캘리포니아에 고정되어 있고 대부분의 주가 이와 유사한 고등교육 모델을 채택했다.

마스터 플랜은 커의 가장 자랑스러운 업적이며 그 덕에 1960년

10월 17일《타임》지 커버를 장식하기도 했다. 그는 미국 고등교육에서 가장 존경받고 가장 영향력 있는 리더로 카네기 위원회에 들어갔다. 1981년 커의 은퇴 당시, 미국 고등교육의 규모는 엄청나게 늘어나 있었다. 1800년에는 25개 대학에 1,000여 명의 학생이 등록했지만, 1981년에는 3,000개 이상의 대학에 1,200만 명에 달하는 학생이 등록되어 있었다. 대학 연령대 인구의 40%를 차지하는 숫자였다. 연간 약 100만 명이 학사 학위를 받고 3만 명 이상이 박사 학위를, 거의 30만 명이 석사 학위를, 40만 명 이상이 준학사 학위를 받았다. 13년에 걸쳐 클라크 커와 카네기 위원회는 커, 엘리엇, 길먼, 하퍼, 로저스, 화이트가 기여했던 고등교육 시스템을 자세히 조사하고 어떻게 하면 더 발전시킬 수 있을지 물었다. 카네기 위원회는 고등교육의 산업화 시대 시스템을 가다듬고 발전시킬 방법을 제안하는 142권의 책과 보고서를 발행했다.

제 5 장

변화

우리가 미래를 생각할 때 과거로부터 유용한 것을 얻을 수 있을까? 뒤를 보는 관점은 고등교육 변화의 네 가지 면에 집중한다. (1) 변화를 일으킨 상황이나 사회적 환경, (2) 변화가 일어난 과정, (3) 변화를 가속화하거나 막아선 사람들과 기관들, (4) 변화의 본질과 이를 구성하는 이슈, 아이디어, 내용. 이제 차례로 하나씩 살펴보자.

사회적 상황

그때나 지금이나 상황은 매우 유사하다. 즉, 우리는 경제, 인구통계, 기술 그리고 세계 변화에 영향을 받고 있다. 그러나 오늘날의 고등교육은 더 강력한 변화를 요구받고 있다.

산업화 시대의 고등교육은 변화를 지원하는 역할을 했지만 현재의 고등교육은 글로벌, 디지털, 지식 기반 경제를 추진하는 엔진이 되었다. 산업경제에서는 천연자원과 육체노동이 중요했지만 지식경제에서는 연구와 지식이 원동력이다. 인류 역사상 가장 높은 수준의 고등교육을 받은 노동력이 필요하다. 매사추세츠는 최근 절반 이상의 노동력이 대학 교육을 받은 미국 최초의 주가 되었다.

또 다른 점은 산업혁명 시기 고등교육의 변화는 초기 실험에서 1960년의 시스템 통합까지 1세기 반이 걸렸다. 지금의 변화는 여러 이유로 훨씬 빨리 진행될 것이다. 첫째, 변화에 대한 필요가 더 긴박하다. 지식경제는 고등교육에 달려 있기 때문이다. 정부와 자금 제공자들이 훨씬 더 능동적으로 움직여야 하는 이유다.

둘째, 커뮤니케이션의 속도가 굉장히 빨라졌다. 실험, 확산, 평균화의 과정이 가속화되고, 24시간 미디어 보도와 데이터가 차고 넘치니 대학에 가해지는 압박도 더 강해지고 있다.

셋째, 오늘날 일어나는 변화의 규모가 산업혁명 때의 규모보다 지리적으로 훨씬 더 크다. 강의라는 면에서 보면 산업화 시대 변화는 낭독, 암송과 같은 전통 교육법에서 강의, 세미나, 실험실로 옮겨갔다. 이런 변화는 단일 캠퍼스에서 발생했고 수백 명 정도의 학생이 대상이었다. 오늘날에는 이런 숫자가 초라하게 느껴지는 개방형 온라인 강좌 무크(MOOCs) 같은 혁신적인 기관들을 볼 수 있다. 무크는 단 하나의 강좌에 지구촌에서 10만 명 이상의 학생이 등록할 수 있으며, 지난 10년 동안 700개의 대학이 강의를 제공하고 이에 5,800만 명이 등록했다.

변화하는 데 얼마나 시간이 걸릴지는 정확히 알 수 없고 열렬한 논의를 거쳐야 할 문제다. '우드로 윌슨 내셔널 펠로십 재단'의 이사회는 교육 기술계에서 뛰어난 지도자들이었다. 이들은 회의 때마다 이 문제를 두고 토론을 벌였다. 한쪽은 변화의 속도는 빠를 것이며 소련의 몰락과 비슷할 것이라고 예측했다. 다른 쪽은 고등교육이 강의 관리 시스템과 마이크로 자격증 같은 새로운 증명서 형식을 채택하는 속도를 인용하며 수십 년은 걸릴 것이라고 했다. 결정적인 요소는 결국 이 책의 뒷부분에서 설명할 팬데믹인 것으로 입증되었다. 팬데믹은 고등교육 변화의 가속장치 역할을 했고 수년에 걸쳐 일어날 변화를 수주나 수개월 만에 일어나도록 변화의 속도를 올렸다.

변화의 과정

산업혁명이 일어나는 동안 고등교육 변화의 과정은 일곱 개의 중첩된 단계를 포함한다. (1) 변화에 대한 요구, (2) 변화의 필요성 거부, (3) 고등교육의 기존 모델을 개선하려는 실험, (4) 기존 모델의 개선보다는 새로운 대체 모델의 정립 움직임이 고등교육 주변부에서 발생, (5) 권위 있는 대학이 주도하여 중심부에 새로운 모델 확산, 다른 주류 대학들이 자신들의 방식으로 변화를 수용, (6) 확산의 결과로 나온 다양한 관습과 정책의 표준화, (7) 표준화된 관습과 정책을 확대하고 통합.

이런 단계는 현재 고등교육의 변화에도 적용될 것이다. 변화의 과정은 산업혁명 동안 고등교육에만 다르게 일어나진 않았다. 미국의 사회 기관들은 비슷한 과정을 모두 거쳤다.

지금 우리는 변화의 초기 단계에 있다. 현재는 19세기 초반과 유사하다. 변화에 대한 요구, 변화의 필요성 거부, 그리고 무수한 기관의 개혁과 실험이 일어나고 있다. 변화를 향한 요구는 또다시 정부, 기업, 자금 제공자, 학부모와 미디어에서 나오고 있다. 변화의 속도를 따라잡지 못하는 것은 물론 변화를 꺼리는 태도 역시 비슷하다.

변화에 반대하는 사람들을 결집시키고 현상유지를 옹호하는 강력하고 권위 있는 선언문인 '예일 리포트'는 더 이상 없다. 오늘날 고등교육의 변화에 대한 논쟁들은 캠퍼스 내에서 교수진, 이사회, 행정부서 간에만 벌어지는 경향이 있다. 논쟁의 내용은 온라인 학위 같은 혁신적인 안을 채택할 것인가(이는 팬데믹으로 인해 논의할 필요조차 없어지긴 했다), 등록하는 학생 수가 적은 전통적인 과목을 폐쇄할 것인가, 교육 관련 영리 기업들과의 파트너십 규모는 어느 정도로 할 것인가, 거버넌스와 예산에 관한 문제 등이다.

대학을 현대화하는 데 초점을 맞춘 개혁안 그리고 종종 대학을 더 특색 있고 경쟁력 있게 하려는 단편적인 개혁안이 쏟아져 나왔다. 인구 구조 변화와 재정적 어려움을 겪고 있는 대학들은 묘책을 찾는 데 혈안이 되었다. 이들 중 가장 성공적인 혁신이 학문적 먹이사슬을 따라 확산되어, 가장 명망 있는 대학의 가장 명망 없는 기관, 이를테면 평생교육원 같은 곳에 채택될 것이다. 이는 나중에 더 자세히 살펴보겠다.

우리는 여전히 변화의 초기 단계를 지나고 있을 뿐이다. 코넬, 존스홉킨스, MIT 같은 혁신적 모델은 아직 등장하지 않았다. 고등교육은 여전히 상당 부분 실험 중인 상태다. 새로운 모델의 성립은 변화의 특질이 분명히 밝혀지고 확산의 근거를 파악한 후에야 역사가들이 정확히 판단할 수 있다. 그 모델들을 주류로 가지고 온 대학과 리더도 마찬가지다.

표준화, 확장, 통합은 변화를 완성한다. 하지만 아직은 표준화, 확장, 통합할 게 아무것도 없다.

변화를 지지하고 반대하는 사람과 기관

고등교육에 대한 정부의 통제는 오늘날 더 강한 경향이 있다. 미국 고등교육 기관의 3분의 2가 공립이기 때문이다. 워싱턴의 고등교육 자금으로부터 나오는 영향력 덕분에 연방 정부가 더 많이 개입한다. 고등교육에 대해 점점 더 소비자 같은 태도를 보이는 학부모와 학생들은 과거보다 더 목소리를 크게 내고 소송을 걸기도 한다. 미디어의 영향 또한 증가했다. 아마도 《US 뉴스 & 월드 리포트》의 연도별 대학 랭킹이 좋은 예일 것이다. 그들의 순위 기준은 제도적 관행에 대단히 큰 영향을 끼친다.

대학 유형별 비율도 변했다. 1976년에는 55개에 불과했던 '영리 사립대학(proprietary 또는 for-profit colleges)'이 2019년에는 거의 14배가 뛰어 742개가 되었다(National Center for Education Statistics 2019c). 이러한 대학들은 전형적인 고등교육 기관보다 좋은 쪽으로든 나쁜 쪽으로든 훨씬 더 혁신적인 것으로 판명되었다. 그들은 전통적인 고등교육에 콘텐츠, 커리큘럼, 강의 면에서 혁신적인 접근을 할 수 있는 길을 다수 제공했다.

각종 협회들은 처지가 달라졌다. 대학 인증 협회가 가장 극명한 예다. 협회는 19세기 후반에 고등교육의 혼란한 상황에 질서를 가져왔고 정책과 관습을 표준화했다. 오늘날, 대학 인증 협회는 정부의 공격을 받고 있다. 공정성을 보장하기 위해 설계된 획일적인 규칙을 사용해 산업화 시대에 맞는 대학을 형성하고 인증하고 있다는 것이다. 그것은 변화를 막는 장벽이 되었다. 정부는 대학 인증 협회에 그들의 품질 기준을 현대화하고 개혁을 진행하며 승인 과정의 속도를 올리라고 요구하고 있다.

대학 인증 협회는 100년 이상 동안 똑같은 일련의 활동에 몰두해 왔고 그렇게 하고 있다는 이유로 비난을 받고 있다. 협회는 100년 전 그들에게 규제당하던 대학과 똑같은 처지가 되어 버렸다. 그들은 새로운 시대에 맞게 변화해야 하고 다른 모델로 대체될 수 있다는 사실을 깨달아야 한다.

상황은 각종 전문 협회도 다르지 않다. 미래를 위한 진보의 주역보다는 과거에 지어진 산물의 옹호자가 더 많다. 하지만 그들이 학계와 교육계를 대표하기에 해당 전문 분야 외부에서는 변화에 대한 압력이 거의 없었다.

각종 재단은 계속해서 변화의 강력한 영향력을 행사했고 심지어 이전보다 더 강력해졌다. 이번에도 역시 기업 거물들로 구성되었고, 게이츠, 챈-주커버그, 그리고 델 같은 디지털 기업들이 고등교육에서 변화를 주도하고 있다. ECMC, 루미나(Lumina), 스트라다(Strada) 같은 상대적으로 새로운 재단도 변화에 앞장서고 있다. 요즘의 재단들은 이전보다 더 전략적이다. 벤처 기부(venture philanthropy) 방식을 통해 투자를 하듯 기부를 하는 경향이 있다. 이들은 소수의 이슈에 집중하며, 파급력이 세고 투자 대비 큰 성과를 낼 수 있으며 확장 가능성이 있는 대형 프로젝트에 집중한다. 예를 들어, 루미나는 21세기 고등교육에 필수인 주요 최첨단 영역, 즉 비학위 자격증, 역량 기반 교육, 비전통적 교육 제공자들, 혁신적인 파트너십을 타깃으로 상당한 투자를 하고 있다.

과거와 동일한 관계자들이 고등교육 변화에 지속적으로 관여할 것이다. 외부 관계자인 정부, 학부모, 미디어, 자금 제공자들은 늘 영향력을 발휘해 왔다. 각종 협회는 적어도 단기적으로는 변화를 추진하기보다는 제지하는 쪽에 가깝다. 재단은 가장 창의적인 관계자고 현재 리더십에서 세대교체가 가시적으로 보이는 유일한 섹터이기도 하다. 고등교육은 변화의 초기 단계라 할 수 있는, 변화를 반대하면서도 동시에 다양한 시도를 하는 모순된 모습을 보이는 중이다.

변화의 본질

산업화 시대에 일어났던 고등교육의 변화는 모든 것을 쓸어버리는 눈사태와는 달랐다. 일부는 쓸려 나가지 않고 여전히 남아 있다. 기숙사로 운영되는 4년제 리버럴 아츠 칼리지가 그 잔재다. 하지만 변화하는 과정에서 아무런 상처 없이 나온 건 없었다. 리버럴 아츠 칼리지는 조직, 직원, 학생, 커리큘럼, 강의 방법, 평가를 바꾸었다. 하지만 기숙사를 운영하고 4년제 프로그램을 통해 학사 학위를 수여한다는 점에서는 변함이 없다.

고등교육 기관에서 이전에 일어났던 변화는 적응적 해법과 파괴적 해법을 모두 양산했다. 즉, 일부 대학은 그들의 기존 운영 방법을 개선하는 식으로 산업화의 어려움을 해결했다. 동시에 확연히 다른 새로운 기관이 탄생해 국가, 아날로그, 산업경제의 요구에 부응했다. 현재의 변화도 비슷할 것으로 보인다.

변화는 고등교육의 새로운 형태도 만들었다. 즉, 종합 대학, 기술 및 과학 학교, 주니어 칼리지, 커뮤니티 칼리지는 이전 농경 사회의 유물들을 금세 왜소하게 만들었다. 남아 있던 유물은 현대화되었다. 이러한 현상은 반복될 것이다.

뒤를 돌아보는 것에는 한계가 있다. 변화의 패턴을 관찰하여 현재의 변화가 어떤 과정으로 일어날지, 우리는 그 과정의 어디쯤에 있는지, 등장인물은 누가 될지 정도는 알 수 있지만 구체적 실체를 볼 수 있는 것은 아니다. 미래의 커리큘럼, 교육, 평가, 자격 증명, 시설, 학생이 어떻게 변화할지는 지식경제의 필요에 따라 결정될 것이다. 미래에 일어날 변화의 본질을 더 잘 이해하려면 우리는 앞도 보고 옆도 보아야 한다.

앞을 내다보기

변화의 시기에 이름을 붙이기 위해서는 뒤를 돌아보아야만 한다. 그건 역사가들의 책무이기도 하다. 이름이 붙여지기 전까지는 한참 진행 중인 변화의 과정에 이런저런 특징을 정확히 파악해 내려고 갖은 시도를 하기 마련이다. 영국 출신의 역사가인 아놀드 토인비가 1884년 쓴 책《영국 산업혁명에 대한 강의*Lectures on the Industrial Revolution in England*》를 보면, 이제는 누구나 알고 있는 '산업혁명'이라 불리는 시기는 또한 통신 혁명, 수송 혁명, 제조업 혁명, 농업 혁명, 도시 혁명, 시장 혁명 등으로 불리기도 했다.

하지만 막상 그 시기를 살았던 사람들은 그들이 겪고 있는 시기에 특정 이름을 붙일 만큼 그 변화를 제대로 파악할 수 없었다. 이토록 놀라운 혁신은 당시 사람들에게는 무작위로 계속해서 발생하는 변화의 조각들일 뿐이었다. 우리가 알아 온 세계는 어수선하면서도 익숙하지 않은, 심지어 생경하기까지 한 세계에 점점 밀려나고 있다. 당연시했던 많은 부분이 크게 흔들리고 있다. 즉, 우리가 일상을 사는 방법, 가족, 직장, 공공복지의 속성이 요동치고 있다. 교육, 정부, 건강, 미디어, 재정 분야에서 우리가 의존하는 사회적 제도는 과거에는 잘 작동했겠지만 이제 더는 같은 방식으로 작동할 수 없다. 어찌 보면 망가진 것처럼 보인다. 오랫동안 품었던 기대, 가치, 꿈은 위기에 처했고 변화로 인해 가장 크게 타격을 입은 분야의 기관들은 산산조각이 나고 말았다.

'2부: 앞을 내다보기'는 고등교육의 새로운 변화 속에서 살고 있는 사람의 관점에서 쓰였다. 어쩔 수 없이 '1부: 뒤를 돌아보기'보다는 확신이 덜한 내용이다. 대신 미국에 중대한 변화를 가져온 세 가지 영향력, ⑴ 인구 구조 변화, ⑵ 경제, ⑶ 테크놀로지에 초점을 맞춰 대학 교육의 미래를 파악하고자 한다. 네 번째 초점인 세계화는 다른 세 가지에 포함된다. 여기서는 각 시대의 트렌드를 점검하고, 결과를 미래에 투영해 보고, 대학 교육에 미치는 잠재적 영향을 논의한다.

6장은 고등교육의 주요 인구 통계 변화의 속성과 그 영향을 집중적으로 토의하고자 한다. 7장은 대학의 입장에서 지식경제의 출현과 결과를 논의한다. 8장에서는 디지털 테크놀로지의 혁명과 그것이 고등교육에 미치는 영향을 살펴볼 것이다. 9장은 앞을 보는 시각을 최종 정리할 것이다. 세 가지 영향력에 초점에 맞춘 연구로 고등교육의 미래에 대해 무엇을 알아냈는지 그리고 어느 대학이 이런 영향력에 주요 방식, 즉 '적응'이라는 형태로 반응할지에 대한 결론을 제공한다.

다섯 가지를 염두에 두어야 한다. 첫째, 세 가지 영향력이 모든 변화를 다 설명할 수 있는 것은 아니다. 코로나19 팬데믹이 대학의 변화 속도를 가속화한 것만 봐도 쉽게 짐작할 수 있다. 기후 변화 같은 다른 잠재적 요인들도 비록 그 영향이 즉각적이진 않겠지만 미래에 중차대한 영향을 끼칠 수 있다.

둘째, 세 가지 영향력은 별개의 요인이 아니며 독자적으로 작동하지 않는다. 예를 들어 미국 제조업의 하락에는 새로운 기술, 지식경제, 세계화, 이 모두가 합쳐져 영향을 끼쳤다.

셋째, 세 가지 영향력은 서로 협력하거나 부딪히면서, 혹은 독립적으로 일어날 수 있다. 예로는 정부의 투자가 교육에 미친 여파를

들 수 있다. 경제와 세계화는 그것을 증진하고 인구 구조 변화는 좌절시킨다. 산업화 시대보다 더 높은 수준의 노동력을 요구하는 지식 경제와 세계 어디서든 일할 수 있게 된 세계화로 사람들은 고등교육에 더 투자하게 된다. 반대로 인구의 노령화는 교육에 소비하려는 의욕을 꺾는다. 노인층에 들어가는 의료비와 노인 돌봄 비용은 국가 예산에서 교육 기금과 예산 싸움을 벌이게 된다.

넷째, '영향력(force, 힘)'이라는 용어는 무엇인가를 한쪽 방향으로 밀거나 당기는 것을 뜻한다. 하지만 이 세 가지 힘은 그렇지 않다. 예를 들면, 인구 구조 변화라는 영향력은 출산율, 인종, 민족성, 이주, 사망률 같은 인구 집단 특성을 포함한다. 이러한 특성은 지역마다 서로 다른 방향으로 영향력을 끼친다. 예를 들면, 북동부에서 대학에 다닐 만한 인구가 줄어든다는 것은 그 지역의 대학이 과잉 상태임을 의미한다. 즉, 대학은 너무 많고 학생은 너무 적다는 것이다. 반대로 서부에서 대학에 다닐 만한 인구가 증가한다는 말은 대학 시설이 부족하다는 의미이다. 대학은 너무 적고 학생은 너무 많다는 뜻이다.

다섯째, 세 가지 영향력은 다른 시간대에서 다른 속도로 작용한다. 새로운 기술의 영향은 훨씬 더 즉각적인 영향을 끼치지만, 인구 구조 변화와 그 영향은 수십 년에 걸쳐 일어난다.

대학이 이러한 변화에 적응하여 글로벌, 디지털, 지식 기반 경제의 요구를 충족할 것이라고 주장하는 사람들도 있지만 그렇지 못해 혼란스러운 미래가 올 것이라 믿는 사람들도 있다. 우리는 양측 간 분열을 해소하고자 2부를 통해 다음과 같은 결론을 내리고자 한다.

대학은 혼란에 빠질 가능성도 있지만 대체로는 잘 적응하여 인구 구조 변화, 경제 변화, 테크놀로지 변화 모두에 잘 대처할 것이다. 이제 각 영향력을 하나씩 들여다보자.

제 6 장

인구 구조의 변화

미국의 인구 구조는 인종, 지역 간 이주, 노화, 이민자로 인해 급격하게 변화하고 있다.

새로운 다수

미국은 지금까지 백인이 압도적으로 많은 국가였지만 커다란 변화를 겪고 있다. 2045년이 되면 백인이 미국인 전체 중 과반에도 못 미칠 것(49.8%)이다. 히스패닉이 거의 4분의 1(24.6%)을 차지하고 흑인과 아시아인이 합쳐서 인구의 5분의 1(21%)을 구성하게 될 것이다.

인구 변화의 속도는 젊은 층에서 더 빠른 경향을 보인다. 2060년에는 19세 이하의 미국인 중 히스패닉이 거의 3분의 1(32%)을 차지하게 된다. 백인은 근소한 차이로 약간 높다(36.5%). 이 연령대의 아

표 1. 인종과 나이로 분류한 미국 인구의 변화

	전체(%)		18세 이하(%)	
	2019	2045	2019	2060
아시아인	5.8	7.9	5.0	7.8
흑인	12.5	13.1	13.7	14.2
히스패닉	18.5	24.6	25.6	31.9
백인	60.1	49.7	50.2	36.4
기타	3.1	4.7	5.5	9.7

출처: US Census(2020)와 Frey(2018)를 근거로 저자들이 계산함.

시안과 흑인은 5분의 1(22%)을 약간 넘게 된다(표 1).

이런 현상은 이미 미국의 학교에서 뚜렷이 나타나고 있다. 2012∼ 2028년에 고등학교를 졸업하는 히스패닉 학생의 수는 52%나 증가할 것이다. 다인종(multiracial) 졸업생은 더 크게(72%) 늘 것이다. 반대로 아시아인/태평양 섬 주민의 증가는 다소 적고(25%) 백인(−14%), 흑인(−1%), 북미 원주민(−13%) 졸업생은 감소할 것이다(Hussar & Bailey, 2019, 17).

◆ ◆ ◆

국가 통계에는 많은 것이 드러나지만 동시에 많은 것이 감춰져 있기도 하다. 인종이란 넓은 의미로 서로 다른 특징을 가진 다양한 하위집단을 포함하는 포괄적 용어다. 히스패닉이라고 하는 인종만 해도 대학 진학률이 46%인 쿠바인은 물론, 28%에 불과한 과테말라인도 포함한다. 유사한 의미로 같은 아시아인이지만 중국인은 77%의 대학 진학률을 보이는 데 반해, 미얀마인은 42%에 그친다. 이 장

표 2. 아시아인, 흑인, 히스패닉, 북미 원주민 비율이 가장 높은 주(2020년)

아시아인(%)		흑인(%)		히스패닉(%)		북미 원주민(%)	
하와이	36.8	D.C.	46.1	뉴멕시코	48.5	알래스카	14.0
캘리포니아	14.1	미시시피	37.5	텍사스	39.2	뉴멕시코	8.8
뉴저지	9.31	루이지애나	32.0	캘리포니아	38.9	사우스다코타	8.4
워싱턴	8.3	조지아	31.0	애리조나	31.1	오클라호마	7.2
뉴욕	8.2	메릴랜드	29.3	네바다	28.5	몬태나	6.2
네바다	7.9	사우스캐롤라이나	26.8	플로리다	25.2	노스다코타	5.1
매사추세츠	6.6	앨라배마	26.4	콜로라도	21.4	애리조나	3.9
버지니아	6.3	델라웨어	21.6	뉴저지	19.9	와이오밍	2.2
메릴랜드	6.2	노스캐롤라이나	21.1	뉴욕	18.9		
알래스카	6.2	버지니아	18.8	일리노이	17.0		
		테네시	16.7	코네티컷	15.7		
		플로리다	15.4	로드 아일랜드	15.0		
		아칸소	15.3	유타	13.9		
		뉴욕	14.3	오리건	12.8		
		일리노이	14.0	워싱턴	12.5		
		미시간	13.7	아이다호	12.4		
		뉴저지	12.7				
		오하이오	12.2				
		텍사스	11.7				

출처: World Population Review (2020a‑2020d).

에서 제공된 통계는 각 인종 집단의 평균이다(Snyder, Brey, & Dillow, 2019).

게다가 미국의 주와 지역마다 인종과 민족 구성은 매우 다양하다. 대략 요약한다면, 아시아인은 태평양 연안 주에 모여 있는 경향이 있다(오리건주 제외). 흑인은 남부, 히스패닉은 남서부와 플로리다에 집중되어 있고 북미 원주민은 주로 서부에 거주한다. 일리노이, 뉴욕과 뉴저지에는 흑인과 히스패닉이 상당히 많다. 4개의 주, 즉 캘리포니아, 플로리다, 뉴멕시코, 텍사스에서는 이미 소수 인종이 다수가 되었다. 뉴욕과 뉴저지는 근소한 차이가 날 뿐이다(표 2). 9개 주의 10개의 도시에서 다수 인종이 흑인이다. 4개의 주, 28개 도시에서 다수 인종은 히스패닉이다. 한 도시, 호놀룰루만이 아시아인이 다수 인종이다(World Population Review, 2020a).

그렇다면, 대학 교육이라는 측면에서 보면 이건 어떤 의미일까?

이 질문의 대답은 각자가 처한 상황에 따라 다르다고 봐야 한다. 주마다 매우 다른 미래에 직면하고 있기 때문이다. 하지만 모두가 다음의 두 가지 문제는 공통적으로 안고 있다.

첫째, 근래 등장한 다수 인종에게 미국의 교육 시스템은 그리 성공적이라고 할 수 없다. 그리고 팬데믹으로 그 격차는 더 벌어지고 말았다. 아시아인은 모든 인종을 넘어서는 뛰어난 교육 성과를 보였고 히스패닉과 흑인, 북미 원주민은 백인 뒤로 훨씬 뒤처져 있다(표 3).

두 번째 문제는 첫 번째 문제의 격차를 더욱 심화시킨다고 할 수 있다. 그건 바로 학비 상승이다. 2018~2019년에 등록금, 수업료, 기

표 3. 미국의 인종별 25세 이상 고등교육 이수율(2019년)

인종	학사 학위 이상(%)
백인	40.1
흑인	26.3
히스패닉	18.8
아시아인/태평양 섬 주민	57.1
북미 원주민/ 알래스카 원주민	16.8
다인종	34.1

출처: National Center for Education Statistics (2019b), table 104.10.

숙사비, 식비의 연간 평균 비용은 공립 4년제 대학은 2만 598달러, 2년제는 1만 950달러였다. 사립대학의 경우 비용은 4만 4,662달러, 2년제는 2만 8,627달러였다(National Center for Education Statistics, 2019e). 공립 4년제 대학은 지난 10년간 인플레이션 이상인 31%나 증가했고 사립대학은 23% 늘었다(National Center for Education Statistics, 2019e).

비용이 이렇게 치솟자 대학을 다닐 수 있는 학생의 수는 감소할 수밖에 없었고 학자금 대출은 미국 역사상 가장 높은 수준으로 증가했다. 이 현상은 특히 흑인과 소수 인종에게 악영향을 끼쳤다. 이들은 상당히 저소득층으로 더 많은 학자금 대출을 받은 것으로 드러났고 백인보다 연체율도 더 높았다(표 4). 흑인 가구의 중간 소득은 4년제 사립대학의 1년 학비보다 낮다. 문제는 팬데믹으로 이 현상이 더 악화했다는 것이다. 저소득층 미국인, 교육 수준이 낮은 층, 유색인

표 4. 미국의 인종별 가구 중간 소득, 평균 학자금 대출비, 연체율

	가구 중간 소득($)	평균 학자금 대출비($)[a]	연체율(%)[b]
북미 원주민 또는 알래스카 원주민	45,476	10,909	36.1
아시아인	93,759	7,019	11.2
흑인 또는 아프리카계 미국인	43,862	17,406	48.2
히스패닉 또는 라틴계	55,658	7,788	33.7
백인	69,823	8,013	20.3
기타	53,097	13,472	25.9

출처: American Community Survey (2019); US Department of Education (2017).
a: 원금과 이자, 2004년 대학 입학시험 후 12년.
b: 2004년 대학 입학시험 후 12년.

종, 이 세 그룹은 대규모 실업, 음식과 주거 같은 주요 비용을 감당할 수 있는 능력의 부재, 매우 높은 사망률이라는 타격을 입었다. 학교와 대학들이 2020년 온라인으로 수업을 진행하자, 이 그룹의 학생들은 수업에 참여할 수 있는 디지털 장비나 인터넷이 없을 가망성이 높았다. 이런 요소가 합쳐져 수년간 이미 대학 진학이 어려웠던 소수 인종은 아마도 20년(Mitchell, 2020) 정도 더 뒤처지게 되었을 것이다.

대학에 두 가지 이슈를 해결하라는 강한 압박이 있을 것이다. 치솟는 등록금과 걷잡을 수 없이 늘어나는 학자금 대출 때문에 이미 학생과 학부모는 폭발적인 분노를 표출하고 있고 정책 입안자와 매체도 우려를 표시하고 있다. 대통령 선거에서도 이 사항은 주요 쟁점이고 매체, 주지사, 국회의원에게도 여전히 중요한 정책 의제다. 무료 대학은 민주당 진보 진영의 슬로건이 되었다.

단기적으로는 새로운 다수 인종의 정치적 기반 문제로 인해 인종 문제보다는 학비 문제 자체가 더 큰 이슈로 다루어질 것이다. 그러나 구조적 인종 불평등, 대규모 코로나 실업, 숙련공의 부족, 경제 발전의 긴박함 등에 대한 인식이 커지면서 고등교육의 공정성과 접근성에 대한 요구는 점점 증가하고 있다.

어떻게 이 두 가지 문제를 해결할 것인가 그리고 누가 나서서 할 것인가. 대학, 정부 혹은 시장인가의 문제는 미국 고등교육에 매우 다른 영향을 끼칠 것이다.

◆ ◆ ◆

미국 고등교육의 역사는 개신교 백인 남학생에서 시작해 여성,

흑인, 천주교인, 유대인, 나이든 성인, 가난한 사람 등을 통합하며 진화하는 기관의 역사였다. 그 과정은 느릿느릿 진행되었고 대체로 품위가 있다고 말하기는 힘들며 가끔은 정부의 개입이 필요할 때도 있었다. 새로 등장한 인구층은 대학 문을 열기 위해 투쟁을 벌여야만 했다. 여성들이 그 좋은 예다. 대학은 19세기 후반까지도 여성의 입학을 대체로 꺼리는 편이어서 여성을 위한 별도의 대학을 설립했다. 1980년 주류 대학에 등록하는 여성의 숫자가 남성을 넘어설 정도로 증가하는 동안 남녀공학을 둘러싼 장기적이고 비참한 전쟁이 20세기 내내 지속되었다. 대학의 다양화는 초기에는 배제의 시기였고 다음에는 전통적인 고등교육 주변에서 새로운 부류의 학생이 등장할 때마다 별도의 학교를 만드는 식으로 진행되었다. 그러고 나서야 가장 덜 선호되는 학교, 재정 문제에 시달리는 학교부터 시작되어 주류 대학에 점차적으로 포함되었다. 고등교육 분야 중 무시험 입학 학교인 커뮤니티 칼리지는 새로운 다수(흑인, 히스패닉, 북미 원주민)가 가장 많이 선택하는 학교로 떠올랐다(표 5).

새로운 집단을 수용하기 위해 고등교육이 변해야 한다는 요구가 빗발치자 대학은 마지못해 빙하가 움직이는 듯한 느린 속도로 미미한 개선책을 채택했다.

1980년 이후 고등교육을 위한 주 및 지방 자금이 급격히 감소하고 주 예산을 탕진한 팬데믹으로 인해 더욱 악화되자, 대부분 대학은 수업료를 인상했다. 추가 수익의 원천은 학생들이 내는 돈밖에 없었기 때문이다(Mitchell et al., 2017; Mortenson, 2012). 하지만 대학의 재정적 관행도 그 문제를 가중시켜 왔다.

표 5. 미국의 대학 유형에 따른 인종별 학부생 등록률(2018년 가을)

		백인 (%)	흑인 (%)	히스패닉 (%)	아시안 (%)	태평양 섬 (%)	북미 원주민, 알래스카 원주민 (%)	다인종 (%)
4년제	공립	56	12	20	8	< 1	1	4
	사립(비영리)	64	13	13	6	< 1	1	4
	사립(영리)	44	29	18	4	1	1	4
2년제	공립	49	14	27	6	< 1	1	4
	사립(비영리)	39	41	11	3	< 1	2	4
	사립(영리)	35	28	26	4	1	1	4

출처: National Center for Education Statistics (2020a, 141).

대학은 '원가 가산 가격 결정(cost-plus pricing)' 방식으로 운영되는 경향이 있다. 다시 말해, 가격을 정하기 전에 지출을 결정한다. 이 모형으로 지출은 수입의 필요성을 결정하고 등록금은 부가 수입의 주요 원천이다. 이는 일반적인 사람과 기관들이 예산을 책정하는 방법과 정반대다.

고등교육은 일반적으로 교체하기보다는 추가하는 형식으로 성장하기 때문에 더욱 문제다. 다시 말해, 새로운 대상으로 바꾼다기보다는 이미 있는 기관을 확장한다. 결과적으로 새롭고 필수적인 프로그램을 낡고 오래된 프로그램에 추가하는 식으로 대응하기 때문에 계속 비용이 상승하게 된다.

게다가 고등교육은 경쟁이 오히려 가격을 올리는 몇 안 되는 산업 중 하나다. 대학은 직원, 시설, 프로그램, 서비스 등의 분야에서 서로 이기려고 경쟁하기 때문에 과도하게 비생산적인 비용 인상이 발생한다. 가령 항공사가 이런 식으로 경쟁한다고 생각해 보자. 비행기마다 의자 개수를 대폭 줄이고 푹신한 안락의자로 교체하며 별세 개짜리 고급 요리에 비행기마다 현악 4중주단을 고용하는 식이다. 이렇게 된다면 모든 비용을 감당하기 위해서는 비행깃값을 올릴 수밖에 없는 것이다.

◆ ◆ ◆

정부의 대책이 필요하다. 정부는 대학을 더 저렴하게 만들고 새로운 다수의 고등교육 기회를 확대하기 위해 애쓸 것이다. 그러나 팬데믹의 여파와 미국 인구가 고령화되고 있는 상황(추후 설명할 것이다)에서 의료 비용과 사회 보장 비용은 눈덩이처럼 불어날 전망이다. 주정부 예산에서 가장 비용이 많이 드는 부분인 교육과 의료 예산 사이에 세대 간의 갈등을 일으킬 것이다.

또는 정부가 학생 재정 보조를 늘릴 수도 있다. 이는 여전히 정부 펀딩을 증액해야 하지만, 타깃을 대학에서 학생으로 바꾸기 때문에 소비자에게 더 힘을 실어 주게 된다. 커뮤니티 칼리지에 연계된 보조금으로 대학의 첫 2년을 무료로 하자는 의견이 점점 더 힘을 얻고 있다. 이는 일자리가 고등교육을 받은 노동력을 필요로 하며 대학 학위 없이 일할 수 있는 직장이 줄었다는 사실을 반영한다. 또한, 경제가 요구하는 무료 공공 교육 기간을 늘려 왔던 미국의 이념과도 일치한다. 19세기에 만들어진 고등학교는 산업화에 대응하여 성장하다 결국 필수가 되어 가고 있다. 오늘날, 고등교육에 처음 발을 디딘 다수의 1학년들은 2년제 칼리지에서 학업을 시작한다. 이미 미국 전역에서 지역의 고등학교를 졸업한 학생에게 대학 첫 2년간 등록금을 면제해 주는 '프로미스 프로그램'이 시행되고 있다.

또 다른 접근법은 정부가 대학의 가격을 규제하는 것이다. 이는 재정 보조와 기타 정부 프로그램에 필수 조건인 등록금 상한제를 도입하면 가능하다.

서장에서 언급한 중등 이후 교육 시장은 와일드 카드다. 아직은 분산되어 있고 정부의 영향력도 부족하지만, 가격과 접근성 면에서 커다란 변화를 가져올 수 있다.

시장 기관들이 혼재된 상황에서 영리 사립대학(for-profit college)이 새로운 다수 인종을 타깃으로 하는 데 가장 적극성을 보이고 있다. 그들은 새로운 다수 인종을 끌어들이는 데 대단한 성공을 거두고 있다(National Center for Education Statistics, 2020a) (표 5).

하지만 성과는 최악이었다. 졸업률은 낮았고 대출 연체율은 높았다. 연방 학자금 대출과 참전 군인의 지원금에 의존하는 이 대학의 직원들은 학생 모집과 학자금 융자에만 집중하고 학생 상담과 관리에는 소홀한 경향이 있다. 꽤 훌륭한 영리 사립대학들도 있긴 하지만 많은 학교가 새로운 다수 인종의 학생들을 집어삼키고는 자격증이나 직업 기술 없이 뱉어 내고 있다.

주목할 만한 케이스가 있다. '카플란 하이어 에듀케이션'이 퍼듀대학과 합병해 '퍼듀 글로벌'을 만든 것, 그리고 애리조나대학이 애시포드대학을 사들인 것이다. 이런 합병은 새로운 다수가 된 인구층을 채용하고 입학시키는 사립 기관의 특성과, 기존 연구대학의 품질이 만나 시너지를 낼 수 있다. 주류 대학과 '코딩 부트 캠프' 같은 시장 기관들 사이의 파트너십도 증가하고 있다.

유니버시티 오브 피플(UoPeople) 같은 새로운 대학들이 등장하기도 했다. 이 대학은 무료이자 비영리 대학으로 온라인으로 학사와 석사 학위를 제공한다. 전 세계에 걸쳐 5만 명 이상의 학생이 등록하고 있다. 강의료나 교재비는 없지만 유니버시티 오브 피플은 각 수업에서 평가를 볼 때마다 비용을 낸다. 학부 과정은 수업당 120달러이고 석사 과정은 수업당 240달러이다. 총비용은 2년 이상 걸리는 준학사 과정은 2,460달러, 4년 학사 학위는 4,800달러다. 수익 구조는 저비용과 높은 기부금으로 이루어진다.

또 다른 저렴하거나 무료인 고등교육 모델은 무크로, EdX, 코세라(Coursera), 유다시티(Udacity) 같은 기관이다. 하지만 이 시점에서 이들이 새로이 다수가 된 인구층을 모으는 데 성공했다는 증거는 없다.

결론적으로, 새로운 다수 인종의 등장으로 인해 미국의 고등교육은 무시할 수 없는 매우 현실적인 과제를 떠안게 되었다. 이 과제의 관점은 주별로 지역별로 다르다. 대학, 정부, 시장 중 누가 주도적인 역할을 할 것인지 그리고 어떤 접근법을 쓸지에 달려 있다. 추가 자금 지원은 큰 변화를 의미하지 않지만, 가격 통제는 더 큰 변화를 의미한다. 시장은 아직 불확실하지만, 대학들이 새로운 다수 인종을 훨씬 더 높은 비율로, 그리고 어쩌면 더 낮은 가격에 모집하고 등록시킬 수 있다는 강력한 증거를 제시한다. 현재 시점에서 명확히 알 수 있는 것은, 새로운 다수 인종의 등장은 고등교육에서 파괴적 변화보다는 앞서 설명한 적응적 변화를 고등교육에 요구할 것이라는 점이다.

고등교육의 지역별 불황과 호황

미국 내 이주, 이민, 출산율로 인해 미국 인구는 지리적으로 변하고 있다. 북동부와 중서부는 인구가 감소하고 선벨트(Sunbelt) 지역은 늘고 있다. 미국 통계청은 미국을 북동부, 중서부, 남부, 서부 4개 지역으로 나눈다. 1960년 미국의 다수(54%)는 북동부(25%)와 중서부(29%)에 살았다. 소수(46%)는 남부(30%)와 서부(16%)에 살았다(US Census Bureau, 1961). 오늘날 균형은 뒤바뀌었다. 미국인의 대부

표 6. 고등학교 졸업생 수가 10% 이상 감소하거나 증가하게 될 주
(2012~2013년과 2026~2027년 사이)

뉴햄프셔	−19%	노스다코타	+41%
코네티컷	−17%	유타	+28%
미시간	−16%	텍사스	+25%
버몬트	−15%	와이오밍	+21%
메인	−15%	콜로라도	+20%
펜실베이니아	−13%	델라웨어	+20%
		조지아	+19%
		사우스캐롤라이나	+18%
		플로리다	+18%
		애리조나	+17%
		노스캐롤라이나	+17%
		네바다	+17%
		워싱턴	+16%
		네브래스카	+16%
		오클라호마	+15%
		사우스다코타	+11%
		아이다호	+11%
		메릴랜드	+10%

출처: Hussar and Bailey (2018, 53).

분(62%)은 이제 남부(38%)와 서부(24%)에 거주한다. 북동부(17%)와 중서부(21%)의 인구는 가파르게 감소했다(US Census Bureau, 2019). 그리고 그 격차는 점점 벌어지고 있다.

지역별 고등학교 졸업생 수가 그 이동을 반영한다. 2012~2013년 그리고 2026~2027년에 북동부(-6%)와 중서부(-3%)는 매년 졸업생 수가 감소하겠지만 남부(16%)와 서부(5%)는 크게 늘 것이다. 24개 주는 두 자릿수로 감소(6개 주)하거나 증가(18개 주)할 것이다(Hussar & Bailey, 2018) (표 6).

이 효과로 너무 많은 대학에 너무 적은 학생이 있는 주, 그리고 너무 많은 학생에 너무 적은 대학이 있는 주의 고등교육의 불황과 호황의 차이가 심해질 것이다. 미국 대학의 많은 수가 쇠퇴하는 지역에 자리 잡고 있다는 사실 때문에 상황은 더 복잡하다. 미국 인구의 38%가 북동부와 중서부에 사는 반면, 미국 4년제 대학의 49%와 사립 4년제 대학의 51%가 그 지역에 있다. 반면, 미국 인구의 62%가 서부와 남부에 사는데, 이 지역에는 4년제 대학이 겨우 52%, 사립 4년제 대학의 49%가 있다(표 7).

표 7. 미국의 지역별 인구 및 4년제 대학 분포(2018~2019년)

	인구(%)	4년제 대학(%)	4년제 사립대학(%)
북동부	17	24	25
중서부	21	25	26
남부	38	32	30
서부	24	20	19

출처: National Center for Education Statistics (2019g), table 317.20.

이건 역사적으로 이례적이다. 북동부와 중서부는 거의 2세기 전에 믿음을 전파하고 교회 지도자를 훈련하기 위한 종파 간의 경쟁에 힘입어 미시시피 서부 영토에 대학을 짓기 시작했다. 감리교가 대학을 지으면 장로교가 경쟁적으로 근처에 대학을 짓는 식이었다. 이러한 사립대학 상당수가 실패했지만, 감소하는 주에 매우 혼잡한 고등교육 시장을 형성할 만큼의 대학은 살아남았다. 반대로, 서부와 남부는 공립대학이 장악했다. 주목할 만한 상당히 정치적인 입장은 차치하고, 주의 인구와 지리와 비교할 만한 규모로 지어졌다. 이런 면에서 동부와 중서부 대학은 판매자의 설계대로 지어졌고, 서부는 좀 더 소비자의 필요에 맞추어 설립되었다고 할 수 있다. 남부는 하이브리드다. 이 모든 특징이 중요한 이유는 미국의 고등학생은 집에서 가까운 대학을 선택하는 경향이 있기 때문이다. 일부 학생은 대륙 반대편에 있는 대학으로 가기도 하지만, 4년제 공립대학에 다니는 학생은 대부분 차로 1시간 거리 이내에 살고 있다(Wozniak, 2018). 2년제 대학은 가까운 곳에서 다니는 게 더욱 일반적이다.

대학 입학생 숫자의 미래는 팬데믹 전과 후로 생각해 보아야 한다. 팬데믹이 낳은 결과는 코로나19가 닥치기 전에 예상했던 입학생수의 변화를 가속화했고, 문을 닫는 대학의 숫자가 늘어났으며 대학 폐쇄의 속도를 높였다. 외국 학생이 급격히 줄었고 이미 등록한 학생이 학교로 돌아오는 숫자와 가을 학기에 들어오는 학생 규모도 줄어들면서 이 모든 일이 일어나게 되었다. 많은 가정이 치솟은 실업률로 학비를 대기 어려워졌다. 갑작스럽고 예상하지 못했던 재정적 쇼크는 짐작했던, 위험에 처해 있던 대학들을 벼랑 끝으로 바짝 몰아세웠다(Korn, Belkin, and Chung, 2020).

팬데믹이 일어나지 않았더라도 대학의 장기적인 결과는 매우 비슷했을 것이다. 하지만 변화는 더 느리게 일어났을 것이다. 2018년 팬데믹이 아직 공상과학 소설에나 나올 법한 이야기였을 때, 칼턴 칼리지 경제학자인 네이선 그라우(2018)는 2025년부터 2029년 사이에 대학 등록 학생 수가 15% 떨어질 것이고 이후 또 한 번의 감소가 있을 것이라고 예상했다. 지역별 변화에 더해 고등교육 분야별로 더 커다란 차이를 보일 것으로 예측했다. 엘리트 대학 중 선호도가 높은 대학의 등록 수는 14%까지 오를 수 있는 반면 지방 대학의 등록 수는 11% 감소할 것이다. 가장 큰 타격을 입는 것은 소규모의, 기부금이 적고, 덜 선호되는 사립대학, 특히 리버럴 아츠 칼리지들이다. 이들은 북동부와 중서부에 거의 집중되어 있다(Barshay, 2018; Grawe, 2018).

쇠퇴는 팬데믹 전에 이미 진행 중이었다. 2017년에 무디스 신용평가사는 미국 전역의 학생 수는 약 1% 늘었고 중서부 대학의 61%는 등록 학생 수가 줄었다고 보고했다(Seltzer, 2017). 무디스는 문을 닫는 대학은 3배로 늘어나고 합병하는 대학은 2배로 늘 것으로 내다봤다(Lederman, 2017).

역사적으로 대학은 특출난 생존 능력을 갖추고 있었다. 대학은 규모가 줄지언정 문을 닫는 경우는 매우 드물었다. 그러나 팬데믹 전에조차 뉴잉글랜드에서 적어도 대학의 30%가 폐쇄 위기에 있었다.

◆ ◆ ◆

　앞으로의 선택은 가장 약한 대학을 줄여 학생들을 더 건강한 대학에 재분배함으로써 북동부와 중서부의 대학을 강화하는 것이다. 폐쇄, 통합, 그리고 학생 이동이 책임감 있는 방식으로 진행되도록 각 주와 인증 기관은 대학의 생존 능력의 명백한 표준을 표시하면서 쇠퇴를 추적 관찰해야 할 것이다.

　중요한 질문은 새로운 다수 인종에 각 주가 어떻게 반응할 것인가이다. 전통적으로 대학은 기존 대학을 확장하거나 새로운 대학을 지었다. 하지만 증가하는 비용과 캠퍼스의 수용 능력을 생각해 일부 대학은 혁신적인 디지털 해법으로 돌아서고 있다. 가장 주목할 만한 기관은 캘리포니아주 전역에 있는 온라인 커뮤니티 칼리지이다. 전 주지사인 제리 브라운이 제안한 제도로 커뮤니티 칼리지 시스템 회장의 지원으로 주의회가 자금을 지원하는 이 기관은 독특한 임무를 수행한다. 자동화와 지식의 진보로 인해 사라질 것 같은 직업에 종사하는 "좌초된 노동자"를 돕는다. 중등 이후 교육 증명서를 주는 이 새로운 커뮤니티 칼리지는 산업 성장을 위해 캘리포니아 주민의 업스킬링(upskilling)과 리스킬링(reskilling)에 중점을 둘 것이다.

　인구 이동으로 북동부와 중서부의 고등교육은 적응적 변화를 선택할 것이다. 대부분 대학도 아마 이 사실을 알고 있을 것이고 대학의 규모가 감소되고 합병이 증가하게 되는 결과를 낳을 수 있다. 하지만 대학이 전통적인 산업화 시대의 모델을 바꿀 것이라는 증거는 없다.

대조적으로, 남부와 서부의 성장은 확실히 기존 캠퍼스의 확장과 새로운 캠퍼스의 건설로 이어질 것이지만, 캘리포니아처럼 현재 관행에서 벗어나는 새로운 고등교육 모델을 만들어 낼 가능성도 있다. 이러한 노력은 고등교육의 미래를 볼 수 있는 가장 좋은 창을 제공하고, 규모에 맞는 파괴적 혁신을 개발하기 위한 실험실 역할을 할 수도 있다.

이런 면에서 쇠퇴보다는 성장이 고등교육의 산업화 시대 모델에서 더 급진적인 변화를 촉진하기 쉽다. 동부와 중서부에서 애를 먹는 대학들은 생존하기 위해 필사적으로 개혁적인 해법을 찾으려고 하면서 다양한 시도를 하는 실험실 역할을 할 것이다. 반대로 이런 실험에서 가장 성공을 거둔 결과들은 서부로 확장될 것이다.

세대의 충돌

미국은 늙어 가고 있다. 1960년에는 인구의 13%가 65세 이상이었고 19세 이하가 39%였다(Centers for Disease Control and Prevention, n.d.). 2035년에는 미국 역사상 처음으로 65세 이상의 인구(7,800만 명)가 19세 이하 미국인의 숫자(7,670만 명)를 능가할 것이다(US Census Bureau, 2018). 2020년부터 2060년 사이 65세 이상 인구는 5,600만 명에서 9,500만 명으로 거의 2배로 증가할 것이다(Vespa, Medina, & Armstrong, 2018).

인구가 이동하면서 발생한 노화 현상은 주에 따라 다른데, 플로리다처럼 몇몇 눈에 띄는 예외가 있긴 해도 대체로 북부-중서부와 서부–남부로 갈려 있다. 유타 주민들의 연령이 가장 어렸고(중위 연령이 30.5세) 메인주는 가장 나이가 많아(중위 연령이 44.3세) 두 주의 차이는 놀랍게도 15년이다(World Population Review, 2020e). 그래서 미국의 노화는 주별로 다른 효과를 낳을 것이다.

모든 주가 공통으로 겪는 문제는 65세 이상 인구의 급증이다. 이들은 제2차 대전 이후의 베이비 붐 세대가 주를 이루며 1946년에서 1964년 사이 태생으로 2029년에는 모두 65세 이상이 된다. 이들은 무려 7,600만 명에 이르는 거대한 세대이다. 미국의 전쟁 후 역사는 여러 가지 면에서 베이비 붐 세대의 성장에 맞춰 진행되었다. 초기에 미국은 자녀를 양육하고 아이가 걸릴 법한 질병을 예방하며 학교와 대학을 더 짓는 것에 집중했다. 베이비 붐 세대가 십대가 되고 청소년 반항기에 들어서자, 미국은 1960~1970년대에 열병을 앓았다. 베이비 붐 세대가 결혼하고 아이를 낳자 그 아이들의 학교 수준이 국가의 최우선 순위가 되었다. 학교 개혁 운동이 1980년대에 탄생했고 새로운 세기까지 이어졌다. 그 시기에 미국의 시의회와 대통령까지, 어떤 공직의 정치인이든 상관없이 당선되기 위해서는 모조리 교육 이슈를 들고 나와야 했다. 베이비 붐 세대의 자녀들이 학교와 대학을 졸업하고 베이비 붐 세대 자신들도 은퇴하기 시작하면서 그들과 국가의 집중 대상은 사회 보장과 의료 같은 노인 복지로 급격하게 옮겨 갔다.

베이비 붐 세대가 직장에서 일하는 동안 그들은 여러 국가 사업에 기여하는 세대였다. 하지만 은퇴한 그들은 국고에서 자금을 빼가는 처지가 될 것이다. 베이비 붐 세대의 규모를 고려해 볼 때, 기여자와 수령인의 균형이 급격히 무너질 것이다. 이는 미국의 노령 인구 의존 비율, 즉 65세 이상의 인구와 경제 활동이 가능한 15~64세의 인구 100명당 비율을 봐도 분명하다. 1950년 비율은 근로 연령 미국인 100명당 노인이 13명이었다. 2010년에 노인은 19명으로 올랐고 2050년에는 거의 2배로 늘어 36명이 될 것이다(Pew Research Center, 2014, 49). 국고 감소 속도는 정말 심각해서 현재 노인 프로그램을 지원하는 사회 보장 신탁 펀드는 2034년에 고갈될 것이다.

노인 관련 비용을 두고 노소 간의 충돌이 일어날 것이다. 오늘날 주 예산에서 가장 큰 품목은 초등 및 중등교육(22%), 공공복지(메디케이드Medicaid, 보장성 소득보조금, 빈곤 가정 원조)(21%), 고등교육(10%) 그리고 의료와 병원(9%)이다(Urban Institute, 2018). 연방 예산에서는 정부(6%), 메디케어 및 건강(6%) 교육(6%)이 가장 많은 부분을 차지하는 삼인방이다. 사회 보장은 7위(3%)에 올라 있다.

고등교육이 이 경쟁에서 이길 수 있을 것 같진 않다. 2008년 불황 때 고등교육은 경쟁 분야보다 더 크게 예산이 감축됐다. 2008~2010년 회계 연도에서 31개 주는 의료 서비스 예산을 삭감했고 29개 주는 노인과 장애인을 위한 서비스를 감축했으며, 34개 주가 K-12 학년 교육 예산을 줄였다. 그리고 43개 주가 고등교육 예산 삭감을 단행했다(Johnson et al., 2011). 이유는 많지만 그중 하나는 구조적 문제다. K-12학년 교육과 의료 서비스 자금은 "헌법상의 자금 지원 의무 및 연방 달러와의 연계"에 의해 보호된다(Zumeta & Kinne, 2011, 32). 하지만 고등교육은 보호받지 못한다.

두 번째는 소비자로부터 돈을 끌어모을 수 있는 능력이다. 고등교육은 수익 창출과 관련해 독특한 성격을 띤다. "비상시에는 고객에게 더 많은 돈을 청구할 수 있다는 걸 아는 주정부들은 어려운 시기에 지원을 불균형적으로 삭감한다"(Zumeta & Kinne, 2011, 32). 결론적으로, 노년층이 의료 및 사회 보장 비용을 계속 증가시키는 상황에서, 이러한 증가분을 충당할 자원은 주 및 연방 수입의 증가에서는 나오지 않을 것이라는 의미다. 이로써 정부는 세 가지 선택권이 있다. (1) 주정부는 K-12 교육과 고등교육 같은 고액 아이템에서 예산 기금을 재분배한다. (2) 주정부는 세금을 올릴 수 있다. (3) 또는 노령 혜택을 줄일 수 있다. 이건 미국 노년층 또는 젊은 층 중에 누군가는 질 수밖에 없는 제로섬 게임이다. 재분배는 학교와 대학이 희생해야 할 가능성이 크다. 노년층도 늘어난 세금의 짐을 같이 나누어 지겠지만 경제 인구의 어깨 위로 더 많은 부담이 떨어질 것이다. 은퇴 연령을 연장함으로써 혜택을 줄이는 것은 현재 수혜자보다는 미래의 수혜자, 즉 젊은 층에게 더 많은 영향을 끼칠 것이다. 노인을 대상으로 하는 여러 삭감 정책은 노인보다는 그 가족들의 부담을 키울 수 있다.

미국의 노령화는 누구에게 이득이고 손해인가의 문제를 멀찍이 넘어설 뿐 아니라 노동력의 규모와 구성에까지 확장되는 것으로 이는 이민 정책의 도화선을 건드릴 수밖에 없게 된다. 고등교육은 정부가 채택하는 방안에 따라 영향을 받을 것이다. 줄어든 예산, 비용 절감 요구, 대학 효율성과 효과에 대한 정부의 책임 증가, 그리고 대학 학비에 대한 대중의 우려가 심해지고, 이런 요인들로 인해 대학은 적응적 변화의 길로 나아갈 가능성이 있다.

고등교육은 이미 연령과 관계된 다른 문제와도 씨름하고 있다. 러빈과 딘의 연구에 따르면 전통적으로 대학생의 나이대라고 여겨지던 18~22세의 학생들은 그보다 높은 연배의 학생들과 여러 면에서 다르다(Levine & Dean, 2012). 나이든 학생은 여성일 경우가 많고 파트타임으로 수업을 들으며 강의실 수업에 참여하기 위해서만 캠퍼스에 왔다. 더 오랫동안 일하고 캠퍼스 밖에서도 맡은 일, 즉 직업, 가족, 배우자/파트너, 대학생이 아닌 친구들, 캠퍼스 밖의 사회생활에 잔뜩 엮인 이들이다. 25세 이상의 학생 중 51%가 부모였다(Institute for Women's Policy Research 2018; Marcus 2019). 전통적인 대학생 나이의 학생에 비하면 이들은 저소득층 가정 출신일 확률(66% vs. 36%)이 훨씬 높다(Institute for Women's Policy Research, 2018; Marcus, 2019). 또한, 학교에 다니면서 긴 시간을 일했다. 57%는 주당 20시간보다 더 오래 일했다(Marcus, 2019). 대학은 이들의 주요 관심사라기보다는 삶의 한 부분에 불과했다. 물론 모든 일을 다 해내기란 힘든 법이다. 24세 이상에 입학한 학생은 6년 수료율이 48%로 "전통적인" 학생들의 수료율 64%보다 훨씬 낮았다(Causey et al., 2020).

러빈과 딘의 연구에 따르면 이러한 학생들은 은행, 슈퍼마켓, 인터넷 통신사와 맺는 관계와 똑같은 방식을 대학에 요구한다. (1) 편의성, (2) 서비스, (3) 질 좋은 제품, (4) 낮은 가격이다. 대학에 관해 학생들이 찾는 건 편리한 위치, 교실과 가까운 주차장, 편한 시간에 들을 수 있는 강의이다. 이들은 훌륭한 고객 서비스를 기대한다. 최신의 실용적 지식을 제공하는 수준 높은 강의, 그리고 학생과 친밀한 관계를 맺는 교수를 요구한다. 게다가 이들은 합리적인 경로로 졸업하려고 한다. 대학으로 돌아오는 좀 더 나이든 학생들은 종종 학위를 따는 것이 그리 간단하지 않다는 걸 알게 된다. 이전에 받았던 학점 중 40%가 인정되지 않아 이런 학생들은 이미 다 들었던 과정을 다시 들어야만 한다(Marcus, 2019).

이런 학생들은 그들이 사용하지 않는 액티비티, 서비스, 직원에 돈을 내고 싶어 하지 않는다. 가지도 않는 체육관과 학생 회관, 참석하지 않는 이벤트, 선택하지 않는 선택 과목에도 돈을 내길 원하지 않는다. 이들은 대학의 골자만 남은 버전을 요구하고 소비자 중심의, 어디서든 아무 때나 들을 수 있는 강의의 가장 주요한 지원자들이다.

러빈과 딘은 시설, 서비스, 액티비티, 이벤트, 스포츠, 다양한 수업 등 온갖 것들을 갖춘 대학을 원하는 젊고, 전통적이며, 풀타임 학생인 동시에 캠퍼스에 거주하는 학생들과, 나이든 학생은 매우 다르다는 걸 알아냈다. 전형적인 학생의 인구는 계속해서 줄어들 것으로 보이며, 이들보다 나이가 많고 파트타임으로 수업을 듣는 인구는 늘어날 것으로 전망한다.

이런 상황이 각 대학에 가장 큰 영향을 끼칠 것이다. 모든 대학은 이에 대응할 방법을 결정해야 한다. 이 두 부류의 학생 모두를 위한 프로그램을 제공할 것인가 혹은 하나에만 집중할 것인가? 이 결정의 결과는 대학에 거대한 변화를 가져올 수 있다. 전통적으로 18~22세 학생에 집중해 온 중서부와 북동부에 위치한 리버럴 아츠 칼리지는 각 지역의 인구 통계 변화를 관찰하고 나이가 많고 파트타임으로 수업을 들으며 직장을 다니는 학생들을 어떻게 다룰 것인지 결정해야 그들의 미래를 판단할 수 있다. 양쪽 연령층에 발을 모두 담그기 위해 싱글맘, 노인, 다시 학교로 돌아오는 학생 등 특정 인구층을 끌어들이기 위해 특별히 설계된, 틈새를 노린 프로그램이 폭발적으로 늘어날 가망성이 높다. 하지만 이는 파괴적 변화보다는 적응적 변화의 형태로 진행될 것이다.

◆ ◆ ◆

미국은 거대한 인구 구조 변화를 겪고 있다. 이는 대학, 학생, 그리고 자원에서 축소와 확장을 가져올 것이다. 하지만 고등교육의 산업화 시대 모델에서 변혁 혹은 파괴적 혁신을 가져올 것이라는 증거는 거의 없다. 대학들은 그들에게 닥친 변화에 점차적으로 적응해나갈 것이다.

제7장

지식경제의 출현

만약 립 밴 윙클처럼 당신이 1947년에 잠들어 오늘날 깨어났다면 경제 상황을 거의 알아볼 수 없을 정도로 완전히 달라졌다고 느낄 것이다. 대도시이자 미국의 대표적인 산업도시였던 디트로이트, 클리블랜드, 버펄로, 볼티모어가 탈산업화로 황폐해졌고 이제는 러스트 벨트(Rust Belt)라고 불리는 지역에서 다른 모습으로 태어나기 위해 버둥대는 것을 보게 될 것이다. 서부 소도시와 한때 변두리 취급을 당했던 시애틀, 산호세, 오스틴, 포틀랜드가 새로운 미국 경제를 만들어 내고 인구는 8배로 늘어 이제는 800만 명 이상이라는 걸 알게 될 것이다.

제조, 건축, 광업 같은 산업화 시대의 일자리는 크게 줄었다. 1947년에는 노동 인구의 거의 절반이 이 분야에서 일했다. 2020년이 되자 15%*로 떨어졌다(Carnevale, Jayasundera, & Gulish, 2016a, 4;

Current Employment Statistics, 2020의 자료로 저자들이 계산).

의료 서비스, 컨설팅 및 비즈니스 서비스, 재정 서비스, 정부 서비스, 교육 서비스 같은 분야에서 지식경제 관련 일자리가 폭발적으로 늘어났다는 것도 알게 될 것이다. 이런 일자리는 1947년 고용의 28%를 차지했다가 2020년에는 52%를 차지했다(Carnevale et al., 2016a, 4; Current Employment Statistics, 2020의 자료로 저자들이 계산).

단순하게 표현한다면, 산업화 시대 직업과 산업이 지식경제 계승자로 대체되었고 구직 요건이 근본적으로 바뀐 어지러운 세상에서 깨어난 것이다.

그동안 무슨 일이 발생했는지 이해할 수 있는 가장 최적의 렌즈는 변화 기어의 가속 역할을 한 2007년 불황이다. 이 불황으로 수백만 개의 산업 일자리가 사라지면서 지식경제 직업으로 재빨리 대체되어 훨씬 더 오랜 기간에 걸쳐 일어났을 변화의 기간을 단축시켰다. 2010년 불경기가 한창일 때 720만 개의 일자리가 증발했다. 저기술 산업화 시대 일자리에 종사하던 560만 명 중 사무 지원 160만 명, 건설 150만 명, 제조업 120만 명 등이었다. 2016년이 되자 미국 노동시장은 다시금 회복되어, 1,160만 개의 새로운 일자리가 추가되었다. 그러나 회복은 균등하게 배분되지 않았다. 일자리는 지식경제 분야에서 놀랍도록 많이 생겨나 경영관리 분야에서 160만 개, 의료 분야에서 150만 개, 테크놀로지 분야에서 거의 100만 개의 직업이 발생했다(Carnevale, Jayasundera,& Gulish, 2016b).

＊ 급격한 감소에도 불구하고 기술력, 생산성 향상, 높은 수준의 교육을 받은 노동 인구 덕분에 제조업 생산량은 증가했다는 사실을 주목해야 한다(Desilver, 2017).

표 8. 교육 수준에 따른 불황기 미국의 일자리 수 변화(2007~2016년)

	2007~2010	2010~2016
고등학교 이하	−5,600,000	80,000
칼리지/준학사	−1,750,000	3,080,000
학사 학위	−66,000	4,656,000
석사 학위 이상	253,000	3,768,000
합계	−7,176,000	11,593,000

출처: Carnevale et al.(2016).

새로운 직업은 이전 직업보다 더 높은 교육 수준을 요구했다. 99%가 적어도 칼리지 수준의 학위를 요구했다. 일자리 4개 중 3개(73%)는 학사 학위 혹은 그 이상의 학위를 소유한 사람에게 돌아갔다. 석사 학위를 가진 사람들을 위한 일자리는 사실 불경기가 한창일 때 증가했다. 반대로 고등학교나 그 이하의 학력을 가진 사람들을 위한 일자리는 근본적으로 회복이 되지 않고 있다. 그들이 잃은 560만 개의 직업 중 8만 개만이 회복되었다(표 8).

이러한 직업은 일련의 새로운 기술, 즉 21세기 기술을 요구했다. 이 주제에 관한 출판물은 차고 넘친다. 아마존은 이 주제와 관련된 책을 1,000권 이상 판매하고 있다. 교육 관련 재단, 대학 협회, 각종 싱크탱크의 관심을 끄는 주제다.

21세기 기술이 무엇인가에 대한 생각은 저자마다 다르지만, 크게 두 그룹으로 분류할 수 있다. 한 그룹은 비판적 사고, 창의성, 지속적 학습, 문제 해결, 적응력 등을 포함하여 변화의 시대에 성공할 수 있는 능력에 중점을 둔다. 다른 그룹은 아날로그에서 디지털로의 전환을 반영하는 테크놀로지 관련 기술이나 미디어 리터러시 기술과 같이 현재 변화가 빠르게 일어나고 있는 부분에 중점을 둔다. 즉, 미국의 늘어나는 인구 다양성과 세계화에 뿌리를 둔 다문화적 역량, 지식이 폭발하는 정보 경제 시대에 필수적인 지식 소양과 데이터 관리 기술, 수직적이기보다는 수평적으로 성장하는 지식경제 일자리에서 필요한 협업 및 커뮤니케이션 역량 등을 중시한다.

결론은 우리는 그 어느 때보다 더 수준 높은 고등교육을 받아야 한다는 것이다. 미국 역사상 처음으로 고졸 노동자보다 대졸 노동자가 더 많은 시대가 도래했다.

한 가지 복잡한 요인은, 과거에는 중등학교 졸업장이나 그 이하만 요구하던 산업화 시대 일자리가 이제는 점점 더 전문 기술이나 중등 이후의 교육을 요구한다는 것이다. 학생과 고용주가 추구할 교육의 조합은 여전히 불확실하다. 일부는 대학에 다니는 대신 코딩 부트 캠프, 의료 분야 보조원 과정, 정보 기술 보조 프로그램 같은 단기의 직업 지향적인 교육과정을 선택할 것이다. 대학을 졸업한 이들도 졸업 후에 커뮤니티 칼리지 등에서 제공하는 이런 류의 프로그램에 등록하고 있다. 이는 전통적인 등록 패턴의 변화 혹은 대안적인 중간 단계라고 말할 수 있다. 실제로 전통적인 교육 기관과 비전통적인 교육 공급자 사이의 파트너십 체결이 증가 추세에 있다.

대학의 커리큘럼과 클럽 활동은 이러한 새로운 기술을 통합하기 위해 변할 듯하다. 미국 대학 역사를 통틀어 특별 활동은 정규 교육과정 사이의 빈틈을 메꿔 왔다. 계몽주의 시대, 대학 커리큘럼이 아직 몽테스키외, 루소, 칸트, 애덤 스미스 같은 작가의 책을 선택하지 않았을 때, 학생 문학회의 설립을 예로 들 수 있다. 이번에도 커리큘

럼보다 클럽, 워크숍, 인턴십, 커리어 서비스를 통한 특별 활동 교육
과정이 학생들의 커리어 니즈를 해결할 장치가 될 것이다.

고정된 시간과 공정에서 고정된 성과로

산업경제에서 지식경제로의 전환은 고등교육에 혁명 수준의 영
향을 끼친다. 산업경제는 고정된 시간과 프로세스에 뿌리를 두지만,
지식경제는 고정된 성과를 기반으로 하기 때문이다. 고정된 시간과
공정은 산업화 시대 수작업에서 공장 제조로의 전환에서 비롯되었
다. 독립적인 장인의 작업과 대조적으로, 기계를 이용한 제조는 질
서 있고 순차적인 생산 공정을 확립했다. 이 시스템에서 시계는 왕
이 되어 노동자가 출근하고 퇴근하는 시간을 지시하고, 작업대별로
제품을 생산하는 데 필요한 시간을 결정하고, 원자재의 도착 시간과
완성된 제품의 배송 일정을 설정했다.

이 시대의 본질적인 기술은 조립 라인이었다. 산업화 시대에 만들
어진 우리의 학교는 사실상 조립 라인과 상당히 닮아 있다. 보통 5세
에 학교에 입학해 나이별로 25명 정도로 묶어 일괄처리하며, 1년에
9개월, 매해 180일을 가르친다.

대학도 비슷하다. 대학 강의는 주로 4년, 8학기, 15주로 구성된
다. 학생들은 한 학기당 4~5개의 과목을 듣고, 한 과목은 50분씩 주
3회로 구성된다. 32~40개 과목을 듣거나 그에 해당하는 학점을 얻
고 나면 학사 학위를 받게 된다. 학습의 진행 정도는 학생들이 강의
실에서 수업을 듣는 시간으로 측정한다.

산업화 시대의 교육은 시간과 프로세스는 고정된 반면 성과는 제각각이었다. 지식경제 시대는 그 반대다. 교육의 성과는 시간과 프로세스가 아닌 지식의 양과 수준으로 평가된다.

지식경제 시대에서 고등교육은 시간과 프로세스 중심에서 학습 성과 중심으로 변화될 것으로 예상된다. 이는 지금까지 논의한 그 어떤 변화보다 더 거대한 규모의 혁신적 변화를 의미한다.

미국은 현재 산업화 시대 접근법과 지식 시대 접근법을 조합하려 시도 중이다. 졸업에 대한 기준이나 성과를 설정하고 성취도를 평가하기 위한 시험을 의무화함으로써 산업화 시대에 만들어진 학교에 지식경제가 강조하는 측면을 접목하려 하고 있다. 교사와 학교가 학생의 학습 성과에 대해 책임을 지도록 하기 위한 다양한 시도도 진행 중이다. 목표는 시간, 프로세스, 성과를 고정하는 것이다.

그러나 이는 쉽지 않은 목표다. 학생들의 배우는 속도는 각각 다르기 때문에 이 세 가지 모두를 표준화하기란 불가능하다. 만약 시간이 고정된다면 성과는 필연적으로 다양하게 나올 것이다. 만약 성과를 고정한다면 학생들은 그것을 성취하기 위해 저마다 다른 시간을 투자할 것이다. 우리는 산업화 시대의 시스템과 지식경제 시대의 시스템 사이에서 결국은 선택을 해야 할 것이다. 산업혁명 때 그랬듯 새로 출현한 사회에 맞춰 새로 시작해야 할 것이다. 그렇다면 사회의 변화보다 교육의 변화는 더 느린 속도로 진행될 것으로 예상된다.

지식경제 시대에 어울리는 대학은 아직 존재하지 않는다. 가장 근본적인 변화는 고등교육의 초점을 우리가 가르치는 프로세스인 강의에서 교육의 성과인 학습으로 옮기고 교사에게서 학습자로 옮기는 것이다.

그렇게 될 수 있다면 대학의 학문적 핵심은 교수진이 가르치는 과목이 아니라 학습자 성과 혹은 능력, 즉 기술, 지식, 태도이다. 학생들은 졸업장을 따기 위해 증명해 보여야 한다. 안타깝게도 이 학습 접근법을 가장 잘 표현한 '역량 기반(competency-based) 교육'이라는 용어는 그 타당성에 대해서 교육자들 사이에 첨예한 분열을 초래하는 중이지만 이 책은 역량이란 단어를 학습 성과와 동의어로 사용하고, 역량 기반 교육을 '성과 기반(outcome-based) 교육'과 동의어로 사용하겠다.

이러한 성과를 얻기 위해서 들이는 시간은 학생별로 다를 것이다. 학생들은 저마다 다른 속도로 배우기 때문에 완벽히 익히는 데 필요한 시간이 저마다 다르다. 따라서 이 프로그램은 개인 맞춤형으로 진행해야 한다. 다음 장에서 논의할 기술의 발전 덕분에 개인화된 학습이 점점 가능해지고 있다.

완전히 숙달될 때까지의 과정은 학생마다 다르다. 학생이 어떤 과정을 통해 잘하게 되었는지는 중요하지 않다. 중요한 것은 학생이 완벽하게 배웠는지이다. 학생이 강의를 듣고 익혔는지, 경험으로 알게 되었는지, 자습으로 익혔는지, 게임을 하다 이해하게 되었는지, 심지어는 그저 원래부터 알고 있었는지는 상관이 없다.

이런 움직임으로 새로운 학술 회계 제도가 필요하게 되었다. 시간을 기준으로 하는 학점, 즉 카네기 유닛은 적절하지 않을 것이다. 시간으로부터 자유로운 세상에서 사용할 새로운 단위와 시스템을 구축해야 한다. 이제 역량이라는 단어의 공통 정의를 정립해야 할 것이다.

새로운 정의를 정립하여 공유하는 것은 산업화 시대에 학점 단위를 개발하고 적용하고 표준화했던 것과 똑같이 복잡한 장편 드라마를 수반할 것이다.

평가 방법도 역시 변해야 한다. A~F 학점을 주는 시스템과 그와 비슷한 다른 방법들은 고정된 학습 기간에 맞춰져 있다. 이 시스템은 학생들이 똑같은 시간 동안 똑같은 과목을 공부했을 때 친구들과 비교해 어떤지를 측정한다. A는 학생이 잘했다는 뜻이고 F는 실패했다는 뜻이다. B, C, D는 그 사이의 차등적 점수다.

역량 기반 교육에서는 교육의 기간이 다양하고 학생들이 성취해야 하는 성과에 초점을 맞춘다. 평가는 기본적으로 합격과 불합격으로 처리한다. 학생들은 과목을 완수했거나 완수하지 못한 것 중 하나다. 알파벳으로 적힌 성적은 이 시스템에서 아무런 의미가 없다.

평가의 성격도 바뀌어야 한다. 성과 중심 대학에서 평가는 주로 총괄 평가가 아닌 형성 평가이다. 그래서 해당 지식을 완전히 익히려면 무엇을 더 배워야 하는지 알 수 있다. 이 시스템에서는 최종 형성 평가가 실제로 총괄 평가이며, 학생이 필요한 역량을 제대로 습득했는지 더 공부할 건 없는지 판단할 수 있다.

증명서도 매우 달라질 것이다. 수강한 과목, 받은 점수, 그리고 학위가 적힌 익숙한 대학 성적 증명서는 습득한 역량, 인증 기관, 인증 날짜가 나열된 평생 교육 증명서로 바뀔 것이다.

사이버보안, 중국어, 인력 개발, 공급망 관리 같은 분야에서 일련의 관련된 역량을 갖추었다는 것을 뜻하는 마이크로 자격증과 배지가 발전하면서 학위와 증명서의 숫자는 늘어날 것이다.

우선, 이러한 증명서는 인증 기관에 따라 다를 수 있다. 심지어 이 영역은 정부와 전문가의 규제가 아주 적기 때문에 자격증이 서로 이름이 같을 때도 있다. 자격증을 수여하는 기관이 대학일 필요는 없다. 즉, 대부분 대학보다 더 강력한 보증이 될 수 있는 구글이나 마이크로소프트 같은 각 산업 분야의 리더일 수 있다. 시간이 흘러 역량의 공통된 정의가 정립되면서 우리는 이들과 관련된 증명서도 일관성을 갖출 것으로 기대할 수 있다.

이런 대학이 하루 아침에 등장하지는 않을 것이다. 고등교육의 모든 모델이 사라지지지도 않을 것이다. 이는 산업화 시대에도 마찬가지였다. 우리는 성과 기반 교육, 교육의 개별화, 시간이 다양한 프로그램, 새로운 기술, 새로운 증명서와 평가 등 지식경제 시대의 고등교육을 구성할 모든 다양한 요소를 실험하는 중이다.

지식경제 시대는 고등교육에 완전히 새롭고 근본적인 변화를 요구하고 있지만, 대학들은 점진적인 적응과 단편적 변화 방식을 택하고 있다. 그러나 이러한 방식이 지식경제에 대응할 수 없다는 증거는 아직 어디에도 없다.

제 8 장

테크놀로지 혁명

이런 인구 구조와 경제 변화를 더 복잡하게 만들거나 어쩌면 대응하기 힘들게 하는 것이 테크놀로지 혁명이다.

테크놀로지 혁명은 사방에서 일어나고 있으며 우리의 삶 그리고 우리를 둘러싼 사회에 불가분하게 엮여 있다. 일상, 개인, 사회, 도시, 상업적인 모든 면을 건드린다. 소통, 비즈니스, 쇼핑, 데이트, 놀이, 학습, 여행, 뱅킹, 종교활동, 투표, 업무 방식에 이르기까지 전부 영향을 끼친다. 코로나19가 이 개혁의 슈퍼 전파자다. 우리 삶 중 디지털이 아니었던 영역까지 제약을 가해 획기적으로 디지털로 확장시켰다.

지금도 굉장한 영향을 끼치고 있는 이 충격은 앞으로 일어날 일에 대해 우리에게 알려 주는 바가 거의 없다. 그건 확실하지도 않고 짐작할 수도 없다. 확실한 것은 변화의 속도가 점점 더 빨라질 것이라는 사실이다.

최근 우리는 어느 명문대의 정보통신 책임자(CIO)와 대화할 기회가 있었는데 그는 향후 10년간의 테크놀로지 관련 계획 수립을 요청받았다며 어떤 계획을 세우든 3년 이후로는 공상과학이 될 뿐이라고 웃으며 말했다. 우리 대부분은 1차 산업혁명을 예견할 수 없었던 농부나 장인과 같은 상황에 처해 있다. 혹은 수력과 증기기관으로 번성했지만 석유와 전기로 동력을 얻으며 대륙 횡단 철로로 연결된 2차 산업혁명은 예상하지 못했던 운하 건설자와 사업가라고도 할 수 있다.

그러나 우리는 일부 기술이 앞으로 대단히 중요해질 거라는 걸 알고 있다. 하지만 그 범위, 영향과 타이밍은 확실치 않다. 또 다른 의문은 앞으로 어떤 새로운 기술이 출현할 것인가이다.

이 장은 다섯 가지 테크놀로지에 초점을 맞춘다. 이는 미래 사회와 고등교육에 강력한 영향을 끼칠 것이다. (1) 인터넷, (2) 모바일 장치/컴퓨터, (3) 빅 데이터, (4) 인공 지능(AI), (5) 가상 현실/증강 현실(VR/AR)이다. 이 다섯 가지는 다양한 개발 단계에 있고 기술 혁명에서 다른 역할을 하고 있다. 처음 두 가지 기술은 디지털 혁명의 토대로서 송신기, 수신기, 커넥터를 제공한다. 이는 전보와 전선에 비교할 수 있다. 다음 세 가지인 빅 데이터, AI, VR/AR은 그 토대 위에 지어졌으며 디지털 분석, 적용, 범위, 내용을 증진한다.

산업혁명이 그랬듯 디지털 혁명도 두 단계가 중첩되어 일어날 수 있다. 처음에는 인터넷, 모바일 장치의 확산 그리고 컴퓨터의 도래로 디지털 개혁의 토대를 구성한다. 이들은 디지털 콘텐츠를 보내고, 유통하고, 받는 메커니즘의 탄생을 뜻한다. 고등교육에서 그들은 온라인 교육의 기초를 구성한다. 두 번째 단계는 첫 번째 단계 위에 지어지며 빅 데이터, AI, VR/AR을 포함한다.

그럼 이제 다섯 가지 테크놀로지를 살펴보자.

인터넷과 모바일

어느 날, 한 친구가 어린 딸과 이런 대화를 나눴단다. 친구가 딸에게 자신이 딸의 나이였을 때는 집에 컴퓨터가 없었다고 말했다. 그러자 딸이 이렇게 물었다. "그러면 인터넷을 어떻게 했어요?"

아서 러빈은 대학생들에게 밀어닥치는 새로운 디지털 테크놀로지에 어떻게 적응하는지 물어보면서 친구의 딸이 왜 이런 질문을 했는지 알게 되었다. 누군가가 이렇게 대답했다. 태어났을 때 이미 존재하는 어떤 것은 테크놀로지가 아니라는 것이다. 당신이 태어나기 전에 이미 그 테크놀로지가 존재했다면 그건 그저 삶의 일부라는 것이다. 마치 우리에게 전구, 냉장고, 자동차에 어떻게 적응하고 있는지 묻는 것과 마찬가지일 것이다. 그들은 테크놀로지가 없는 세상을 전혀 모른다. 그건 해가 뜨듯, 아침을 먹듯, 학교에 가려고 옷을 입듯 늘 자연스레 있었던 것이다.

현재 대학생인 18~24세의 젊은 층에게 인터넷과 디지털 장비는 원래부터 있던 것이었다. 하지만 거의 400년 된 고등교육 시스템의 입장에서 그것은 여전히 새로운 기술이다. 조금 과장해서 말한다면, 디지털 원주민인 학생들이 디지털 이민자인 대학에게 배우고 있는

표 9. 전통적인 대학과 디지털 원주민

전통적인 대학	디지털 원주민
고정된 시간(학기, 근무시간)	언제든(24/7)
장소 제한	어디서든
공급자(대학) 주도	소비자(학생) 주도
수동적 학습	능동적 학습
추상적	구체적
아날로그	디지털
강의(과정)	학습(성과)
개인적	협동적(그룹)
깊이에 집중(사냥)	너비에 집중(채집)

출처: Levine & Dean (2012, 23).

꼴이다. 러빈과 딘(2012, 23)은 디지털에 익숙한 학생들과 그들이 다니는 아날로그적 기관 사이의 차이점을 분류했다(표 9). 이는 위에서 설명한 산업화 시대와 지식경제 시대 대학 간의 차이점을 고스란히 보여 준다. 학생들은 일방적인 가르침을 받기보다는 능동적인 학습을 선호하며, 제한된 시간과 장소보다는 언제 어디서든 교육을 받고 공통 강의보다는 개인 맞춤형 강의를 듣고, 공급자 주도가 아닌 소비자 주도의 교육을 추구한다.

오늘날 미국의 18~29세 성인의 96%가 스마트폰을 갖고 있다(O'Dea, 2020). 대학생들은 놀이든 학습에든 PC나 태블릿보다 스마트폰을 더 자주 사용한다(95% vs. 88%) (Anderson & Jiang, 2018). 절반 이상(51%)이 대학의 학습 관리 시스템에 접속하기 위해 스마트폰이나 기타 모바일 장치를 사용한다. 41%가 연구 작업을 수행할 때, 40%가 숙제를 마칠 때, 3분의 1일이 교실 강의에 접속하기 위해 스마트폰을 사용한다(Zimmerman, 2018).

캠퍼스에서 디지털 장비의 영향은 강의실을 넘어 더 멀리까지 미친다. 학생들이 교수, 행정실, 친구, 부모와 소통하는 법을 변화시켰다. 대학 커뮤니티를 확장해 수백 명의 온라인 친구를 사귀게 된다. 대학은 집 전화보다는 여러 개의 이메일 계정과 스마트폰으로 소통하는 학생들에게 어떻게 연락해야 할지 헤매는 중이다. 그들은 가장 인기 있는 유튜브(미국 18~24세의 90%가 사용), 페이스북(76%), 인스타그램(75%), 스냅챗(73%) 같은 소셜 앱을 통해 소통한다(Perrin & Anderson, 2019). 이는 교수들과 행정실이 아마존처럼 24시간 내내 연락할 수 있어야 한다는 기대치를 갖게 한다. 모바일 디지털 테크놀로지는 학생들이 소통하고 놀고 친구를 사귀고 쇼핑하고 집회에 참여하고 뉴스를 얻고 여유 시간을 보내고 캠퍼스를 사용하는 방법을 변화시켰다. 이는 또한 증가하고 있는 예의에 어긋난 행동이나 부정행위를 저지를 새로운 기회를 만들면서 행동 기준을 변화시켰다 (Levine & Dean, 2012, 22-23).

고등교육을 재형성하는 가장 커다란 변화는 온라인 교육이다. 이는 모바일 장치로 어디서나 가능해졌다. 팬데믹이 일어나기 전에도 고등교육이 교실 수업에서 온라인 수업으로 바뀌었을 때 상당수의 대학생이 이미 온라인으로 공부하고 있었다. 35%가 적어도 1과목의 온라인 강좌를 듣고 있었고 오로지 온라인 강좌만 듣는 수강생도 17%나 있었다(National Center for Education Statics, 2019f). 코로나19로 인한 온라인 지침이 전통적인 대학에서 얼마나 계속될지는 지켜보아야 하지만 온라인 교육은 고등교육에 중요한 영향을 끼칠 것이다.

그 이유는 다음과 같다. 첫째, 온라인 등록 학생들은 적은 수의 대학에 집중되어 있다. 10개 대학에 10% 이상, 47개 대학에 거의 4분의 1(22%)이 몰려 있다(Seaman, Allen, & Seaman, 2018). 예를 들어, 피닉스대학에는 대략 10만 명의 온라인 학생이 등록되어 있으며(Chappell 2019), 웨스턴거버너스대학은 11만 9,618명(Western Governors University, 2019), 서던뉴햄프셔대학은 약 15만 명(Southern New Hampshire University, 2021), 메릴랜드대학 글로벌 캠퍼스에는 5만 8,281명(University of Maryland Global Campus, 2020)의 온라인 학생이 등록하고 있다. 이는 아마존이 온라인과 오프라인을 별개로 운영하는 것과 비슷한 상황의 전조일 수 있다. 즉, 디지털 대학과 아날로그 대학이라는 두 개의 섹터가 생겨나 다양한 니즈를 가진 학생들을 끌어모을 수 있다.

둘째, 앞에서 설명한 인구 통계 변화 역시 두 개의 섹터를 지지한다. 서부와 남부 대학은 수용 능력을 키워야 한다. 새로운 건물을 짓는 건 너무 돈이 많이 들고 몰려드는 신입생을 다 수용하기에는 크기가 부족하다. 캘리포니아가 가상 커뮤니티 칼리지를 만든 것처럼 온라인 학습을 확장하는 것이 더 경제적이고 다양한 출신의 학생에 대응하기에도 유연하며 확장성도 더 뛰어나다.

중서부와 남동부의 경우, 대학 연령 인구 감소로 온라인과 캠퍼스 기반 교육 사이에 경쟁을 낳을 것이다. 온라인 코스를 향한 요구가 늘어나면서 미국 대학의 4분의 3(80%)에서는 이러한 현상이 가속화될 것이다(Best Colleges, 2019, 22). 특히 이 지역의 4년제 대학 캠퍼스의 주요 소득원인 전통적인 대학 연령층(18~24세)이 요구하고 있다.

2012~2013년에 이런 학생의 20%가 온라인 교육에 참여했고 2018~ 2019년에는 2배 이상 늘어 41%가 되었다(Best Colleges, 2018, 7; SallieMae, 2019). 2020년 변칙적으로 그 숫자는 거의 100%에 달했다. 좋든 싫든 대부분 대학생은 실제로 온라인 강의를 다수 체험했다.

셋째, 학생들이 온라인 프로그램을 신청하는 이유 역시 앞으로도 온라인 교육이 크게 성장할 거라는 걸 암시한다. 폭발적으로 늘고 있는 리스킬링과 업스킬링 교육이 주요 이유다. 온라인으로 수강하는 학생들의 3분의 2 이상(69%)이 구직, 전직, 자기개발을 위해 등록했다고 말한다(Best Colleges 2019, 6).

넷째, 무크(MOOCs)의 출현이다. 온라인 학습의 가장 이상적인 형태로 어디서나 접속할 수 있고 무제한의 등록 학생 수를 감당할 수 있다. 2006년 처음 소개된 무크의 주요 플랫폼들은 이제 수백만 명의 학생을 보유하고 있다. 코세라 7,800만 명(이전 CEO가 있던 2021년 1월), edX 2,400만 명(Shah, 2019b), 쉬에탕X 2,400만 명, 그리고 유다시티 1,150만 명(ICEF Monitor, 2020) 등이 대표적이다. 이들 무크가 전통 대학에 위협이 될 수 있는 이유는 이들이 증명서 발행을 늘리기 시작했기 때문이다. MIT는 공급 변화 경제학을 시작으로 여러 개의 마이크로 석사 학위를 제공하는데, 학생이 이들을 성공적으로 이수하면 MIT에 입학하여 해당 분야에서 정식 석사 과정을 마칠 수 있게 한다. 마이크로 학위는 점점 고용주에게 신용을 주는 정보가 되고 있다. 여기서 한 걸음 더 나아가 2020년 1월, 코세라는 노스텍사스 대학과 파트너십을 맺어 미국 대학에서 최초로 온라인으로 학사 학위를 수여하는 플랫폼을 제공하겠다고 발표했다(Bauer-Wolf 2020).

이러한 온라인 프로그램은 개발 단계의 아주 초기에 있다. 먼 훗날 우리가 현재의 버전을 뒤돌아보면 아마 구식으로 보일 것이다. 증가하는 학생의 요구, 인구 통계 변화, 직장에서 기술을 발전시키고 새로운 기술을 배우려는 필요성 덕분에 온라인 교육은 대단히 확장될 것이다. 고등교육이 온라인 교육과 캠퍼스 교육의 두 개 산업으로 분리될 가능성이 있다. 점점 더 많은 증명서와 학위를 제공하는 무크는 저비용을 내세우며 전통적인 고등교육을 위협하고 있다.

빅 데이터

매일 250경(조의 만 배, 10^{16})의 데이터가 쏟아진다(Petrov 2020). 이 말은 우리가 생산하는 구조적(예: 문자) 데이터와 비구조적(예: 오디오와 비디오) 데이터를 포함한다는 뜻이다. 데이터는 매일같이 폭발적인 속도로 늘어나고 있으며 사람들은 넷플릭스에서 69만 4,444시간 분량의 콘텐츠를 시청하고, 23만 1,840번의 스카이프 전화를 걸고, 450만 개의 유튜브 영상을 시청하고 51만 1,200개의 트윗을 포스팅한다. 심지어 우리의 자동차도 이런 데이터 폭발에 기여해 매일 4테라바이트의 데이터를 양산한다(Raconteur, 2019). 이는 지금까지 한 번도 본 적 없는 규모이자 복잡성이다. 데이터는 우주 비행과 위성에서부터 게놈과 기상학까지 실로 다양한 곳에서 쏟아진다. 이 모든 데이터의 90%가 고작 지난 2년 동안 생성되었다. 2020년 현재 기준, "우주에서 관측 가능한 별"보다 40배 많은 데이터가 있다(Domo, 2019, para. 1).

정확히 말하자면, 빅 데이터는 전통적인 데이터 프로세싱으로는 최근까지 너무 크거나 너무 복잡한 데이터 세트를 의미한다. 데이터 검색, 저장, 처리, 분석의 발전은 광범위한 영향을 끼치며 우리 인류의 행동과 우리를 둘러싼 세상의 거의 모든 면을 건드린다. 우리가 물건을 구매하는 방법과 질병을 예방하는 방법부터 우리가 자연재해를 피하는 방법과 인간이 재해를 만드는 방법까지 다양하다.

고등교육에서 지금까지 가장 가시적인 결과는 적응형 학습(adaptive learning)이다. 조지아 주립대학이 이 분야의 리더이다. 케임브리지에 있는 소피야(Sophya) 같은 기관들은 교육의 GPS와 같은 도구를 만들기 위해 대학과 파트너십을 맺고 있다. 각 학생이 학습 목표를 완수하는 데 필요한 차별화된 자료를 실시간으로 제공하고, 학습을 증진하기 위해 가장 효과적인 측정 기준을 대학에 제공한다.

이는 고등교육 평가의 본질을 완전히 바꿀 수 있다. 현재의 평가 모델은 각 단원별로 혹은 학기별로 평가 결과를 알려준다. 단원 전체를 학기 내내 공부했어도 제대로 하지 못했다고 평가받으면 과정의 처음부터 다시 학습해야 한다. GPS가 이런 식으로 작동한다고 생각해 보자. 운전 오류가 생길 때마다 GPS가 피드백을 주는 게 아니라, 한 시간에 한 번씩 피드백을 준다. 운전자가 잘못된 길로 70킬로미터를 간 후에야 잘못을 알려 준다면 딱히 운전자에게 도움이 되지 않는다. 하지만 고등교육에서 평가는 대부분 이런 식으로 이뤄진다.

빅 데이터를 통해 학생들이 어떻게 학습하는지, 흔히 어떤 오해와 실수를 하는지, 다시 본궤도에 오르기 위한 가장 도움이 되는 자료는 무엇인지, 진도는 어디까지 나갔는지 등을 판단할 수 있다. 앞으로 기말고사는 학기 중 개선을 돕는 평가 형태로 대체될 가능성이 있다. 현재의 단일 규격 교과서는 학생이 목표로 하는 특별한 성과와 관련이 있고 학생의 진도에 맞는 개인 맞춤식의 자료로 대체될 것이다. 이는 총괄 평가에서 앞에서 논의한 형성 평가로 이동하고 교육의 관점도 교습에서 학습으로 이동하고 있음을 나타낸다.

인공 지능

미래의 공장은 기계, 사람, 그리고 개가 될 거라는 오래된 농담이 있다. 개가 있는 이유는 사람이 기계를 만지지 못하도록 감시해야 하기 때문이란다.

인공 지능은 자율적으로 주행한다. 체스를 두고, 뉴스 기사를 작성하며, 엑스레이를 판독하고, 음악을 작곡한다. 로봇, 드론, 디지털 비서, GPS, ATM, 티켓 판매기도 인공 지능으로 작동한다. 인공 지능은 인간의 지능, 즉 추론, 지각, 문제 해결, 의사 결정, 학습 능력이 필요한 업무를 대신 수행할 수 있는 기계다. 기계 학습은 컴퓨터가 특정 방식으로 프로그래밍되기보다 데이터로부터 그들의 수행 능력을 점진적으로 발전시키는 컴퓨터의 능력이다. 바로 이게 알렉사와 시리가 인간 언어를 이해하는 능력을 발전시키는 방법이고 무인 자동차가 도로를 달릴 때 정교함을 얻는 방법이다.

인공 지능의 피할 수 없는 결과는 자동화다. 자동화는 인간이 전통적으로 수행하던 업무를 기술이 대신하는 과정이다. 20세기 후반에 제조업의 갑작스러운 쇠퇴는 사실 제조 생산성의 향상과 관련이 있다. 제조업 다섯 개 중 네 개 이상이 자동화되어 소멸하면서 인건비가 대폭 삭감되었고 제조 탄력성, 효율성, 지속성, 생산량이 향상되었다(Hicks & Devaraj, 2015).

오늘날 자동화는 대학 학위가 필요없는 저숙련 직업 밖으로 확장되고 있다. 연구에 따르면 모든 직종 중 5~47%가 앞으로 10년에서 20년 사이에 자동화로 사라질 것이다(Manyika et al., 2017; Frey & Osborne, 2013). 이런 현상은 모든 분야에서 똑같이 일어나지는 않을 것이다. 임금 수준이 낮은 쪽이 훨씬 더 위험하다. 시간당 임금이 20달러 이하인 직업의 83%가 자동화의 압박을 받을 것이다. 시급 20~40달러의 직업은 31%, 40달러 이상의 직업은 겨우 4%만이 영향을 받는다. 맥킨지는 직종을 가리지 않고 모든 직업마다 실제 수반되는 업무 형태를 조사했다. 전체 근무 시간의 51%가 자동화될 수 있다는 결론이 나왔다(Manyika et al., 2017). 이는 모든 직종을 불문하고 반복되는 작업 부분은 자동화의 대상이 될 것이라는 전망이다. 캐셔, 사무직, 행정직은 물론 의사, 변호사, 기자도 예외는 아니었다.

지금으로서는 자동화 시스템의 디자인과 개발에서 요구되는 전문성을 요하는 직업 외에, 자동화에 가장 잘 견딜 것 같은 직업은 반복적이지 않은 물리적 제작 기술, 창의적 지능(창작, 평가), 사회적 지능(협상, 설득, 돌봄)이 필요한 직업들이다(Frey & Osborne, 2013).

우리가 알 수 있는 것은 다음과 같다. 첫째, 일부 산업과 직업은 자동화되어 소멸할 것이다. 예를 들면 트럭 운전과 배달 서비스직이다. 이 분야에는 350만 명이 일하고 있다. 없어질 시기는 10년에서

25년으로 다양하지만, 운송 산업은 홀로 존재하지 않는다. 이를 지원하는 산업인 요식업과 숙박업 역시 영향을 받게 된다.

둘째, 어떤 업무든 어느 정도의 반복 업무가 수반되기 때문에 모든 직업은 크든 적든 변화를 겪을 것이다. 저임금 직업이 가장 심한 타격을 입을 것이다.

셋째, 자동화에 의해 실질적으로 영향을 받지 않을 것 같은 산업조차도 수백 경의 데이터가 매일처럼 쏟아지면서 지식 반감기가 점점 더 짧아지고 있다.

결국 우리 모두는 평생 자신의 직업과 관련된 지식을 새로 익히고 기술을 재개발해야 할 것이다. 이는 대학이 지금까지 제공했던 만약을 대비해 가르치는(just-in-case) 교육과는 매우 다른 것이다. 업스킬링과 리스킬링 수요가 급증하여 "목요일까지 최신 프로그래밍 언어를 가르쳐 주세요" 하는 식의 적시(just-in-time) 교육 요구가 훨씬 많아질 것이다.

적시 교육은 만약을 위한 교육과는 하늘과 땅 차이다. 내용과 기간이 다양하고 시간도 천차만별이다. 이는 흔히 사용되는 시간 표준, 획일화된 강의 길이, 전통적인 학점 계산을 무시한다. 다분히 의도적으로 다양성을 옹호한다. 또한 공부에 투입한 시간의 길이보다는 학생들이 원하는 걸 성취한 성과를 기준으로 한다.

대부분의 적시 교육이 전통적인 학위를 따르지 않기 때문에 새로운 형식의 증명서가 필요할 것이다. 이것이 앞에서 언급한 마이크로 자격증과 배지다.

적시 교육은 한 곳의 기관을 다녔다는 증명서보다는 평생에 걸쳐 얻은 증명서를 모두 기록하는 성적표가 필요하다. 학문계 관행에서 대단히 크다고 할 수 있는 이러한 변화를 넘어 적시 교육은 몇 가지 근본적인 정책에 질문을 던진다.

첫째는 누가 적시 교육을 제공할지에 대한 질문이다. 제인 애덤스는 한때 사회 복지 업무를 성공적으로 하려면 한 발은 도서관에, 한 발은 길거리에 두라고 했다. 대학도 마찬가지다. 대학은 한 발은 도서관, 즉 인류가 축적한 지식에, 다른 한 발은 길거리, 즉 오늘날의 현실 세계에 두어야 한다.

적시 교육은 길거리에 무슨 일이 일어나고 있는가에 대한 교육이다. 고등교육의 각 기관은 적시 교육에 참여할 것인지 아닌지를 결정해야 한다. 이는 노동자와 고용주가 필요로 하는 가장 최신의 기술과 지식을 알고 있어야 할 뿐 아니라 그들이 요구하는 역량에 기반을 둔 프로그램과 자격증도 만들 수 있어야 한다. 이런 역량 중 매우 기술적인 분야는 흔히 커뮤니티 칼리지와 비전통적 교육 기관들이 제공한다. 커뮤니케이션, 리더십 등의 영역은 대개 전통적인 4년제 대학에서 가르친다.

대학이 어떤 결정을 내리든 경쟁은 치열해질 것이다. 결국, 학생이 최신 컴퓨터 언어를 배워 마이크로소프트에서 자격증을 취득할지 지역 대학에서 취득할지에 달려 있다. 물론 이는 두 개의 기관이 모두 똑같이 편리하고 서비스 수준도 비슷하게 좋으며, 가격은 비슷하고, 취업률도 유사하다고 가정했을 경우이다.

또 다른 정책에 대한 질문은 적시 교육 비용을 누가 지불할 것인가이다. 고용주가 낼 것인가, 정부 재정 지원 프로그램이 감당할 것인가, 혹은 학생이 책임져야 할 것인가. 아마도 이 모든 게 결합될 가능성이 높다.

마지막으로 적시 교육의 필요성은 전통적인 고등교육 접근성과 미국의 인구 통계 변화에는 어떤 영향을 끼칠 것인가? 비록 적시 교육에 대한 요청은 늘 있어 왔지만 기존 정책은 지속적인 업스킬링과 리스킬링 요구가 있기 전에 만들어졌다. 오늘날 중요한 것은 편리성, 합리적 비용, 학생의 전 생애에 걸친 요구에 맞는 최신 교육 위주로 대학의 접근성을 다시 구상하는 것이다.

적시 교육은 인공 지능에서 겨우 시작일 뿐이다. 인지적이면서도 정서적인 다양한 학습과 교육적 응용을 상상해 볼 수 있다. 우리는 최근 AI의 장애물이었던 정서 지능을 탑재한 간병인, 상담사, 노인 보조사로 일할 수 있도록 설계된 로봇의 프로토타입을 관찰할 수 있었다. 2018년, MIT는 인공 지능 연구와 개발에 10억 달러를 투자하겠다고 발표했다. 중국은 2030년까지 AI에서 세계 일류가 되겠다는 계획을 세웠다. 중국의 야심 찬 청사진은 2020년 빅 데이터와 자율 지능 시스템에 초점을 맞추고 시작되었고 2025년까지 의료, 도시 기반 시설, 제조업, 농업, 국방에서 큰 발전을 계획하고 있다. 법률, 규정, 보안 평가, 그리고 통제 이슈도 다루게 될 것이다(Robles, 2018).

가상 현실과 증강 현실

가상 현실(VR)은 시뮬레이션 환경에서 일어나는 대화형 컴퓨터가 생성하는 경험이다. 증강 현실(AR)은 기존 현실에서 일어나는 가상 현실의 한 형태다. 이 둘은 아직 걸음마 단계에 있다.

페이스북은 사용자 숫자가 지구촌 인구의 4분의 1이 되면서 VR 이 소셜 네트워킹을 바꿀 거라고 믿으며 엄청난 투자를 하고 있다. 이들은 VR에 참여하는 데 필수 장비인 가상 현실 헤드셋을 10억 명 이 구매할 것이라고 설정한다. 이는 현재 가상 현실 헤드셋을 구입한 사람이 수백만 명에 그치고 있다는 사실로 볼 때 대담한 목표이다.

하지만 페이스북의 마케팅 조사 결과, 대중은 사회적, 직업적, 오 락 목적을 위한 가상 현실에 흥미를 느끼고 있다. 이들 다수는 호텔 과 휴가지를 둘러볼 때(65%) VR을 사용하고 싶다고 답했으며, 상점 에 가지 않고 제품을 확인하고 싶거나(60%) 일상의 순간을 녹화하고 싶거나(59%) 멀리 사는 친구들과 만나고 싶을 때(59%) 멀리 있는 동 료와 커뮤니케이션 할 때(54%) 사용하고 싶다고 답했다(Facebook IQ, 2017).

VR의 잠재성은 대단하지만, 현재 상황은 보잘것없다. 대부분 게 임이나 엔터테인먼트를 위해 사용하는 수준이다. 고등교육 분야에는 거의 미치지 못하고 있다. 월마트 같은 기업은 직원에게 까다로운 손님을 상대하는 방법을 훈련하는 용도로 이미 사용하고 있다.

하지만 가상 현실이 가능한 범위를 상상해 보자. 다른 주와 먼 나 라에서 온 학생들이 참석하는 대학 캠퍼스 전체 혹은 가상 강의실을 시뮬레이션할 수 있다. 이들은 모두 가상의 강의실에 앉아 있지만, 모두 똑같은 분위기를 느낀다. 아이오와에서 온 학생과 도쿄에서 온 학생이 증강된 카페테리아, 커피숍, 심지어 스타벅스에서 만나 커피 를 마실 수도 있다. 교수는 이 두 학생에게 다음 수업 때 합동 프로젝트를 해 오라고 할 수도 있다. 이는 커다란 의문을 낳는다. 만약 이 모든 게 가상이나 증강 현실을 통해 가능하다면 대학이라고 불리는 건물과 캠퍼스는 왜 필요할까? 점점 더 많은 학생이 수업을 듣기 위해서만 캠퍼스를 방문하고, 서부와 남부의 대학들은 넘쳐나는 학생들을 수용할 공간이 부족한 상황이다.

가상 현실은 5세기 아테네나 중세 파리 혹은 헌법 제정 회의를 하는 필라델피아를 재창조할 수 있다. 학생들은 이에 관한 글을 읽거나 강의를 듣기보다는 직접 현장에 가 볼 수 있다. 가상 현실이 개발되면서 학생들은 볼 수 있고 만질 수 있고, 사람들과 교류하며 이런 중대한 역사적 순간을 방문해 직접 다양한 활동을 할 수 있다. 우리는 1776년의 가상의 윌리엄스버그나 필라델피아를 만들어 낼 수 있다.

우리는 실험실, 현장학습, 인턴십, 교환 학생 프로그램을 시뮬레이션할 수 있다. 예를 들어, 홀로렌즈를 해부학 수업에 사용하면 학생들은 인체를 증강 현실로 보며 상호작용할 수 있다. 가상 현실과 증강 현실은 상상력과 자원에 의해서만 제한되던 고등교육의 새로운 학습 영역을 제공한다.

디지털 테크놀로지는 고등교육의 게임 체인저가 될 수 있지만 미국의 대학들은 여전히 빅 데이터, 인공 지능과 가상 현실 및 증강 현실의 특징과 응용력을 깨닫지 못하고 중요하다고 느끼지 않기 때문에 지금 시점에서는 추측일 뿐이다. 그러나 확실한 것은, 애리조나 주립대학, 서던뉴햄프셔대학, 웨스턴거버너스대학 같은 주요 온라인 교육 제공자들이 온라인 학습을 강화하고 질을 높이기 위해 적극적으로 연구하며 시험 프로그램을 만들고 있다는 것이다.

제9장

적응적 변화

'2부: 앞을 내다보기'에서는 고등교육 전반에 영향을 미칠 세 가지, 즉 인구 통계, 경제적 변화, 기술적 변화를 살펴보았다.

먼저 인구 통계학적 변화는 고등교육에 정책적, 재정적 영향을 끼치는 주요 요인이다. 이는 대학 규모에 변화를 초래하고 재정 문제를 일으킬 것이다.

하지만 인구 변화가 고등교육의 기존 모델, 즉 목표, 설계, 구조, 프로그램, 직원 구성에 끼친 영향은 크지 않았고 앞으로도 마찬가지일 것 같다. 변화를 보인 유일한 곳은 캘리포니아주 가상 커뮤니티 칼리지 같은, 고등교육의 새로운 수요에 대응하여 새로운 모델을 채택함으로써 현저히 성장하고 있는 일부 지역이다.

대학 연령 인구 감소에 직면하여 학생 수 늘리기에 혈안이 되어 있는 중서부와 북동부의 대학들은 '1부: 뒤를 돌아보기'에서 설명했던 유형의 다양한 실험을 시도하면서 혁신을 위한 실험실 역할을 할 수 있을지도 모른다. 하지만 미래를 안내할 파괴적 혁신의 모델은 서부와 남부에서 개발될 가능성이 크다. 이 지역은 증가한 학생들을 수용하기 위해 대규모 해결책을 채택하라는 심한 압박을 받고 있기 때문이다.

국가, 아날로그, 산업 기반 경제에서 글로벌, 디지털, 지식 기반 경제로의 이동은 중차대한 변화를 가져왔다. 이는 또한 국가의 노동력, 일자리, 고용 조건, 노동자가 갖춰야 하는 기술과 지식, 교육 종사자가 갖춰야 할 교육의 유형과 빈도도 변화시켰다. 그러나 이것이 고등교육에 미친 영향은 역시나 미미하다. 단기적으로는 현실에 부응하는 커리큘럼 개정에 힘쓰고 장기적으로는 훨씬 근본적이고 포괄적인 변화가 있어야 할 것이다. AntrumU와 EMSI와 같은 일부 기관이 학습 이력과 직업 경력을 공통 화폐로 변환하여 대학, 학생, 고용주 사이에 다리를 놓는 선두 역할을 하고 있다.

주류 대학이 고려해야 할 중요한 선택지들이 있다. 업스킬링과 리스킬링에 필요한 적기 평생 교육의 수요를 수용할 것인지 결정해야 한다. 이를 무시하거나 제대로 대응하지 못하면 비전통적인 기관들과의 경쟁에서 밀려날 것이다. 또한 거세지는 대중의 비판에도 대응해야 한다. 이는 15장에서 더 자세히 논의하겠다. 사회적, 경제적 변화에 뒤처지는 기관들에 대해서 대중은 그들의 효율성이나 효과에 대해 의심하고 비난하며 면밀한 감시와 조사를 요구한다.

세 번째 요인인 테크놀로지의 영향은 훨씬 불확실하다. 지금까지는 테크놀로지 혁명의 두 단계 중 1단계만 뚜렷하다. 1단계를 주도하는 인터넷과 모바일 장치로 말할 것 같으면, 대학들은 역시나 느린 속도로 대응하고 있지만 동시에 무크 같은 개혁의 원인이기도 하다. 대학들은 긴급한 상황에서는 재빠른 면모를 보이기도 한다. 코로나19 당시 단 며칠 만에 오프라인 강의를 온라인 강의로 옮길 수 있었다. 이것을 계속 유지할지 판단하는 데는 또다시 수년이 걸릴 것이다. 결론은 고등교육이 테크놀로지 혁명의 1단계에는 적응했다는 것이다.

2단계인 빅 데이터, AI, VR/AR 관련한 대학의 대응은 백지상태라 할 수 있다. 오늘날까지 대학들은 이것들을 전통적인 수업에 보조 교재 형태로만 드물게 사용하는 중이다.

하지만 파괴적 시나리오를 상상하는 것은 어렵지 않다. 고등교육의 언저리에 있던 새로운 지식 시대의 대학이 전통적인 모델을 대체하거나 주류 대학으로 파고들어 산업화 시대의 대학을 근본적으로 바꾸는 것이다. 이는 테크놀로지 혁명으로 동력을 얻고 소비자들의 학습 요구와 취향이 바뀌면서 추진될 것이다. 또한, 그 교육을 제공하기 위한 디지털 기술의 지속적 발전, 인간의 학습 원리에 대한 이해 향상, 그리고 리스킬링과 업스킬링을 위한 평생학습의 필요에 의해 굳건한 지원을 받을 것이다. 새로운 대학은 학습자 중심 그리고 성과를 중심으로 할 것이다. 이는 시간과 상관없고, 개인화된 프로그램일 것이고 다양한 증명서와 인증서를 제공할 것이다. 카네기 학점제, 15주로 구성된 학기, 4년제 학위, 단일 규격 교과서 같은 산업화 시대에 확립된 대학의 많은 요소가 차차 사라질 것이다. 캠퍼스를 기반으로 하는 대학은 유지될 것이지만, 가상 대학이 표준으로 자리 잡을 것인지는 조금 더 두고 봐야 한다.

그런 시나리오가 실현될 때까지, 그리고 실현되기 전까지는, 고등교육이 인구 변화, 경제 변화와 테크놀로지 변화라는 세 가지 도전에 점차적으로 '적응'하고 개선해 가는 방식으로 대응할 수 있을 것이다.

제 3 부

옆을 살펴보기

옆을 살펴보는 것은 비교하는 것이다. 3부는 현재 고등교육의 문제와 비슷한 문제를 맞닥뜨렸지만, 더 빠르게 변해야만 했던 다른 산업 분야에 대한 연구이다. 목표는 그들이 왜, 어떻게, 얼마나 변화했는지 이해하고 그 결과를 배우는 것이다. 고등교육이 당장 몇 년간 어떻게 변화해야 할지, 그리고 혹여 밝은 미래를 엿보기 위해서일 수도 있다.

옆을 보는 이번 장에서는 고등교육처럼 지식을 생성하고 보존하고 배포하는 영역에 있는 세 개의 산업에 초점을 맞춘다. 음악, 영화, 그리고 신문 산업이다. 오디오, 비디오, 텍스트는 지식경제에서 매우 중요한 위치를 점한다. 10장은 음악 산업을, 11장은 영화 산업, 12장에서는 신문 산업의 사례를 연구한다. 13장에서는 파괴적 변화를 경험한 이들 산업에서 고등교육이 무엇을 배워야 하는지 논의하겠다.

이들 산업 역시 인구 통계 변화, 경제 변화, 기술 변화, 글로벌 변화의 현실을 맞닥뜨렸다. 하지만 그들은 적어도 한 가지 중요한 면에서 대학과 다르다. 음악, 영화, 신문 산업은 이익을 추구하는 기업들이고 대학은 대부분 비영리 기관이라는 점이다. 이익을 위한 산업은 언제나 더 빨리 움직이는 편이다. 즉, 이익을 낳지 못하면 오래된 것은 즉각 새것으로 교체된다. 반대로 비영리 기관들은 반복과 개혁 또는 개선 과정을 통해 서서히 변하는 경향이 있다.

이 때문에 우리는 더욱더 옆을 살펴야 한다. 당장 내일 일어날 수 있는 일을 미리 볼 수 있다. 세 개의 산업을 차례로 점검하고 그들이 고등교육을 위해 어떤 교훈을 줄지 살펴보자.

제10장

음악 산업

1900년대 초, 뉴욕시는 음악 제작 부흥의 중심지였다. 시작점은 브로드웨이와 6번가 사이의 28번가에 있던 몇 개의 블록이었다. 이곳은 작사가와 작곡가가 음악을 제작하러 모여드는 벌통 같았다. 셀 수 없이 많은 음악가가 24시간 내내 무수한 곡을 연주해 대는 소음이 근처 사람들에게는 끔찍할 정도였다.《뉴욕 헤럴드》기자는 그 소음을 사람들이 냄비를 두드리는 소리에 비교했다. 그 덕에 대중음악 작곡가나 관계자들이 '틴 팬 앨리(Tin Pan Alley)'라는 이름으로 불리게 되었다(Lule, 2016; Tschmuck, 2012). 강력한 저작권법이 1900년대 초 시행되면서 작곡가, 가수, 제작자는 악보를 발행하여 큰 성공을 거둘 수 있게 되었다. 사실 악보 인쇄는 음악 산업의 핵심이었다. 당시 사람들에게 원하는 음악을 듣는다는 것은, 곧 스스로 음악을 연주하는 것을 의미했다(Wikstrom, 2014). 마음에 드는 노래를 들었다면 악보를 구매해서 집에서 피아노로 직접 쳐 보는 것이다.

두 개의 새로운 발명품, 즉 2차 산업혁명의 산물이 음악 출판업계를 방해하게 되자 상황이 달라졌다. 우선 토머스 에디슨이 발명한 축음기가 1877년에 등장했다. 에디슨의 축음기는 널리 인기를 얻는 데는 좀 시간이 걸렸다. 사운드 품질이 좋지 않았고 초반에는 가격이 아주 높아 현재 가치로 환산하면 3,700달러 정도였다. 장비는 투박하고 잘 부서지고, 안정적이지 않았다. 하지만 1920년, 제품 품질이 향상되고 가격은 내려가면서 축음기, 빅트롤라(Victrola), 또는 레코드 플레이어라는 물건이 미국인들의 집마다 자리를 잡게 되었다. 레코드 판매가 호조를 띠었고 1900년에는 400만 장이 팔렸으며 1909년에는 3,000만 장, 1920년에는 1억 장이 판매되었다(Medium, 2014).

구제도와 신제도가 충돌하면서 내내 갈등을 빚었다. 출판업자와 음반 회사는 음악을 녹음하는 권리를 두고 길고 비싼 법적 다툼을 벌였다. 결국, 출판업계가 밀려나 저작권을 관리하고 저작권료를 징수하는 역할로 격하되었고 음반 회사가 승리를 거머쥐었다.

새로운 산업 내에서 음악을 실린더로 녹음할지 플랫 디스크에 녹음할지를 두고 기술 간 경쟁이 붙었다. 1912년, 마침내 레코드 형태로 발전한 플랫 디스크가 승리했다. 에디슨, 컬럼비아, 빅터 이렇게 세 개의 회사가 레코드 사업을 점령했고 음반 시장을 좌지우지하며 신인 발굴과 홍보까지 담당했다.

레코드와 축음기의 경쟁자는 라디오였다. 1894년 이탈리아 발명가인 굴리엘모 마르코니가 새로운 비즈니스를 만들어 냈다. 무선 전신술이었다. 이는 소리를 먼 거리의 휴대용 수신지로 전송할 수 있는 기술이었다. 20년도 채 안 되어 마르코니는 첫 라디오 공장을 열었다. 1920년에 뉴스, 스포츠 경기, 라이브 연주 음악이 사상 처음으로 민간 방송국에서 흘러나오게 되었다. 1930년이 되자, 미국인의 60%가 라디오를 소유했고 제조업자들은 수요를 맞출 수 없을 정도였다(xroad, n.d.).

역시나 법적 분쟁이 뒤따랐다. 이번에는 누가 음악을 통제할 것인가를 두고 벌인 음반 회사와 라디오 방송국 간의 싸움이었다. 1912년 연방 정부가 개입해 라디오 산업을 규제하기 시작했다. 결국, 어느 라디오 방송국에 운영권을 허가할 것인지 결정하고 라디오 방송국에 주파수와 전력 수준을 할당했으며 위반자에게는 벌금을 부과했다. 20년에 걸쳐 연방 정부의 역할이 더 많아지면서 산업이 점점 더 복잡해졌다. 1934년, 규제 및 감독 기구로서 연방 통신 위원회가 설립되었다.

1940년 후반, "도산, 파산, 인수"(Wikstrom, 2014, 120) 후에 음반 산업의 새로운 트리오가 등장했다. RCA-빅터, EMI, CBS 레코드였다. 이들은 음악 밸류 체인을 통제하고, 음반을 제작하고, 음악가들을 관리하고, 콘텐츠를 배포하는 통합 기업이었다. 작곡가, 작사가, 사운드 엔지니어를 포함한 창작자들에 영향력을 발휘했다. 인재를 발굴하여 레이블에 영입하고 레이블은 자체 엔지니어와 장비를 사용하여 마케팅에서 녹음, 배포까지 모든 것을 관리했다(Graham, Burnes, Lewis, & Langer, 2004).

라디오를 향한 레코드 산업의 초기 적대감은 180도 바뀌었다. 라디오는 권리 침해자가 아니라 필수적이고 없어서는 안 될 파트너가 되었다. 라디오에서 음악이 나오는 게 레코드 판매의 필수 조건이었다. 이 구조는 1940년대와 1950년대까지 대체로 규제가 없었다. 그리고 연방 규정에 대단히 큰 변화가 일어났다.

1947년 연방 통신 위원회가 방송 운영권 허가를 늘리기 시작하더니 결국 라디오 방송국의 숫자가 두 배로 뛰었다. 이런 새로운 라디오 방송국은 기존의 부유한 방송국과 사정이 달랐다. 1947년 전에 시작한 방송국들은 대개 "화려하고 세련된 라이브쇼(Tschmuck, 2012, 112)"를 제작할 수 있는 자원이 있었다. 최고의 인기를 구가하는 가수, 오케스트라, 코미디언, 다양한 연예인을 섭외했고 사회 문제를 다루는 프로그램도 제작했다. 하지만 새로운 라디오 방송국들은 이런 방송을 제작할 자금이 부족한 형편이라 심각한 고민을 하게 되었다. 어떤 내용의 방송을 내보낼 것인가?

기존 라디오 방송국은 이들을 경쟁자로 보았고 그러므로 주요 음반사들은 이들과 일하길 꺼렸다. 새로운 방송국들은 음악적 구멍을 메우고, 주류 음반사들이 무시하는 음악 장르를 틀고, 음반사들이 미처 다 끌어오지 못한 청취자를 목표로 해야만 했다. 그러자 자금이 부족한 소규모 방송국과 인디펜던트("인디") 음악 레이블 사이에 파트너십이 맺어지기 시작했다. 이들은 포크, 리듬 앤 블루스, 컨트리 뮤직, 웨스턴 뮤직이었다. 가장 유명한 건 로큰롤 장르였다. 이는 공생관계였다. 인디 음반사들은 라디오 방송에 노출되면 좋을 거란 생각에 이런 방송국에 레코드를 자주 건넸다. 동시에 이전에는 자주 방송되지 않았던 음악 장르가 갑자기 방송을 타면서 레코드를 구매하는 청취자의 귀에 들어가게 되었다. 갑자기 잘나가게 된 라디오 방송국과 신예 인디 음반사 사이에 파트너십이 맺어지면서 음악계 전반을 뒤흔들 개혁을 위한 무대가 마련되었다.

로큰롤이 처음에 등장했을 때는 주요 음반사의 문젯거리였다. 당시 인종 구별은 여전히 진행 중이었고 주요 방송국들은 '흑인 음악 (race music)' 같은 건 전혀 틀지 않았다. 블루스와 리듬 앤 블루스에 기반을 둔 로큰롤은 "지속성에 의지한"(Tschmuck, 2012, 118) 산업, 주류 취향을 충족시키며 이익을 얻는 산업에는 위험한 일이었다. 그래서 백인, 중산층 감성에 호소하는 "믿을 만하다고 검증된 틴 팬 앨리 사운드"(Tschmuch, 2012, 104)를 제공했다. 심지어 로큰롤이 상업적으로 성공을 거두게 되었어도, 주요 회사들은 기존 유명 가수들의 마케팅만 고집했다.

주류 음반사들이 록 음악으로 실험을 할 때는 위험을 최소화하는 방법을 사용했다. 예를 들면, 로큰롤이 인기를 끌자 주류 음반사는 흔히 백인 아티스트가 로큰롤 음악을 담당하도록 했다. 데카(Decca)가 1954년 "Shake, Rattle and Roll"의 커버를 발표했을 때 성적인 내용이 많았던 원래 가사는 대중을 위해 건전하게 보이도록 일부 삭제되었다. 그들은 신인 백인 음악가들이 대중 앞에 서기 전부터 "걷는 법, 말하는 법, 무대에서 행동하는 법"을 가르치며 길들였다(Tschmuck, p. 119, Gillett 1971, 161에서 인용).

주류 음반사는 아주 드물게 록 아티스트와도 계약을 맺었는데, 예를 들면, 1955년 RCA-빅터는 엘비스 프레슬리를 인디펜던트 선 레코드에서 데려오면서 3만 5,000달러에 서명했다. 이 사건의 중요성은 아무리 강조해도 지나치지 않다. 1950년대 주류 음반사 다수가 음악 차트 상위권에서 밀려났지만 엘비스와 계약한 RCA-빅터는 여전히 건재했다(Wikström, 2014).

로큰롤은 음악 산업에 지각 변동을 일으켰다. 주역은 바뀌었지만, 통합 비즈니스 모델은 지속되었다. 1948년 록 음악이 크게 인기를 얻기 몇 년 전, 4개의 음반사(CBS-컬럼비아, RCA-빅터, 캐피탈, 데카)가 매주 상위 10위 안에 오른 노래 중 81%를 제작했다. 10년 후, 이는 36%로 곤두박질쳤다. 1955년 1월 말, 《버라이어티》지는 "전년 베스트셀러 음반 50개 중 주류 음반사가 제작한 음반은 42개에 달하는 반면 인디 음반사가 발매한 것은 8개에 불과하다"라고 적었다. 하지만 겨우 1년 후, 인디 음반사는 상위 50위에 18개의 음반을 올리는 데 성공했다. 1956년이 되자 25개의 음반 회사가 상위 50위 안에 들 정도로 권력이 분산되었다. 6년 후, 음반 산업은 8개의 가장 큰 음반사가 시장의 46%만을 차지하면서 역사상 가장 낮은 수준의 시장 점유율을 기록했다(Tschmuck, 2012).

로큰롤 전에 음악 산업을 점령했던 모든 주류 음반사 중에서 CBS와 RCA만이 그 시기에 살아남았다. 로큰롤 음악의 지속력을 인식하지 못하고 적응하지 못한 것은 이중의 실수였다. 첫째, 주류 음반사는 록이 특정 인종만의 음악이며 일시적인 유행에 그칠 것으로 믿었다. 아마도 더 중요한 둘째는 음반 소비자의 취향 변화에 대응할 준비가 되어 있지 않았다. 그들은 혁신보다 지속성을 중시했고 어제를 기준으로 내일을 예측했다. 혁신적인 음악가와 장르를 알아보지 못하고 투자하지도 못했다.

로큰롤은 결국 인디 음반사의 지원 덕분에 발전했고 살아남았다. 교훈은 1950년에 살아남은 주류 음반사에서 찾을 수 있다. 시간이 흐르자 주류 음반사는 인디 음반사를 위협으로 보지 않고 새로운 재능을 가진 음악가의 잠재성을 발견하는 곳으로 보게 되었다. 일부 주류 음반사들은 인디 음반사를 그저 인수 대상으로만 보았다. 반면 다른 음반사들은 소규모 음반사를 전망 있는 음악가들의 인큐베이터로 활용하며 그들과 정식으로 파트너십을 맺었다. 주요 음반사보다 더 민첩한 동시에 문화적으로 더 반응이 빨랐던 인디 음반사들은 새로운 스타일과 음악 장르의 실험실 역할을 하게 되었다. "새로운 장르의 음악 제작과 재능있는 음악가 발굴을 인디 제작사에 위탁함으로써 주류 음반사는 새로운 음악 스타일을 개척하는 데 따르는 재정적 위험을 최소화할 수 있었다. 초기 위험은 인디 음반사와 제작자들에게 전가되었다"(Peter Tschmuck, 2012, 151).

주류 음반사들이 로큰롤 혁명을 거부한 지 겨우 10년 후인 1960년대, 그들은 밥 딜런, 재니스 조플린, 롤링 스톤스, 지미 헨드릭스 같은 아티스트와 계약했다. 1970년대에 인디 음반사들은 주류 음반사에 마치 팜팀(farm team) 시스템과 같은 역할을 하여, 그들에게 저위험, 저비용으로 다양한 인재 네트워크에 접근할 수 있는 기회를 제공했다. 결과적으로 새로운 음악 장르가 계속해서 등장하여, 펑크록, 헤비메탈, 디스코, 그런지, 힙합 같은 장르가 널리 퍼지며 오랫동안 상업적으로 성공하게 되었다.

디지털 혁명이 가져온 파괴

음반 산업 초기부터 기술은 늘 변화했다. 시간이 흐르면서 음반은 크기, 구성, 속도, 용량, 품질이 달라졌다. 그러다가 카세트에 자리를 내줬고 결국 콤팩트디스크(CD)로 넘어갔다. MTV와 동영상이 대중에게 아티스트를 마케팅하기 위한 또 다른 도구가 되었다. 변하지 않은 것은 음반사가 음악 산업계의 문지기 역할을 했다는 것이다. 그들은 신인 음악가, 제작, 홍보, 유통을 계속 통제했다.

이 시스템에서 첫 번째 틈은 녹음이 가능한 미디어의 등장이었다(공 카세트테이프와 CD-R). 이는 콘텐츠를 통제할 수 있는 음악 산업의 힘을 감소시켰다. 즉, 소비자가 앨범을 구매할 필요 없이 음악을 녹음할 수 있게 되고 독점 유통을 깰 수 있었다.

1954년 포켓 사이즈의 트랜지스터라디오가 출시되면서 이동하면서도 음악을 들을 수 있게 되었다. 25년 후, 카세트테이프를 넣을 수 있는 워크맨이 등장하면서 소비자는 콘텐츠를 선택할 수 있게 되었다. 1984년 디스크맨이 뒤를 이었고 카세트는 CD에게 자리를 내줬다.

그리고 지각 변동이 일어났다. 음악이 디지털로 간 것이다. 2001년 아이팟으로 가장 잘 알려진 MP3 플레이어가 시장을 강타했다. 아이팟으로 소비자가 선택한 음악을 다운로드하고 저장하고 틀 수 있게 되면서 음악은 이동 중에도, 개인이 원하는 대로, 아무 때나, 소비자 취향에 맞춰 들을 수 있게 되었다.

◆ ◆ ◆

그러나 아이팟 출시 2년 전인 1999년, 냅스터라고 불리는 온라인 콘텐츠 공유 사이트로 사용자들이 디지털 음원을 마음껏 공유할 수 있게 되자 음악 산업계에 재앙이 불어닥쳤다(Madden, 2009). 음악 애호가들을 제외한 대부분의 사람들에게는 음질이 조금 떨어지더라도 자유로운 접근성과 어디에든 다운로드할 수 있는 편의성이 가장 중요한 요소였다.

냅스터(후로 비슷한 파일 공유 서비스 포함)는 전통적인 음악 유통 모델을 뒤집어 놓았다. 1년 만에 성인 인터넷 사용자 4분의 1 가까이가 음악 파일을 다운로드했으며 그중 반 이상이 냅스터 이용자였다(Wikstrom, 2014). 음악 업계는 적극적으로 대응했다. 냅스터뿐 아니라 개인 파일 공유자를 대상으로 소송에 들어갔다(Wikstrom, 2014). 그 효과는 엇갈렸다. 냅스터는 결국 2001년 6월 사업을 접었지만 엎질러진 물이었다. 저작권 불법 이용은 냅스터가 사라진 이후에도 오랫동안 계속되어 음악 제작자와 판매자 모두에게 경제적으로 막대한 손실을 안겼다. 미국의 음반 판매자들은 2005년 한 해만 디지털 음원 불법 복제로 거의 10억 달러 이상 손실을 입었다고 주장하기도 한다. 이 숫자는 실직, 급여, 세수 손실로 인한 경제적 비용은 포함되지 않은 것이다(Siwek, 2005).

냅스터로 인해 음반사가 망하고 음악가들이 인터넷을 통해 팬들에게 직접 음악을 판매하게 될 거라고 예상하는 업계 전문가들이 적지 않았다(Madden,2009). 결국, 한때 아티스트의 개발과 홍보에 절대적이었던 음반사는 중개인이 필요 없는 시대에 중개인의 역할을 하는 것에 지나지 않았다.

이런 위협과 불길한 예측은 "과장된" 것이었다(Madden, 2009, 951). 하지만 21세기 초반 10년은 그렇지 않아 보였다. 1997년 전 세계 음반 수익은 총 400억 달러에 달했다. 2010년이 되자 이는 절반으로 줄었다(Nicolaou, 2017). 사실 쇠퇴하는 음악 업계는 21세기 초반을 디지털 시대에 살아남을 수 있는 비즈니스 모델을 찾으려고 아등바등하며 보냈다. CD, 카세트 그리고 음반 판매가 바닥을 쳤고 대체할 만한 수입원도 보이지 않았다.

그런데 2005년 해결의 실마리가 보이는 해법이 등장했다. 음반사와 파트너십을 맺으면서 애플 아이튠스 등이 개별 트랙과 앨범의 디지털 다운로드를 판매하기 시작한 것이다. 초반에는 성공적이었으나 해답은 아니었다. 소비자가 CD 등 여러 실물 미디어에서 멀어짐에 따라 이전에 잃은 것과 비교하면 만족할 만한 수익을 창출해 내지 못했다(Nicolaou, 2017; Warr & Goode, 2011).

그러나 냅스터와 다른 비슷한 웹사이트가 끼친 진짜 영향은 해적 행위로 인한 손실이 아니었다. 더 큰 문제는 음악에 대한 소비자의 태도가 변했다는 것이다. 음악을 듣는 사람들은 디지털, 온 디맨드, 저비용 혹은 무료 서비스를 선호하기 시작했다. 음악을 사랑하는 사람이 원하는 건 결국 주크박스였다. 2000년 초반 전문가들은 소비자들이 인터넷을 통해 지금까지 녹음된 그 어떤 노래라도 바로 들을 수 있을 것으로 예측했다. 사실 멀지 않은 이야기였다(Madden, 2009; Mann, 2000).

1960년대부터 기술 발전 덕분에 처음으로 더 많은 양의 음악을 레코드판에 담을 수 있게 되었을 때 음악 산업은 여러 곡의 묶음인 앨범 형태를 고집했다(Newman, 2014). 비록 이 시기에 많은 음악가들이 앨범 가득 훌륭한 음악을 담아 발표했지만, 흔히 쓰이는 비즈니스 모델은 소비자들이 전체 앨범을 돈 주고 살 만한 시선을 확 끄는 히트곡을 하나 만드는 데 집중하는 것이었다(Newman, 2014). 세기가 바뀌면서 냅스터를 통해 앨범 전체가 아닌 한 곡씩을 다운로드할 수 있게 되자 음악 소비자들은 대안을 경험했다. 기존의 묶음으로 인한 제약에서 풀려날 경우, 음악 소비가 어떻게 될 수 있는지를 보여 준 것이다.

더 최근에는 훨씬 환상적인 주크박스가 현실화되었다. 무선 기술의 발전, 어디서든 연결할 수 있는 스마트 장비들, 디지털 스트리밍 서비스의 발전이 합쳐져 소비자들은 세기가 바뀔 때 상상했던 것을 현실로 이루게 되었다. 1995년 소비자들은 자신의 디바이스로 노래를 듣고 싶으면 상점에 가서 원하는 트랙과 원하지 않는 트랙이 섞여 있는 CD를 구매해야 했다. 그런 다음에는 CD를 플레이할 수 있는 장비가 있어야 했다(하지만 분명 듣고 싶지 않은 노래는 건너뛰는 등 다른 불편한 점이 있었을 것이다). 세기가 바뀐 지 얼마 지나지 않아 애플의 아이튠스 뮤직 스토어 같은 서비스가 시작되어 소비자들이 합법적으로 개별 곡을 99센트에 다운로드할 수 있게 되었다. 비록 다운로드할 수 있는 노래는 상당히 제한되어 있었고 반드시 애플 기기를 써야 했지만 말이다(Ingraham, 2013). 2020년 매월 하나의 CD를 거의 똑같은 가격에 구매하던 똑같은 소비자들이 스포티파이나 애플 뮤직 같은 서비스를 구독하여 수많은 음악에 언제든 접근할 수 있게 되었다. 이런 서비스는 소비자가 어떤 장치를 사용하는지 상관하지 않았다. PC, 스마트 기기, 자동차 오디오, 게임기가 이 환상적인 주크박스에 모두 접근할 수 있었다.

오늘날, 전통적인 소비 방법은 계속 감소하는 반면 스포티파이와 애플 같은 구독을 기반으로 하는 스트리밍 서비스가 우위를 차지하고 있다(레코드판은 제외다. 수집가들 덕에 호황을 누리고 있다)(Gibson, 2015; Nielsen, 2020). 2018년과 2019년 사이 이전 형태의 앨범 판매는 가파르게 감소해 8,440만 달러에서 7,350만 달러로 15%가 떨어졌다(Nielsen, 2020). 디지털 판매도 나아지지 않았다. 디지털 앨범은 5,230만 달러에서 3,930만 달러로 24% 감소했다. 디지털 트랙 판매는 4억 달러에서 3억 달러로 25% 감소했다(Nielsen, 2020). 하지만 전반적인 음악 소비는 이전보다 상승했다. 주로 스트리밍 서비스 수요가 폭발적으로 증가한 덕분이다(Nielsen, 2020). 2016년만 해도 오디오 스트리밍 시장은 2,530억 달러 규모였다(Nielsen, 2020). 2019년 그 숫자는 거의 3배로 뛰어 7,457억에 달했다(Nielsen, 2020).

무엇이 변했나

20세기 대부분 동안 음반사들이 유통을 꽉 쥐고 도구(레코드, 카세트, CD), 디바이스(축음기, 워크맨), 번들(싱글과 앨범)을 통제했다. 하지만 음악이 축음기에서 트랜지스터라디오로, 워크맨에서 아이팟으로, 스마트폰으로 옮겨 가면서 음악 유통에서 모든 발전은 더 휴대하기 편하고 더 쉽게 접근할 수 있는 소비자의 요구를 충족시키는 데 집중했다. 냅스터는 음악의 세계를 열어 음악 소비의 새로운 패러다임을 가져왔다. 이는 음반과 안타깝게도 콘텐츠 제작자 자신의 희생으로 소비자에게 매우 유리하게 된 것이다.

스트리밍 소비의 상승은 이제 소비자에게 새로운 가치가 더해지면서 쇠퇴의 길을 걸었던 산업에 성장을 가져오고 있다. 첫째, 스트리밍 서비스는 유명한 가수는 물론 신예 가수들을 포함한 거대한 콘텐츠에 접근할 수 있게 해 준다. 소비자가 들을 수 있는 음악 세계를 엄청나게 확장한 것을 넘어 소비자가 선택했던 취향을 기반으로 소비자가 좋아할 만한 새로운 아티스트를 추천해 주는 서비스 알고리즘 덕에 소비자는 새로운 노래를 발견할 수 있고 음악 영역을 넓힐수 있게 되었다. 이는 음악 산업계에 로큰롤로 주요 음반사가 크게 손해를 입었던 때와 똑같은 사태가 벌어지는 것을 막아 준다. 그리고 음악을 계속 살아 있게 하며 앞을 내다볼 수 있는 메커니즘도 제공한다.

두 번째, 스트리밍은 소비자가 음악을 듣는 방법을 바꿨다. 음악 앨범을 앨범이나 싱글로 구매해서 듣는 대신 소비자들은 이제 구독 비용만 내면 모든 음악을 다 들을 수 있다. 소비자는 들을 음악을 선택할 힘이 있고 자신만의 "21세기 버전의 믹스 테이프"인 플레이리스트를 만들 수도 있다(Johnson, 2016).

세 번째가 가장 중요한데, 스트리밍 서비스는 휴대용 기기를 통해 음악 라이브러리에 접근할 수 있다. 늘 꿈꿨던 "완벽한 천상의 주크박스"를 사실상 현실화했다(Warr & Goode, 2011). 스트리밍은 그동안 늘 있었던 음악 소비의 변화에서 가장 최신이라고 할 수 있다. 겨우 100년이라는 기간 안에 음악은 종이 악보에서 레코드로, 레코드에서 라디오로, 카세트, CD MP3 플레이어로 이동했다. 각 개혁에서 음악 콘텐츠의 휴대성과 접근성이 상승했다.*

스트리밍의 증가, 가정용 음악 제작 장비의 상대적 가용성, 오늘날의 소셜 미디어 플랫폼의 보편성을 고려할 때, 화두는 다시 디지털 시대의 음반 제작사의 역할로 돌아간다. 한때 음반사가 했던 제작, 홍보, 유통의 주요 과정이 이제 더는 거대 기업을 필요로 하지 않게 되었다. 대신 이런 과정의 많은 부분은 누군가의 집에서도 이뤄질 수 있게 되었다.

음악 산업은 요동치고 있다. 아티스트, 제작사, 디지털 스트리밍 서비스는 모두 새로운 역할, 과정, 소비자 접근 방법을 두고 씨름을 벌이는 중이다. 단 한 가지 확실한 사실은, 20세기 내내 음악 산업을 이끌었던 모델이 더는 통하지 않는다는 것이다.

---

* 하지만 이 변화는 수익의 아주 적은 부분만 받아야 하는 아티스트들의 희생을 불러왔다. 곡당 가장 높은 가격을 내는 플랫폼인 냅스터에서조차도 아티스트는 미국 최저 임금인 1,472달러를 얻으려면 자신의 곡이 매달 9만 번 이상 재생되어야 한다(Sanchez, 2018).

제11장

영화 산업

음악 산업처럼 영화 산업도 2차 산업혁명의 산물로 1890년대 영사기와 프로젝터를 발명하면서 시작되었다. 폴란드인 발명가 카지미에시 프로진스키, 에디슨 연구소, 뤼미에르 형제, 영국인 사진가 윌리엄 프리즈 그린에게 공을 돌릴 수 있으며, 정확한 날짜는 발명가에 대한 선호도에 따라 달라진다.

영화 산업의 역사는 음악 산업의 역사와 크게 다르지 않다. 기술 경쟁, 법적 다툼, 제작, 콘텐츠, 조직, 유통, 그리고 비즈니스의 다른 면들도 비슷하다. 그리고 결과적으로 산업화 시대가 되면서 비즈니스 모델은 통합되었다.

토머스 에디슨은 미국에서 영화 산업이 제대로 존재하지 않았던 시절부터 모든 것을 독점한 사람이었다. 그는 영화를 만들고 유통하는 데 필요한 제작 기술, 촬영 장비, 필름 그 자체에 다 특허권을 가진 듯했다. 산업이 부상하면서 끝없는 법적 싸움이 이어졌고, 관점에 따라 에디슨의 특허를 피하거나 이 분야를 발전시키기 위해 고안된 수많은 혁신이 있었다.

영화 관람은 영사 기술에서 시작되었다. 에디슨의 실험실에서 키네토스코프가 탄생했다. 이 영사기는 캐비닛 크기의 상자 모양으로 위에 사람이 영화를 볼 수 있는 뷰어가 달려 있어 그 구멍을 통해 전구 위로 기계적으로 움직이는 필름 한 조각을 볼 수 있었다. 에디슨은 영사기 상영관을 열어 한 번에 한 사람씩 영화를 볼 수 있게 했다. 영사기는 서커스, 축제, 버라이어티 쇼와 함께 전국을 투어했다. 키네토스코프는 미국 전역에서 가게와 회관의 앞자리를 차지하게 되었다.

프랑스에서 뤼미에르 형제는 다르게 접근했다. 영화를 많은 사람이 동시에 볼 수 있도록 시네마토그래프라는 장치로 스크린에 옮겼다. 그래서 대중이 함께 영화를 보는 것이 일상이 되었다. 1905년 미국 최초의 상설 영화관인 니켈로데온이 피츠버그에 문을 열었다. 극장은 매주 바뀌는 30분짜리 단편 영화를 상영했다. 미국인들은 영화와 사랑에 빠졌다. 극장이 미국 전역에 빠르게 퍼져 나갔다.

영화의 본성이 변했다. 기술이 발전하면서 몇 초에서 분으로, 몇 시간으로 시간이 늘어났다. 영화 길이가 길어질수록 스토리를 전달하는 영화의 능력도 복잡해졌다. 처음에 영화는 모든 이벤트를 기록했다. 호스에서 물이 나오고 말이 뛰고 아이가 음식을 먹으며, 동물원에 있는 동물을 촬영하기도 했다. 에디슨이 처음으로 찍은 영화는 한 남자가 관객에게 다가가 인사하는 것이다. 더 긴 영화는 플롯과 장르가 생기게 되었다. 드라마, 로맨스, 코미디, 어드벤처였다. 1910년 배우들의 이름이 최초로 영화에 포함되었다.

에디슨은 1893년 처음으로 영화 스튜디오를 세웠다. 타르 종이로 덮여 있어 블랙 마리아라고 불린 건물로 그의 뉴저지 실험실의 일부였다. 영화 제작자들은 처음에는 에디슨 실험실이 있는 뉴저지의 포트리로 모여들었다. 하지만 1년 내내 제작하려면 좀 더 기후가 좋아야 했다. 그래서 에디슨의 스튜디오를 포함해 30개의 영화사가 플로리다의 잭슨빌로 옮겨 갔다. 그리고 15개의 영화사가 촬영하기에 환경이 더 좋았던 남부 캘리포니아로 이동하자, 에디슨과 그의 잠재적 소송 관계였던 영화사들은 멀찍이 떨어지게 되었다. 이렇게 해서 할리우드가 탄생했다.

세기가 바뀌자 영화를 제작하고 유통하는 회사가 폭발적으로 늘어났다. 1910년이 되자 거의 6,000개가 생겼다. 겉으로 보기에는 전부 서로 소송 중이었으며 아주 복잡한 시장에서 비즈니스 경쟁자였다. 여기에 질서를 가져오기 위해 '트러스트'라 불리는 회사를 세워 각 영화사가 제작할 수 있는 다양한 영화의 길이를 할당하게 했다. 4,000개 회사가 이에 서명했고 다른 2,000개의 회사는 트러스트를 상대로 1912년 반독점 소송을 제기하여 승소했다.

모든 영화사가 소송전을 벌이는 난장판이 벌어졌다. 1920년 초반, 사태가 좀 진정되고 나자 경제 사정이 좋은 5개의 영화사가 승리하여 주류로 떠올랐다. 이들이 산업을 지배했는데 20세기 폭스사, MGM, 파라마운트, 워너브러더스, RKO이다. 리틀 스리라고 불리는 영화사가 세 개 더 있었는데 컬럼비아 픽처스, 유나이티드 아티스트, 유니버설이 좀 더 작은 우주를 형성했다. 그들은 제작, 배급, 영화의 상영은 물론 영화 제작을 가능하게 하는 카메라 앞에 서는 사람들과 그 뒤에서 일하는 모든 사람, 배우, 감독, 작가도 관리했다 (Schatz, 2008).

하지만 빅 파이브는 또한 극장 체인을 소유하고 있어 영화 산업의 전반을 단단히 손에 쥐려고 했다. 이는 음반 회사는 한 번도 점유하지 못한 통제 영역이었다. 이 영화사들이 미국 극장의 17%를 소유하거나 통제했고 이런 극장이 영화 관람객의 45%를 차지했다 (Schatz, 2008). 독립 극장들은 주류 영화사와 일괄 계약을 해야 했다. 즉, 일주일에 두 편, 1년에 104편의 영화를 패키지로 계약하여 상영해야 했는데, 여기에는 유명 배우가 출연하는 A급 영화와 훨씬 더 많은 수의 B급 영화가 포함되어 있었다. 이 영화들은 미리 보지도 않고 계약하는 방식이었으며, 이를 통해 주류 영화사의 B급 영화까지 수익을 보장받을 수 있었다.

주류 영화사의 힘은 너무도 막강하여 사운드를 무시하고 계속 무성 영화만 제작했는데도 영화 산업에서 위치를 굳건히 지킬 수 있었다. 파라마운트의 창시자인 제시 라스키는 유성 영화를 일시적인 유행으로 보았다. 제시는 30년 동안 영화판에서 빈둥거리면서 사무실에 걸린 바람에 날리는 나무 유화 그림을 가리키며 바람 소리가 들어간다면 그림이 나아질 것 같으냐는 질문을 던진 것으로 유명하다 (Eyemen, 1997). 영화사들은 잠자코 있다가 유성 영화가 어마어마한 성공을 거두는 것을 보고 그제야 시장에 진입했다. 이런 관점에서 봤을 때 사운드는 움직이는 사진이 처음에 그랬듯 대중에게 커다란 놀라움과 흥분을 안겼음을 알 수 있다. 하지만 주요 영화사는 대중들을 기다리게 했다. 그래도 그들은 대체되지 않았고, 영화판을 좌지우지할 수 있는 권력도 더 빨리 움직였던 영화사에 빼앗기지 않았다.

사실 1920년대 후반부터 1948년까지의 기간은 할리우드의 황금기로 불린다. 거대 영화사가 영화 산업을 장악했을 뿐 아니라 관객도 계속 늘어났다. 미국 역사상 가장 많은 비율의 미국인이 극장을 찾았던 대공황 때 영화는 저렴한 비용으로도 즐길 수 있는 몇 안 되는 엔터테인먼트 중 하나였다(Pautz, 2002).

법원과 새로운 기술이 영화판을 새로 짜면서 황금시대는 막을 내렸다. 할리우드 전설인 월트 디즈니, 데이비드 O. 셀즈닉, 할 로치를 포함한 8명의 독립 제작자가 영화사의 극장 소유에 반대해 소송을 제기했다. 1948년 연방 대법원은 영화사 극장 동시 소유는 독점금지법을 위반하는 것이라고 선언하며 그들의 입장을 확인했다. 또한, 법원은 같은 이유로 일괄 계약과 맹목적 입찰을 금지했다.

이 두 개의 판결로 영화사 이익이 대폭 줄었고 영화사가 매년 제작하는 영화의 숫자도 줄어들었다. B급 영화의 수익성을 보증할 방법이 없어졌기 때문이다. 이로 인해 리틀 스리와 다른 주머니 사정이 안 좋은 영화사들은 더 나은 경쟁력을 갖게 되었다. 극장 체인의 입장에서는 영화사들과 함께 훨씬 더 좋은 협상 위치에 놓인 셈이었다. 이전에는 영화사 소속이었던 배우들과 영화 전문가들도 영화사의 숫자가 늘면서 힘을 얻게 되었다. 즉, 배우들도 자신이 직접 독립 제작사를 차릴 수 있었다. 재능 있는 사람들이 경영까지 손을 뻗게 되었다. 영화사 시스템이라고 불리던 것은 스타 시스템에 자리를 내줬다. 영화사 독점이 깨진 것이다.

영화 산업에 또 다른 충격은 텔레비전의 등장이다. 이는 음악 산업의 라디오처럼 혁명적인 사건이었다. 텔레비전을 구매하는 건 별도로 치고 라디오와 마찬가지로 콘텐츠가 무료였다. 초기 문제는 둘 다 똑같았다. 제작비 단가가 높고 품질은 열악했으며 불안한 기술, 방송 프로그램 가짓수의 부족이었다. 하지만 변화는 빨랐다. 1950년, 400만 가정이 텔레비전을 소유했지만 단 5년 만에 그 숫자는 3,700만 가정으로 증가했다(Pautz, 2002).

이론적으로 텔레비전은 당시 상영 자원에 대한 직접적인 통제권을 잃은 영화 산업에 실질적 위협이었다. 1950년대는 영화 산업이 텔레비전과의 관계를 정의하려고 노력하는 실험, 협상, 시행착오의 시기였다. 결론적으로 영화 산업은 텔레비전에 대한 콘텐츠 공급자로 자리 매김하여, 오리지널 시리즈와 함께 기존에 만들었던 장편 영화들을 판매하였다(Boddy, 1985). 영화 산업은 새로운 환경에 적응해 냈다. 콘텐츠 유통의 새로운 경쟁자와 새로운 모델에 적응하기 위해 커다란 변화를 겪어야 했지만, 기존 산업 모델을 유지한 채로 해냈다.

1975년 영화와 텔레비전 산업은 소니가 베타맥스 비디오카세트 녹화 장치를 만들어 내자 또 다른 기술적 충격을 받았다. 음악 산업이 카세트가 등장했을 때 그랬던 것처럼 녹화가 가능한 미디어는 영화 산업에서 콘텐츠 제공자들을 위협했다. 주요 영화사의 초기 반응은 공격적이었다. 그 당시 할리우드 영화사 중 양대산맥이었던 유니버설과 디즈니는 소니를 상대로 소송을 제기했다. 소비자들이 녹화 장비로 저작권을 침해할 수 있다는 주장이었다. 음악 출판사와 음반 회사 간의 전쟁과 비슷한 이 상황은 결국 연방 법원까지 가게 되었다. 연방 법원은 5대 4의 결정으로 텔레비전 프로그램을 녹화하는 행위를 공정한 사용으로 판결하였다.

1984년 법원이 판결을 내릴 때 즈음, 가정에서 텔레비전을 녹화하는 것은 이미 일상이 되어 버린 상태였다. 음악 산업에서 플랫 디스크가 실린더를 대체했듯 비디오 레코더의 두 번째 세대인 VHS가 이미 베타맥스를 대신했다. 미국인 가정의 거의 절반이 아날로그 비디오카세트 레코더(VCR)를 보유하고 있었다(Demain, 2018). VHS는 곧 DVD 플레이어에게 자리를 내줬다. 그러나 진짜 의미는 영화 콘텐츠 주도권이 크게 이동했다는 것이다. 40년 이내에 주도권은 영화사에서 극장으로, 텔레비전에서 소비자로 옮겨 갔다. 영화 산업은 이런 변화가 있을 때마다 적극적으로 저항했으나 성공을 거두지 못했다. 결국, 다른 선택지는 하나도 남아 있지 않을 때에야 마지못해 적응이라는 방법을 선택했다. 어떤 경우에는 VCR과 VHS 테이프의 경우처럼 이런 식의 대응이 돈벌이가 된다는 것을 증명했다. 1989년이 되자 초기 저항에도 불구하고 홈비디오는 영화 극장보다 영화사 유통업자에게 더 큰 수익을 가져다주었다(Schatz, 2008).

막 싹을 틔우기 시작한 홈 엔터테인먼트 시장은 비디오 대여점의 확장과 함께 새로운 수입원이었다. 가장 잘 알려진 비디오 대여점인 블록버스터 비디오는 1985년에 시장에 진출했다. 전성기의 블록버스터 비디오는 거의 1만여 개의 지점이 있었고 파산을 신청하기 겨우 8년 전인 2002년에는 약 50억 달러의 가치가 있었다(Downes &

Nunes, 2013). 중개자로서 블록버스터의 가치는 명료하다. 많은 오프라인 상점을 갖고 있던 블록버스터 비디오는 소비자에게 새 영화(클래식 영화도 함께)를 빌려서 각자 집에서 보는 방법을 제공했다 (Kaplan, 2011). 대여의 개념이 블록버스터 사업 모델의 주요 열쇠였다. 반납일이 지나 비디오를 늦게 가져올 때 받는 연체료가 상당한 수입원이었기 때문이다. 2000년 한 해만 해도 연체료가 블록버스터 비디오의 전체 수입 중 16%를 차지해 거의 8억 달러에 이른다고 알려져 있다(Liedtke & Anderson, 2010).

그리고 또 다른 비디오 대여 회사인 넷플릭스가 등장했다. 넷플릭스는 지점과 가게를 포기한 대신 영화를 DVD 형태로 소비자에게 우편으로 보냈다. 1997년에 출범한 넷플릭스는 편리하고, 저렴하며 (DVD는 제작하고 운송하기에 상대적으로 저렴했음), 연체료가 없었다 (Downes & Nunes, 2013). 단점은 소비자는 대여한 영화가 우편으로 올 때까지 기다려야 한다는 거였다. 그 당시 넷플릭스는 블록버스터에 직접적인 위협이 되는 것 같진 않았다. 블록버스터 전 CEO인 존 안티오코는 작은 "틈새 사업"이라고 평했다. 안티오코는 2000년 넷플릭스를 5,000만 달러에 사라는 제의를 받았으나 거절했다(Chong, 2015).

세기가 바뀌는 시점에 넷플릭스의 잠재성을 알아보지 못한 것을 비난하기는 어렵다. 넷플릭스가 미국 우편 시스템을 유통망으로 사용하고 디지털 포맷으로 전환하고 연체료를 없앤 건 혁신적이었지만, 핵심 비즈니스는 당시의 다른 대여점들과 크게 다르지 않았기 때문이다.

디지털 혁명이 가져온 파괴

2007년, 넷플릭스는 온라인 스트리밍 서비스를 시작했다(Downes & Nunes, 2013). 그 당시 미국 가정 중 광대역 인터넷 연결을 설치한 집은 절반도 되지 않았다. 그러니 넷플릭스가 성공할 수 있는 기술 인프라는 존재하지 않았다. 한마디로 큰 모험이었다(Downes & Nunes, 2013). 새롭게 등장한 디지털 혁명은 넷플릭스에게 유리하게 작용했다. 초고속 인터넷이 붐을 이뤘고 전송의 질과 속도 모두 시간이 지나면서 향상되었다. 넷플릭스가 초기에 블록버스터를 이길 수 없었던 장벽이 사라졌다. 영화를 선택한 다음 도착하길 기다려야 할 필요가 없어진 것이다. 오프라인 가게보다 넷플릭스를 더 저렴하고 더 편하게 고품질로 이용할 수 있게 되었다. 블록버스터가 디지털 다운로드 세계에 진입할 즈음, 한때 중심 자산이었던 전국의 대여점들은 수익이 감소하면서 주요 부채가 되었다. 2010년 블록버스터 비디오는 파산을 선고했다(Downes & Nunes, 2013).

2020년 넷플릭스는 구독자가 1억 명을 훌쩍 넘었고 2019년 마지막 분기 동안에만 54억 7,000만 달러 이상을 벌어들였다(Rodriquez, 2020). 스트리밍 서비스의 성공은 단순히 편리함으로 설명하면 간단하다. 단순히 생각해 봐도 극장에 가거나 비디오 대여점으로 운전해 가서 영화를 빌리는 것보다 집에서 영화를 바로 보는 것이 더 편리할 것이다. 이런 식으로 할리우드와 스트리밍 서비스 사이의 현재 긴장감은 텔레비전이 처음으로 미국인 거실에 놓였을 때 영화 산업이 우려하던 바를 떠올리게 한다. 차이점은 1950년대 영화 산업은 적응이라는 면에서 훨씬 앞서 있었다. 유통을 계속 독점하지 못한다면 적어도 콘텐츠 제작과 콘텐츠를 방송국에 팔아 이익을 통제할 수 있었다.

하지만 오늘날 넷플릭스는 유통 사업일 뿐 아니라 제작 산업이기도 하다. 전통적으로 영화사는 영화에 자금을 댈 때 여러 가지 요소를 고려해야 했다(대중적 매력, 박스오피스 판매 등). 하지만 넷플릭스는 단순히 이번 달에서 다음 달까지 구독자에게 새로운 콘텐츠만 공급하면 된다(Rodriquez, 2020). 할리우드조차 슈퍼 히어로 시리즈물, 리부트, 시퀄 영화에 집중하면서 계속 몸을 사리고 있다. 하지만 넷플릭스는 수상 경력이 있는 시리즈(예: 〈기묘한 이야기〉, 〈하우스 오브 카드〉)는 물론 넷플릭스에서만 상영하는 영화도 제공하는 유통 플랫폼이 되어 유명 영화사에 치명적인 위협이 되었다. 미국 박스오피스는 팬데믹 직전까지 상당한 수익을 계속 창출했는데, 이는 주로 영화 가격이 점점 더 비싸졌기 때문이었다. 즉, 관람객 수는 장기간 감소 추세를 보였다는 뜻이다. 코로나 전인 2019년 북미 영화 관객은 12억 4,000만 명으로 1995년 이후로 가장 적은 수치였다(National Association of Theatre Owners, 2020).

무엇이 변했나

음악 산업과 마찬가지로 영화 산업의 역사상 중요한 주제는 통제권 이양이다. 20세기 초반 영화사들은 배우, 제작, 유통, 상영을 통제하며 산업 전반을 휘어잡으면서 성공을 보장할 수 있었다. 한 세기가 지나는 동안 영화 산업은 특히 유통 분야에서 조금씩 통제권을 내주기 시작했다. 극장 체인을 잃고 텔레비전과 경쟁하고 베타맥스와 VHS를 제거하려는 시도까지 20세기 후반 영화 업계의 산업 모델은 일련의 타격을 입기 시작했다. 산업 모델에 뿌리를 둔 영화 산업의 후발주자들(대표적인 예: 블록버스터)은 영화사가 경험했던 것처럼 빠른 혁신을 진행하지 못해 실패를 맛보게 되었다.

음악 산업에서 스트리밍의 부흥을 이끌었던 동일한 소비자 요구가 영화와 TV에서도 유사한 변화를 가져왔다. 일례로 거대한 콘텐츠에 언제든 액세스할 수 있다는 점 때문에 넷플릭스 같은 서비스는 일반 소비자에게 매력을 끌 수밖에 없었다. 하지만 단순히 편리함 때문이 아닌 다른 이유가 또 있다. 넷플릭스 성공의 또 다른 주요 원인은 빅 데이터의 지능적인 사용에서 나온다. 넷플릭스는 수만 개의 세부 장르 알고리즘이 있어 각 개인에게 맞는 콘텐츠를 추천한다 (Rodriquez 2018). 이러한 데이터는 넷플릭스가 콘텐츠를 주도하게 만든다. 넷플릭스가 〈하우스 오브 카드〉의 한 장면도 미리 보지 않은 채, 두 개의 시즌을 할당하면서 HBO와 AMC를 모두 앞질러 판권을 따냈다는 사실을 생각해 보라(Baldwin, 2012). 왜 그런 모험을 하겠나? 단지 직감이 아니라 데이터였다. 소비자의 시청 기록과 평점에서 나온 정보를 기반으로 넷플릭스 경영진들은 그 시리즈가 반드시 흥행이 될 것으로 보았다. 그리고 그 결정은 옳았다(Petraetis, 2017).

오늘날, 할리우드 대 넷플릭스 전쟁에 대한 소문이 자자하다. 하지만 이 상황은 사실 그저 특정 기업에 국한된 문제가 아니다. (아마존, 애플, 디즈니 같은 회사들도 스트리밍 서비스를 제공하고 있다.) 중요한 것은 영상 산업 제작 및 유통의 모델이 변화하고 있다는 점이다.

지난 세기에 걸쳐, 영화사는 법적 규제나 텔레비전 도입과 같은 소비자 행동 때문에 억지로 개조해야만 할 때를 제외하고는 산업 모델을 보호하려고 계속해서 싸워 왔다. 오늘날 할리우드가 직면하고 있는 난제는 산업화 시대의 모델이 더는 작동하지 않는다는 점이다. 파괴적 변화는 이미 일어났다. 이는 오랜 비즈니스 모델과 쉽게 조화를 이룰 수 없는 새로운 종류의 가치를 제공한다.

제12장

신문 산업

신문 산업은 앞서 살펴본 두 개의 산업과 다른 특색을 지닌다. 첫째, 음악 산업과 영화 산업보다 역사가 훨씬 길다. 이들보다 무려 300년 앞서 시작되었다. 최초의 신문은 1605년 독일(현재는 프랑스) 스트라스부르에서 발행되었다. 이후 85년이 지난 후에야 미국 보스턴에서 영국 및 지역 뉴스를 담아 발행한 세 페이지짜리 월간지 *Publick Occurrences Both Forreign and Domestick*이 등장했는데 그마저도 첫 발행 후 식민지 총독이 "가짜 뉴스라고 할 만큼 의심스럽고 확실하지 않은 리포트"라며 발행을 금지하여 즉시 폐간되고 말았다 (National Humanities Center, 2006, 6).

신문 산업은 영화와 음악 산업이 시작하기도 전에 수많은 정점에 도달했다. 새뮤얼 슬레이터가 미국에 최초의 공장을 짓기 전인 1760년, 식민지 미국에는 20개의 신문이 있었다. 1세기 후인 1870년 축음기, 라디오, 영사기가 발명되기도 전에 미국에는 600개의 신문이 있었다. 최초의 라디오 방송국과 유성 영화가 나오기도 전인 1910년에는 미국 역사상 가장 많은 2,600개의 신문이 존재했다.

둘째, 영화나 음악 산업과는 달리 신문을 읽는 독자는 전국 또는 전 세계의 범주가 아닌 지역민들이었다. 신문 발행 부수의 90%는 고등교육과 비슷하게 신문사가 있는 지역에서 100킬로미터 이내에서 일어난다. 이는 신문이 음악이나 영화보다 인구 구조나 언어에 더 민감하다는 뜻이다.

셋째, 신문 산업의 모델은 2차 산업혁명이 아니라 1차 산업혁명의 산물이다.

넷째, 신문의 수익 모델은 영화나 음악처럼 콘텐츠 자체의 판매가 아닌 광고료에 의존한다.

다섯째, 음악이나 영화와 달리 신문 사업은 산업을 통제하는 소수의 신문사들에 의해 구축되지 않았다. 대신 인쇄소에서 산업이 시작되었다. 1차 산업혁명은 수백 개의 새로운 신문과 창립자 세대를 불러왔다. 제임스 고든 베넷의 《뉴욕 헤럴드》(1835), 호러스 그릴리의 《뉴욕 트리뷴》(1840), 헨리 자비스 레이몬드의 《뉴욕 데일리 타임스》(1851) 등이 있다. 2차 산업혁명 때 이 신문사를 사들인 전설적인 거인들이 성공을 이어 갔다. 벼락부자였던 제이 굴드에게 1883년 《뉴욕 월드》를 사들인 가장 유명한 인물인 조지프 퓰리처와 1895년 추락하던 《뉴욕 저널》을 사들인 윌리엄 랜돌프 허스트가 함께 황색 저널리즘을 만들어 냈다. 비슷한 시기에 태평양 연안에서 대서양 연안까지 걸출한 언론 명문가가 등장했다. 예를 들면, 1882년 《로스앤

젤레스 타임스》의 오티스/챈들러 가문과 1896년《뉴욕 타임스》의 설 즈버거 가문을 들 수 있다.

《뉴욕 저널》은 윌리엄 랜돌프 허스트의 두 번째 신문이다. 그는 다양한 매체 왕국을 건설했는데 결국 신문사 28개를 포함해 최초로 신문사 체인을 세우게 되었다. 그의 발자취를 따라 가넷, 나이트 리더, 콕스, 맥클라치, 뉴욕 타임스, 워싱턴 포스트, 타임스 미러(로스앤젤레스 타임스) 같은 기업 체인이 생겼다. 클리블랜드 프레스의 창립자이자 연이어 24개의 신문사를 소유했던 E. W. 스크립스는 신문 신디케이트, 즉 연합이라는 새로운 요소를 더했다. 이는 특집 기사를 포함한 일련의 공동 콘텐츠를 양산하여 회원사들이 비용을 절감하고 콘텐츠를 선택할 수 있게 하여 신문사별로 뉴스를 차별화할 수 있게 하였다.

20세기 후반과 21세기 초반, 산업이 쇠퇴하면서 영화, 음악 산업과 마찬가지로 신문사 소유권은 점점 더 집중되었다. 1983년 미국 미디어 회사의 90%가 50개 회사의 소유였다. 오늘날 신문, 텔레비전, 라디오, 영화, 음악, 케이블, 인터넷 등 90%를 AT&T, 컴캐스트, 디즈니, CBS, 비아콤, 폭스의 6개 회사가 소유하고 있다.

신문 산업 모델

세 가지 요소의 발전이 산업화 시대 신문 사업의 모델을 결정했다. (1) 기술, (2) 가격, (3) 광고다. 인쇄기의 진화가 신문 산업을 건설하는 데 주춧돌 역할을 했다. 초기 신문은 구텐베르크의 15세기 활자 인쇄기의 업데이트된 버전에서 인쇄했다. 하지만 1차 산업혁명의 강철과 증기가 게임 체인저였다. 1800년 주철 인쇄기가 인쇄기를 작동하는 데 필요한 압력을 90%까지 감소시켰다. 종이의 양면에 인쇄할 수 있었고 신문 페이지의 크기를 두 배로 늘릴 수 있었다. 14년 후, 증기로 인쇄기를 작동시키자 시간당 1,100페이지를 인쇄할 수 있게 되었다. 1843년 윤전 인쇄기의 발명으로 하루에 수백만 부까지 인쇄할 수 있게 되었고 누더기 천 대신 나뭇조각으로 종이를 만드는 기술의 발달(1840) 덕분에 신문 인쇄 비용이 대폭 절감되었다. 1880년대 중반에 라이노 타이프 기계가 등장하면서 글자 하나하나를 조판할 필요 없이 전체 줄을 조판할 수 있게 되었고, 8페이지 이상으로 면수가 늘어났다. 신문 발행의 노동 비용이 크게 줄었고 이전에는 상상조차 할 수 없는 수준까지 유통 규모를 늘릴 수 있었다.

"페니 프레스(penny press)"라고 불리게 된 것이 결과적으로 신문 산업의 재정적인 모델을 확립했다. 1833년 벤자민 데이는 쇠퇴해 가던 그의 인쇄사를 구제하기 위해 《뉴욕 선New York Sun》을 창립했다. 당시엔 신문사 대부분이 인쇄업자들이었기 때문에 이는 그리 이상한 일은 아니었다. 하지만 벤저민 데이는 신문을 위해 다른 종류의 시장에 들어섰다. 그 당시 신문은 1부에 6센트였고 소규모 엘리트층을 대상으로 했다. 데이는 신문 판매 부수를 대폭 늘리겠다는 의도로 가격을 1페니로 깎았고, 결과적으로 이 결정으로 대단히 큰 성공을 거뒀다. 몇 달 지나지 않아 매일 5,000부씩 팔게 되어 미국에서 가장 높은 부수를 자랑했다. 2년도 지나지 않아, 숫자는 1만 5,000부로 증가했고 가격은 2센트로 올랐다. 벤저민 데이는 또한 신문 배달 시스템을 도입해 일반 소비자가 가게에 가지 않고도 편리하게 신문을 구매할 수 있도록 했다.

보스턴, 필라델피아, 볼티모어, 뉴욕의 다른 신문사들도 이를 따라 하기 시작했다. 호레이스 그릴레이의 《뉴욕 트리뷴》(1841), 헨리 레이몬드의 《뉴욕 데일리 타임스》(1851)를 포함해 향후 중요한 신문들도 페니 프레스 모델을 기반으로 설립되었다.

1830년 미국에서 일일 평균 신문 발행 부수는 7만 8,000부였다. 10년 후, 이는 30만 부(Schudson, 1981)로 증가했고 계속 늘어나 1987년 6,382만 6,000부로 정점을 찍었다(Pew Research Center, 2019). 페니 프레스는 신문을 대중화했다. 소비자 기반을 확장해 노동자와 이민자 같은 이전에는 신문을 읽지 않았던 독자를 끌어들였다. 신문은 새로운 언어로 된 글을 읽을 수 있는 쉽고 저렴한 방법이었으며 세상일이 돌아가는 소식도 알 수 있었다. 페니 프레스는 또한 실제로 신문을 제작하고 유통하는 비용보다 훨씬 저렴한 가격 정책을 만들어 냈다. 생존하기 위해 신문사들은 다른 수입원에 의존하게 되었다.

◆ ◆ ◆

바로 이것이 산업화 시대 신문 사업 모델의 세 번째 요소인 광고이다. 신문은 초창기부터 광고를 인쇄했다. 최초는 일반적으로 《보스턴 뉴스-레터》라고 알려져 있다. 이는 1705년 5월 롱아일랜드의 오이스터 베이에 있는 부동산을 광고했다. 식민지 시대 미국의 신문들은 주로 광고와 운송 소식과 관련된 항목들을 중점적으로 실었다.

하지만 페니 프레스가 등장하여 달라진 점은 신문 판매 부수가 광고비를 좌우하게 된 것이었다. 단순히 계산기만 두드리면 알 수 있었다. 판매 부수가 높을수록 광고를 볼 잠재적 소비자의 숫자가 높아질 것이었다. 사실 1836년 파리의 《라 프레세》의 편집장이었던 에밀 드 지라르댕은 오로지 광고 비용을 높일 목적으로 신문 가격을 낮췄다.

광고와 관련된 신문사들의 관행은 19세기가 되면서 더 진화했다. 광고의 중요한 개혁가 중 제임스 고든 베넷이라는 인물이 있다. 그는 1835년부터 1867년까지 《뉴욕 헤럴드》를 발행했다. 지라르댕의 전략과 유사하게 베넷은 광고 소득을 위해 신문을 더 저렴한 가격에 팔았고, 나아가 새로운 접근을 시도했다. 그는 광고 교체 시기를 2주에서 하루로 바꿨을 뿐 아니라 광고를 맨 앞 장에 주요 뉴스와 나란히 실었다(O'Barr, 2010). 이런 전략은 독자의 광고 주목도를 높이도록 설계된 것이었다. 오늘날 디지털 광고에서도 이런 똑같은 전략이 많이 보인다. 메이저 뉴스 기관의 웹사이트를 방문하면 주요 뉴스 옆에 종종 교묘한 방법으로 광고가 삽입된 것을 볼 수 있다.

광고 계약은 연간 단위에서 하루 단위로 바뀌었다. 광고는 매일 업데이트되었다. 광고료는 신문 판매 부수와 광고의 크기에 따라 가격이 달라졌고 발행 후 청구는 발행 전 지급이 되었다.

1879년 광고 수익은 신문 재정의 절반 이하(49%)를 차지했다. 30년 후 대도시 상점이 증가하면서 거의 3분의 2(64%)를 차지했다(Schudson, 1981). 2005년, 신문 광고 수익이 최고(494억 달러)일 때는 신문 판매 수익(108억 달러)의 4.6배였다(Pew Research Center, 2019).

그렇게 해서 신문의 산업 모델이 탄생했다. 이는 많은 소비자와 낮은 가격, 그리고 광고료를 기반으로 했다.

음악 산업, 영화 산업과 마찬가지로 라디오와 텔레비전은 신문 업계에도 심각한 문제를 가져왔다. 그러나 타격의 강도는 훨씬 심했다. 라디오에 대한 신문사의 초기 반응은 두려움이었다. 하지만 비록 속보를 보도하는 데는 느렸지만, 신문사들은 자신들이 좀 더 지역 뉴스를 자세히 다루고 더 깊이 있는 뉴스를 보도하며 사진이 실리는 등 실질적인 장점이 있다고 믿었다. 그들은 새로운 해법을 골랐다. 신문사는 라디오 방송국을 사들였다. 기본적으로 광고 수단, 브랜드 확장, 어쩌면 잠재적인 수원이 될지도 모른다고 판단했던 것이다. 《디트로이트 뉴스》가 처음으로 라디오 방송국 WWJ를 1920년에 사들였다. 1937년 신문사는 미국의 689개의 라디오 방송국 중 194개를 소유했다(27%).

신문사는 텔레비전에 대해서도 같은 방식을 시도했는데 훨씬 큰 성공을 거두었다. 다시 한번 《디트로이트 뉴스》가 이번에는 《포트 워스 스타 텔레그램》 및 《세인트 루이스 포스트 디스패치》와 연합해 1946년 텔레비전 방송사를 사들이는 데 앞장섰다. 1953년 신문사는 미국 TV 방송국의 64%를 소유, 미국의 138개 방송국 중 88개를 소유하게 되었다(Stamm, 2011).

연방 통신 위원회가 음악 산업에 그랬던 것처럼 이번에도 다양성과 사상의 자유로운 흐름을 보호하기 위해 개입했다. 라이선스와 소유권을 둘러싸고 수년간 갖은 전쟁을 벌인 후, 1975년 연방 통신 위원회는 시장의 미디어 크기, 유형, 개수에 기초한 수치적 제한을 설정하면서 신문 방송 동시 소유를 제한했다.

신문사 입장에서 문제는 라디오와 텔레비전은 경쟁자라는 점이었다. 이들은 영화와 음악 산업이 그런 것처럼 공생의 파트너가 아니었다. 라디오 방송국은 음반 제작자의 콘텐츠가 필요하고 음반 제작자는 라디오에 노출될 필요가 있었다. 비슷하게 텔레비전은 영화사에 시청자를 제공했고, 영화를 방영하여 시청률을 높였으며 이는 광고 수익으로 이어졌으며 영화사는 극장 개봉이 끝난 이후에도 수익을 낼 수 있었다.

반대로 텔레비전과 라디오는 신문의 콘텐츠가 필요하지 않았다. 신문사는 오직 신문 구독자가 필요했다. 이 세 가지 산업의 주요 수익 출처는 광고였다. 이는 신문 독자가 그들의 콘텐츠보다 더 중요했다는 뜻이다. 신문사는 심지어 연방 통신 위원회가 점령하기 전에도 이미 경쟁에서 지고 있었다. 1974년 뉴스를 얻는 주요 매체로 미국인의 65%가 텔레비전을 꼽았다. 반면 신문은 47%였다(Stamm, 2011). 이 경쟁의 초기 피해자는 (아침, 오후, 저녁판 신문 중) 오후판 신문이었다. 신문은 텔레비전과 라디오 뉴스의 더 잦은 빈도와 뛰어난 신속성에 패배하고 말았다.

디지털 혁명이 가져온 파괴

1970년대 동안 미국 인구는 11%의 성장률을 보였고 세대수는 22% 증가했다. 그러나 같은 기간 일간 신문 판매 부수는 고작 0.2% 증가하였다(Butler & Kent, 1983). 다른 요인들과 함께 1980년대에 시작된 이 침체는 신문 산업에 느리지만 꾸준한 쇠퇴의 계기를 마련했다.

신문사들은 다양한 조사를 하고 대책을 마련하며 소용돌이에서 벗어나려고 버둥댔다. 1970년대 후반, 신문을 컴퓨터 화면에 표시하려는 야심찬 사업이 텔레텍스트와 비디오텍스트를 통해 시작되었다. 이 사업의 궁극적인 목적은 새로운 종류의 매체를 창조하는 것이었다.

온 디맨드 방식으로 데이터베이스를 배포하고 대화형 서비스를 결합하여 새로운 종류의 정보를 체험할 수 있도록 했다. 텔레비전, 라디오, 인쇄된 종이의 스토리에 기반해 정보를 전달하는 것이 아니라, 백과사전과 비슷한 무언가에 기반한 정보 전달을 구상했다. 라디오와 텔레비전은 스토리 형태에 사운드와 움직임을 넣었지만 1차원적이고 소극적이며 일시적이었다. 정보 전달의 새로운 형태는 상호적이면서도 통제권을 사용자에게 넘겨 개인에게 권한을 부여할 것이다(Herndon, 2012, 39-40).

하지만 1980년 중반이 되자 신문 사업의 비디오텍스트 계획은 시들해졌다. 타이밍이 나빴고(PC가 각 가정에 있진 않았다), 신문사와 소비자는 서로 다른 걸 원했으며(신문사는 비디오텍스트 시스템을 구축하는 데 에너지를 쏟았으나 사용자는 이메일 같은 상호 작용 기능에 훨씬 더 흥미를 느꼈다), 게다가 기술은 사용자가 사용하기에 혼란스러웠고 여전히 결함이 많았다(Meisler, 1986).

신문업계는 새로운 시도의 실패를 "종이 신문의 미래에 대한 긍정적인 평결"로 해석했고, 1980년대와 1990년대 동안 검증된 방식을 더욱 강화했다(Herndon, 2012). 신문사들은 1990년대와 2000년대 초반에 독점 온라인 서비스와 같은 새로운 기술을 계속 실험했지만, 초기 기술 실패로 인해 업계는 위험을 회피하게 되었고 인터넷이 본격적으로 상용화되자 핵심 수익 모델 내에서 보호하거나 혁신할 수 없게 되었다.

2004년이 지나자 바닥을 쳤다. 2004~2018년 사이에 미국 전체 신문사의 5분의 1이 문을 닫았다(Carey, 2018). 판매 부수는 2005~2018년에 5,330만 부에서 2,850만 부로 거의 반으로 떨어졌다. 광고 수익은 같은 기간 동안 494억 달러에서 143억 달러로 70% 이상 감소했다. 2006~2018년 동안 보도진은 7만 4,410명에서 3만 7,900명으로 거의 반으로 줄었다(Pew Research Center, 2019).

케이블과 위성으로 증강된 라디오와 텔레비전도 분명 신문의 상황을 악화시켰지만 더 중요한 요인은, 음악 산업과 영화 산업이 그랬듯, 디지털 테크놀로지였다.

신문 광고 수익 중 많은 부분은 디지털 미디어로 넘어갔다. 광고 업자들은 디지털 미디어를 통해 특정 인구층을 타깃으로 삼을 수 있는 동시에 이제껏 투자한 광고 비용의 극히 일부만으로 글로벌 독자에게 영향을 미칠 수 있다는 것을 즉시 깨달았다. 유사하게 그들의 지역 신문에 광고를 놓던 개인들도 온라인 생활정보 사이트 '크레이그 리스트'가 비용 면에서 훨씬 더 효율적이라는 것을 알게 되었다. 2000~2007년까지 크레이그 리스트는 50억 달러를 거머쥐었다 (Seamans & Zhu, 2014). 장기적으로 보면, 구글, 페이스북, 아마존이 승자였다. 2019년 이 세 개의 회사가 장악한 디지털 광고비는 70%에 달했다(Perrin, 2019).

신문 산업의 디지털 혁명에서 여섯 가지의 발전이 두드러진다. 인터넷의 발명, 모바일 디지털 장비의 출현, 디지털 뉴스 제작자 및 배포자의 등장, 블로그, 팟캐스트, 트위터, 뉴스 패키징에서의 혁신, 소셜 미디어의 탄생, 소비자 취향의 변화이다.

첫째, 인터넷과 디지털 장비다. 현재 2단계로 된 디지털 기술 혁명의 첫 번째 단계로서 8장에서 설명한 바 있다. 이것은 콘텐츠를 보내고 받는 기계를 제공하고 디지털 하이웨이 연결 장치를 제공하는 기초이다. 모스의 전신기를 업데이트한 21세기 버전인 셈이다.

다음은 여러 디지털 스타트업과 웹사이트가 만들어 낸 새로운 콘텐츠의 폭발이 있었다. 일부는 완전히 디지털이었고 일부는 인쇄와 디지털 콘텐츠를 섞은 하이브리드였다. 버즈피드(BuzzFeed), 슬레이트(Slate), 바이스(Vice), 복스(Vox) 같은 곳들은 일반적인 콘텐츠를, 폴리티코(Politico), 인사이드 하이어 에드(Inside Higher Ed), 더 패커(The Packer) 같은 곳들은 전문 콘텐츠 또는 틈새 콘텐츠를 양산했다. 그들은 콘텐츠를 집결시켰고 애플 뉴스나 플립보드 같은 개인 사용자들에게 맞게 큐레이션했다. 야후나 허핑턴 포스트처럼 둘 다 하기도 했다. 새로 개발된 소셜 미디어, 특히 페이스북, 트위터, 유튜브, 인스타그램은 인류 역사상 수십억 명에게 가장 큰 메가폰을 주었을 뿐 아니라 그들의 뉴스를 알리는 반향실 역할도 했다.

블로그, 팟캐스트, 트위터를 포함해 새로운 커뮤니케이션의 형태가 등장했다. 텔레비전을 넘어선 영상 보도가 급증했다. 그 결과, 새로운 뉴스가 뷔페처럼 다양해졌다. 소비자는 뉴스를 얻는 출처와 뉴스를 소비하는 형태에 따라 다양한 뉴스를 선택할 수 있게 되었다.

친구의 페이스북 포스트와 대통령의 트윗부터 전통적인 언론이나 케이블 뉴스 잡지에 실린 기사에 이르기까지 다양해졌다. 대체로는 이것저것이 섞인 조합이었다.

가장 큰 손해를 입은 쪽은 직접 웹사이트를 개발한 신문사였다. 퓨 리서치의 2018년 조사에 따르면 미국에서 뉴스를 얻는 가장 인기 있는 방법은 텔레비전이었다. 가장 적은 선택을 받은 것이 신문이었다. 미국인의 절반(49%)은 뉴스를 주로 TV에서 얻는다고 말한 반면, 오직 6분의 1(16%)만이 인쇄된 신문에서 얻는다고 했다. 나머지는 뉴스 웹사이트(33%), 라디오(26%), 소셜 미디어(20%)라고 응답했다. 퓨 리서치는 2년간 텔레비전과 신문의 사용은 줄어들었지만, 웹사이트, 라디오, 소셜 미디어의 사용은 중요도와 빈도에서 증가했다(Shearer 2018)는 걸 알아냈다. 그나마도 신문 독자의 대다수는 검색 엔진(3분의 1)이나 소셜 미디어의 링크(3분의 1)를 통해 신문 기사에 접근한다. 오직 3분의 1만이 신문사의 홈페이지를 직접 방문했다.

중요한 변화는 대중이 뉴스에 대해 생각하는 방식, 특히 뉴스 소비의 미래이자 소셜 미디어가 주요 수단인 젊은 층이 생각하는 방식이 변하고 있다는 점이다. 조사에 따르면 젊은 층에서는 《뉴욕 타임스》나 《워싱턴 포스트》 같은 유서 깊은 신문사들의 권위는 사라졌다. 젊은 층이 적법한 것으로 간주하는 페이스북이나 트위터에 올라온 기사와 링크에게 자리를 내주었다(Clark & Marchi, 2017). 젊은이들에게 뉴스는 매우 사적인 것이 되었으며 뉴스 보도가 객관적이고 사실에 기반한다는 믿음이 사라지면서 오래된 신문사들의 명성도 함께 사라졌다.

산업화 시대의 신문 산업 모델이 끝났다는 데는 의심의 여지가 없다. 하지만 앞으로 닥칠 미래는 숙고해 봐야 할 문제다. 고민이 깊은 신문사들이 최근 모색하고 있는 변화를 위한 세 가지 계획을 보면 앞으로 어떻게 될지 힌트를 얻을 수 있다.

언론 분야 밖에서 재산을 일군 대단히 부유한 3개의 거대 기업이 신문사를 인수했다. 이들 모두가 신문 사업에 대해 동일한 목표를 품고 있었다. 판매 부수를 늘리고 광고 이익을 얻으며 뉴스 품질을 높이는 것이다. 그들의 전략은 서로 달랐지만 단순하게 요약하자면 종이 신문과 디지털 뉴스의 근본적 변화를 추구하는 것인데, 보도국 직원 보강, 신문 가격 재설정, 새로운 고객 영입, 광고 수익 전략 재수립, 테크놀로지 개발 등이 포함된다.

기업가 애런 쿠슈너는 《오렌지 카운티 레지스터》를 인수해 종이 신문 사업에 집중했다. 그는 유서 깊은 신문사들에 미래가 있다고 밀어붙였으나 그의 계획은 실패로 돌아갔다.

보스턴 레드삭스의 구단주인 존 헨리는 《보스턴 글로브》를 사들였다. 그의 목표는 이중 전략으로 최고의 지역 신문을 만드는 것이었다. 첫째, 《보스턴 글로브》의 기사 품질을 향상시키는 것이다. 이를 위해 인기가 시들한 섹션을 없애고 반응이 좋은 기사를 늘리며 새로운 콘텐츠를 추가했다. 또한, 리포터를 더 고용하고 추적 보도를 늘렸다. 둘째, 신문 시장이 감당할 수 있을 만큼 최대한 신문의 가격을 올리는 것이었다. 이런 움직임은 '페니 프레스' 철학과 반대되는 것이었고 온라인 콘텐츠에 자리를 뺏기고 있는 신문의 입장과도 반대되는 것이었다. 존 헨리는 엘리트층과 대중 모두에게 어필하고자 했다. 이들은 품질이 좋은 콘텐츠를 담은 신문이라면 소비자가 기꺼이 돈을 더 내리라고 믿었다. 《보스턴 글로브》는 2019년 수익을 냈다고 발표했다.

아마존 창립자인 제프 베이조스는 《워싱턴 포스트》를 사들여 전국적인 디지털 신문으로 만들려고 했다. 신문의 품질을 높이는 수준을 넘어 제프 베이조스는 테크놀로지에 집중했다. 디자인, 업데이트 빈도, 웹사이트와 모바일 애플리케이션의 속도를 향상시켰다. 그는 《워싱턴 포스트》의 디지털 콘텐츠 종류와 유통 채널을 다양화하고 소셜 미디어와 동영상의 사용을 늘렸다. 또한 분석학을 활용해 서비스를 개인화하고, 광고 대상 고객을 타기팅하고, 소비자에게 콘텐츠에 대한 매력을 극대화했다. 베이조스가 《워싱턴 포스트》를 사들인 지 2년 안에 기술직원은 10배로 늘었다(Kennedy, 2018). 《워싱턴 포스트》는 이제 디지털 구독이 종이 구독을 압도하는 수익성 있는 기업이 되었다.

이들의 경험은 종이 신문은 계속해서 쇠퇴하고 디지털은 계속 성장하며 소비자는 수준 높은 기사라면 기꺼이 돈을 더 낸다는 것을 시사한다.

무엇이 변했나

분명 테크놀로지가 변했다. 하지만 변한 것은 그뿐이 아니었다. 과거, 지역의 신문은 해당 지역에서 사업을 하는 이들의 광고를 독점할 수 있었다. 그러나 뉴스 제공자의 숫자가 급격히 증가하자 독자 수와 광고 수익을 두고 경쟁이 달아올랐다. 법적으로 신문과 방송 동시 소유가 불가능해지자 신문사와 방송국 간 경쟁도 심화되었다. 인터넷은 신문에 새로운 경쟁자들을 폭발적으로 불러들였다. 신생 뉴스 웹사이트, 구글 등 거대 사이트, 페이스북 등 소셜 미디어가 그들이다. 광고 수익을 두고 경쟁이 치열해지자 결국, 황금 어장은 말라 버렸다.

광고주들도 변했다. 그들은 신문 광고면을 벗어나 더 저렴하고 타기팅이 더 용이하고 더 많은 분량의 광고를 실을 수 있는 더 유연한 매체를 선호했다.

소비자들의 취향도 변했다. 그들은 하루에 한두 번 오는 신문보다는 온라인이든 텔레비전이든 라디오든 24시간 언제라도 뉴스를 볼 수 있는 편리함과 신속성에 더 끌렸다. 그들은 읽을 뉴스와 뉴스의 형태를 직접 고르고 싶어 했다. 번들로 묶이지 않은 콘텐츠(소셜 미디어, 블로그, 팟캐스트)로 인해 번들 콘텐츠(신문)는 쇠퇴의 길을 걷게 되었다.

뉴스의 본질도 변했다. 뉴스는 사적인 것이 되었고 소비자와 제작자 간의 경계도 모호해졌다. 페이스북에 사진을 올리거나 유튜브에 동영상을, 트위터에 글을 올린 사람은 누구나 일종의 기자의 성격을 띠게 되었다. 그들의 뉴스는 공개 콘텐츠가 되었고 신문사가 할 수 없는 일들을 해댔다. 소셜 미디어는 막대한 양의 소비자 데이터를 수집하고 판매해, 광고를 넘어 추가 수익 흐름을 만들어 냈다.

유서 깊은 신문사들의 권위는 시들해졌다. 특히 젊은 세대에게는 친구, 동료, 믿을 수 있는 사람과 기관이 올리거나 추천한 뉴스로 대체되었다. 신문 업계가 창작과 제작부터 유통에 이르기까지 모든 단계를 통제하던 전통적인 형태는 무너졌다(Herndon, 2012).

신문은 붕괴 과정에서 또한 세 가지 근본적인 오류를 저질렀다.

첫째, 그들은 자신이 어떤 산업에 종사하는지 알지 못했다. 그들은 오랫동안 자신이 '뉴스' 산업이 아닌 '신문' 산업에 있다고 믿었다. 결과적으로 디지털 콘텐츠를 평가절하하여 종종 무료화했고, 디지털 업체가 우후죽순으로 늘어나며 번성하는 동안 아날로그 콘텐츠를 과대평가하며 종이에 집착했다. 신문사들은 과거 방송국을 적극적으로 사들인 것과는 달리 디지털 기업은 집어삼키지 않았다. 가장 근접했던 때는 워싱턴 포스트 코퍼레이션의 회장인 도널드 그레이엄이 페이스북 초기에 투자자가 되었던 시기다. 그러나 페이스북이 다른 곳에서 더 좋은 투자 조건을 제안받자 그레이엄은 이내 손을 떼고 말았다.

둘째, 신문사들은 미래가 어제와 같을 것으로 예견했다. 고립이든 자아도취든 과신이든, 그들은 경쟁사, 기술, 시장에서 일어나고 있는 극적인 변화를 알아채지 못했다. 초기 실험들 예를 들어 비디오텍스트나 온라인 독점 서비스 같은 시도가 실패로 돌아가자 보수적 입장을 취하게 되었다(Herndon 2012). 그들은 초기 기술 실험의 실패를 소비자가 현재 아날로그 관행을 승인한 것으로 받아들였다.

세 번째, 신문사들은 근시안적이었다. 그들의 비전은 단기적이었고 수년 앞을 바라보기보다는 다음 분기에 더 집중했다. 장기적인 해법 대신 임시변통을 강조했다. 그들은 미래에 투자하기보다는 당장의 비용을 절감하려고 했다.

불가피한 결론은 《런던 타임스》의 편집장이었던 사이먼 젠킨스가

1997년 기록한 다음의 내용이 그의 착각으로 판명되었다는 것이다. "우리는 당분간 인터넷의 광적인 지지자들에 대해, 과거 에스페란토어 사용자와 아마추어 무선통신 사용자에게 베풀었던 동정심과 관용을 다시 한번 베풀 필요가 있다. … 인터넷은 무대에서 한 시간 동안 거들먹거리다가 결국 등급이 낮은 미디어의 대열에 자리를 잡게 될 것이다"(Jenkins, 1997).

제13장

파괴적 변화

　사실 '3부: 옆을 살펴보기'를 시작했을 때, 사례들이 이렇게까지 비슷할 것이라고는 예상하지 못했다. 음악, 영화, 신문 산업의 이야기는 한 명이 쓴 연재소설처럼 읽힌다. 그들은 놀랄 정도로 유사한 플롯을 가지고 있다. 산업혁명 시기에 시작되어 크게 성공했고 경쟁자들과 규제 당국으로 인한 역경이 있었지만 극복해 냈다. 그러나 디지털 테크놀로지 혁명으로 무너져 내렸다.

　확실히 하자면 세 가지 산업에 뚜렷한 차이점은 있다. 이들은 모두 산업혁명의 산물이지만, 타이밍이 달라 뉴스는 1차 산업혁명에 나왔고 영화와 음악 산업은 2차 산업혁명 때 탄생했다.

　세 가지 산업은 지리적으로도 다르다. 음악과 영화 산업은 전국적이자 국가를 초월한 사업이었다. 신문사들은 주로 지역적이어서, 콘텐츠를 더 지역에 맞게 만들었고 인구 통계 변화와 경기 변동에 더 민감하게 제작했다. 북동부, 미국 동부 연안 그리고 중서부의 인구 손실은 그 지역의 발행 부수에 위협이 되었고 지역 산업의 쇠퇴는 광고 수입에도 직결되었다. 그러나 대학들이 그랬듯, 인구 통계 변화와 경제 변화는 일부 신문사들의 문을 닫게 했지만, 신문 산업의 경제 모델을 흔들지는 않았다. 신문은 조금씩 조정하며 적응해 냈다.

그들은 재정 모델에서도 달랐다. 영화와 음악 산업은 역사적으로 제품, 즉 영화와 음반, 더 최근에는 음원을 구매자에게 판매하여 돈을 벌었다. 반대로 신문의 수익은 주로 제품의 구매자를 광고업자에게 팔아 수익을 냈다. 설계 면에서 신문의 가격은 신문을 제작하는 비용보다 낮았다.

음악, 영화, 신문 산업은 경쟁자를 대응하는 방식이 달랐다. 소송이 실패로 돌아간 후, 음악 산업은 라디오와 공생 협력 관계를 형성했고 영화 산업은 텔레비전과 같은 관계를 맺었다. 하지만 신문사들은 규제 당국의 제한을 받을 때까지 라디오와 텔레비전 방송국을 사들이거나 설립하려고 시도했다. 라디오, 텔레비전, 신문 모두 그들의 상품을 공짜 혹은 저렴한 비용으로 나누어 줬고 돈을 벌기 위해 광고 수익에 의존했기 때문이다. 그들 모두 뉴스라는 콘텐츠를 두고 똑같은 소비자 그룹을 대상으로 경쟁을 벌였다.

세 가지 산업이 공통적으로 겪은 일들은 고등교육에 더 크고 강력하게 나타나는 중이다. 음악, 영화, 신문 산업은 대학 역시 직면하고 있는 인구 통계 변화, 경제 변화, 기술 변화에 대응해 어떻게, 왜, 그리고 얼마나 변화해야 했는지 말해 준다. 13가지 공통점이 두드러진다.

1. 음악, 영화, 신문 산업은 산업혁명 시기에 비즈니스 모델을 개발했다. 조립라인 생산, 고정된 시간과 위치 같은 시대적 관행을 반영했다.

2. 그들은 산업혁명 때 만들어진 모델과 그 산물인 앨범, 영화, 종이 신문에 오래도록 집착했다. 모델이 완전히 망가져 더 이상 작동하지 않은 후에도 집착을 버리지 못했다.

3. 세 가지 산업은 모두 환경 변화에 대응해 똑같은 전략으로 대응했다. 개선, 보수, 적응이라는 방식을 통해 단편적으로 수용하며 비즈니스 모델을 최소한으로 변경했다.

4. 음악, 영화, 신문 산업은 그들의 산업이 파괴될 것이라는 위협을 받을 때조차 동일한 전략을 사용했다. 전체적, 구조적 변화가 아니라 단편적, 점진적 적응을 통한 유지보수였다.

5. 인구 통계 변화와 경제 변화에도 이들 산업은 비즈니스 모델을 바꾸지 않았다.

6. 음악, 영화, 신문 산업의 모델은 디지털 기술에 의해 파괴되었다.

7. 디지털 기술을 위협으로 보지 않았다. 또한, 그것이 가져올 변화의 규모도 파악하지 않았다. 변화는 평소처럼 기존 사업에 열중하는 사이, 갑자기 일어났다.

8. 단기적인 과도기 조직이 등장해 산업 비즈니스 모델의 수명을 연장했다. 가장 좋은 예는 블록버스터다. 블록버스터는 동네에 영화를 대여하는 가게를 만들면서 유통하는 방법만 바꾸고 기존의 영화 산업은 유지될 수 있게 했다. 관객이 늘었

고 영화의 수명은 연장되어 새로운 수익 흐름을 만들어 냈다. 그러나 이 역시 산업화 시대의 모델이 한꺼번에 붕괴하면서 끝을 맞이했다.

9. 세 가지 산업은 테크놀로지 혁명을 맞아 실패했고 형편없는 개선책을 계속 남발했으며 해결법을 찾는 데 실패했다. 핵심을 말하자면 그들은 아무 개선책이나 벽에 던져 댔고 아무것도 먹히지 않았다. 그들은 현재의 관행을 소비자가 승인하는 데 실패했다는 것을 받아들여야 했다.

10. 음악, 영화, 신문 산업은 자멸적 행태에 빠졌다. 예를 들면, 미래가 과거와 비슷할 것이라고 예측한 것이다. 근시안적으로 사고했으며 산업의 장기적인 미래가 아니라 단기적인 미래에 집중했다. 가령, 미래에 투자하기보다는 비용을 절감하는 방법으로 재정적으로 흑자를 유지하려고 했다. 소비자의 바뀐 욕구, 경쟁자의 등장과 성장 잠재력, 새로운 디지털 기술의 출현과 힘을 등한시했다. 이는 경쟁사들이 알고리즘, 인공 지능, 빅 데이터를 이용해 고객에게 서비스를 제공하는 현실을 생각해 볼 때, 더욱 터무니없는 일이었다.

11. 이들 산업의 비전을 재수립하고 대체 해법을 내놓은 곳은 내부가 아닌 외부였다. 예를 들면, 구글, 페이스북, 버즈피드, 넷플릭스와 스포티파이였다.

12. 디지털 기술의 등장을 넘어 고객의 선택이 교체를 주도했다. 소비자들은 고정된 시간이 아니라 언제든 콘텐츠에 접근하길 원했고 고정 디바이스보다는 모바일 디바이스를 선호했다.

제조사가 결정하는 콘텐츠가 아닌 사용자가 선택한 콘텐츠를 원했고 누구에게나 다 맞는 콘텐츠가 아닌 개인에 맞춘 콘텐츠를 원했다. 번들로 묶인 콘텐츠가 아닌 개별 콘텐츠를 원했다. 앨범이 아니라 음악 한 곡을 원했고 신문 전체가 아니라 기사 한 꼭지를 원했다.

13. 세 가지 산업의 변화는 여전히 진행 중이지만 산업화 시대의 비즈니스 모델이 사멸하면서 그들의 미래는 디지털화될 것이다.

고등교육에 대한 시사

우리가 세 가지 산업을 살펴보고 배운 점은, 인구 통계 변화나 경제 변화라는 요인이 그 엄청난 중요성에도 불구하고 고등교육의 산업화 시대 모델을 개혁할 수는 없다는 것이다. 이들 요인은 음악, 영화, 신문 산업도 파괴하지 못했다.

이 세 가지 산업의 모델은 테크놀로지 혁명이 있고 나서야 파괴되었다. 우리는 '2부: 앞을 내다보기'에서 디지털 개혁이 두 개의 단계로 일어난다고 언급했다. 1단계는 모바일 디바이스와 인터넷, 2단계는 인공 지능, 가상 및 증강 현실, 그리고 빅 데이터에 의해 원동력을 받을 것이다. 고등교육이 첫 단계에는 조금씩 적응해 가며 잘 대응했다. 두 번째 단계의 기술은 고등교육에 미치는 영향을 충분히 평가할 수 있을 정도로 아직 발전하지 않았다. 하지만 고등교육은 음악, 영화, 신문 산업이 맞이했던 운명을 기본적으로 피할 수 없을 것이다.

이 세 가지 사례 연구는 파괴적 혁신이 어디서 시작되었는가 하는 문제를 연구할 때 도움이 된다. '1부: 뒤를 돌아보기'에서 논의한 고등교육에서처럼 이는 기존 산업의 외부에서 발생했다. 이는 '중등과정 이후 교육' 분야에 등장한 비전통적 기관들이 적응적 변화와 파괴적 변화 모두를 주도하게 될 것임을 시사한다. 대학과 파트너십을 맺어 온라인 프로그램을 운영하려는 영리 기관이 점점 많아지고 있다.

고등교육과 영리 교육기업 간의 파트너십은 상대적으로 새로운 현상이다. 과거에 이런 파트너십은 대개 입학 업무 같은 보조 서비스 영역과 재정, 테크놀로지 같은 관리 분야에서 일어났었다. 하지만 오늘날에는 현재 운영 중인 직업교육 같은 프로그램의 공백을 메꾸고 기존 프로그램을 보강하기 위한 교육적 파트너십이 빠르게 증가하고 있다. 기업은 고등교육 고객의 충족되지 않은 요구에 대응함으로써 대학에 기여하고, 대학은 학위를 수여하는 권한을 활용하여 기업의 이익 창출에 기여한다.

국가의 개입 역시 이들 산업에 중대한 위협을 가했다. 음반 제작사들은 무수히 많은 라디오 방송국이 설립 허가를 얻는 것을 지켜봐야 했고, 영화 제작사들은 영화관 소유를 금지당하고 여러 편의 영화를 영화관과 일괄 계약하는 방식마저 규제당했다. 신문사는 라디오와 텔레비전 방송국 소유권을 저지당했다.

오늘날 고등교육에도 똑같은 일이 일어날 수 있다. 정부가 대학의 책임과 의무를 더욱 강조하고, 학생과 학부모가 더 합리적으로 고등교육을 소비하고자 하고, 비전통적 교육 제공자와의 경쟁이 날로 치열해지는 것만 봐도 알 수 있다. 등록금, 학자금 대출, 접근의 불공평성 그리고 졸업률은 여러 곳에서 비난받고 있다.

마지막으로 이 세 분야의 산업 사례는 고등교육이 겪을 수 있는 변화의 모습을 구체적으로 알려 준다. 즉, 언제 어디서든 접근 가능하고, 소비자가 주도하고 출처에 구애받지 않으며 번들로 묶이지 않은 개인 맞춤형 교육 콘텐츠를 구독 형식으로 지불하는 것이다. 이것은 '2부: 앞을 내다보기'의 결론과도 같다.

제 4 부

파노라마로 펼쳐 보기

네덜란드의 헤이그에 '파노라마 메스다흐'라는 박물관이 있다. 그 박물관에는 가로 140미터, 세로 40미터 높이의 1881년 스케브닝겐 마을을 그린 그림이 걸려 있다. 전시실은 둥근 형태다. 중심에는 관람객이 넓다란 모래 언덕 위에 서서 바다, 해변, 마을을 360도로 내다볼 수 있는 공간이 있다. 그림 속 마을의 건물, 사람들, 동물, 배, 마차, 식물, 일상적인 활동을 감상할 수 있다. 숨이 막히게 아름답다. 우리 둘 다 이런 그림은 본 경험이 없었다.

파노라마는 18~19세기에 높은 인기를 누렸던 예술의 한 형태였는데 나중에 영화로 대체되었다. 파노라마라는 용어는 '모든'을 뜻하는 그리스어 'pan'과 '경관'을 뜻하는 'horama'에서 왔다. 주로 웅장한 장면을 묘사하는 데 쓰였다. 게티즈버그 같은 전투나 에든버러 같은 도시, 스케브닝겐 같은 풍경이다. 목적은 관객들에게 장면의 극히 부분만 볼 수 있을 때 전체를 보는 기회를 주는 것이었다. 관람객들은 종종 마법 같은 경험이었다고 말하곤 한다.

물론 이 책의 4부에 마법 같은 내용을 담았다고 말할 수는 없지만 4부를 쓴 목적은 파노라마와 같다. 지금까지 제시된 다양하고 개별적인 관찰 결과, 즉 과거를 돌아보고, 미래를 내다보고, 옆을 살펴보고, 이 모든 것을 통합한 고등교육의 미래를 파노라마로 보여 주는 것이다.

이 이야기의 헤드라인은 고등교육이 글로벌, 디지털, 지식 기반 경제의 요구에 부응하기 위해 근본적으로 변화할 것이라는 내용이다. 음악, 영화, 신문 산업에서 그랬던 것처럼 이 근본적인 변화의 주도자는 역시나 디지털 기술일 것이다. 모든 대학이 같은 수준으로 변화하진 않을 테지만 변화하지 않는 대학은 없을 것이다. 14장은 무엇이 변할지 논의하고 15장은 변화가 어떻게 언제 일어날지에 초점을 맞춘다. 16장은 고등교육과 정책 입안자들을 위한 권고 사항을 전달할 것이다.

제14장

무엇이 변할 것인가

뒤를 돌아보고 앞을 내다보고 옆을 살펴봄으로써 우리는 고등교육의 미래를 형성할 다섯 가지의 중차대한 그리고 불안한 새 현실을 간파하게 되었다.

1. 고등교육 소비자의 힘은 강해지고 대학의 힘은 약해질 것이다.

오늘날 고등교육을 말할 때 우리는 단순히 대학만을 떠올리지만 고등교육은 그리 단순하지 않다. 고등교육에 대한 모든 것은 수명이 짧다. 지식은 진화하고 교수진, 학생, 교과목은 변한다. 그러나 대학은 변수가 아닌 상수이다. 대학은 지식을 창조하고, 지속시키고, 전파하는 기관이다. 대학은 고등교육 산업을 이끄는 엔진이다.

우리는 영리건 비영리건 어떤 부문을 떠올릴 때 그를 이끄는 기관, 즉 법원, 병원, 은행, 학교 등의 관점에서 생각하는 경향이 있다. 최초의 미국 법인은 1790년에 설립되었다. 그 개념은 빠르게 퍼졌고 1860년이 되자 미국에는 2만 5,000개가 생겼다(Sylla & Wright, 2012). 기관과 조직은 산업혁명 동안 경제생활과 사고의 중심이 되었다.

우리는 '3부: 옆을 살펴보기'에서 음반사, 영화사, 그리고 신문사에 의해 지배되었던 산업화 시대 지식산업에 관한 이야기를 다뤘다. 시간이 흐르면서 산업을 주도하는 음반 레이블, 영화 스튜디오, 신문사가 계속 바뀌었다. 그들을 다스리는 규제도 변했고 그들 앞에 등장한 경쟁자도, 주변에 떠오른 새로운 기술도 변했다. 하지만 주인공은 늘 음반사, 영화사, 신문사와 같은 조직이나 기관이었다. 하지만 글로벌, 디지털, 지식 기반 경제가 등장하면서 바뀌었다. 콘텐츠 제작자와 전파자의 숫자가 늘어났고 무엇을, 언제, 어디서, 어떻게 콘텐츠를 소비할 것인지는 소비자가 결정하게 되었다.

여기에 포인트가 있다. 산업화 시대의 음악, 영화, 신문 산업은 기관, 제작자, 콘텐츠 생산이 중심이었다. 반대로 지식경제 시대는 콘텐츠 사용자 즉 소비자에 초점을 맞춘다. 소비자가 산업의 우세한 세력이 되었고 기관이 통제할 수 있는 부분은 줄어들었다. 동일한 변화가 고등교육에도 발생할 것이다.

2. 언제 어디서나 디지털 장비와 인터넷에 접속할 수 있는 학생들은 음악, 영화, 신문 산업에서 얻고 있는 동일한 것을 고등교육에서도 얻으려 할 것이다.

이 세 가지 산업의 소비자들은 정해진 시간이나 장소가 아닌 언제 어디서든 접속하여 이용할 수 있는 서비스를 선택했다. 소비자는 제작자가 정해 준 콘텐츠가 아닌 직접 선택한 콘텐츠를 소비했다. 즉 모두를 타깃으로 하는 보편적인 콘텐츠보다는 개인 맞춤형 콘텐츠를 선택했다. 그리고 번들로 묶인 상품보다는 묶이지 않은 콘텐츠 즉, 앨범보다는 음악 한 곡, 또는 전체 신문보다는 기사 한 꼭지를 선호했다. 그들은 명품을 제외하면 고비용보다는 저비용을 골랐다. 동일한 선택이 고등교육에서도 일어날 것이다.

대학생들은 이미 이런 변화를 선호한다. 러빈과 딘(2012)은 그들의 연구에서 디지털 원주민은 고정된 장소와 시간보다 언제, 어디서든 수업을 들을 수 있는 것을 선호한다고 했다. 또한, 대학보다는 본인 스스로 주도하는 교육을 원했고 아날로그 미디어보다는 디지털을 원했다.

게다가 러빈과 딘(2012)은 나이가 많은 성인 학생들(주로 일을 하는 여성)의 경우 대학을 파트타임으로 다니면서 비용이 저렴하고 번들로 묶이지 않은 간소화된 대학의 버전을 원한다는 것을 알아냈다. 이런 학생들이 대학에 요구하는 것은 편의성, 서비스, 품질, 저비용이다. 또한 그들이 직접 사용하는 서비스와 활동에 국한하여 돈을 지불할 의사가 있다고 답했다. 그들은 사용하지 않는 시설, 참가하지 않는 이벤트, 원하지 않는 과목에는 돈을 투자하고 싶어 하지 않는다. 앨범 대신 노래 한 곡, 신문 전체보다는 특정 기사 하나에 해당하는 것만을 구매하려고 한다.

◆ ◆ ◆

고등교육의 정해진 장소와 시간 같은 관행을 부채질하는 캠퍼스 라이프에서 학부생들마저 점점 발을 떼려 하는 분위기이다. 러빈과 딘(2012)은 대학 기숙사에서 사는 학생의 비율이 1969년부터 계속 줄어드는 추세라고 보고했다. 사실 팬데믹 전에도 16%의 학부생만이 캠퍼스에 거주했다(Kelchen, 2018). 캠퍼스에서 열리는 행사에 참여하거나(33%), 학교 피트니스 시설을 이용하거나(33%), 스포츠 경기에 참석하는(25%) 학생은 3분의 1에도 미치지 못했다. 동아리나 클럽에 참여하거나(21%) 학교 내 강연, 토론, 또는 기타 학회 행사에 적어도 한 달에 한 번 참여하는(19%) 학생은 더 적었다. 3분의 1 이상은 이런 모임에 참여한 적이 한 번도 없었다. 이런 현상은 커뮤니티 칼리지를 다니는 학생이 가장 심해 한 번도 학회나 포럼에 참여한 적이 없다는 비율이 최고 80%였고, 사교 행사에 한 번도 참여하지 않은 학생도 57%나 되었다(Levine & Dean, 2012). 2020년 미국 전역의 커뮤니티 칼리지를 대상으로 한 조사에서 응답자 중 겨우 28%가 학생 조직을 "매우" 중요하다고 여겼다. 25세 이상의 커뮤니티 칼리지 학생 중 학생 조직을 한 번이라도 이용한 학생은 20%도 되지 않았다(Center for Community College Student Engagement, 2020).

러빈과 딘은 이렇게 결론지었다. "캠퍼스 라이프는 전통적인 대학생 연령이고 4년제 대학을 다니며, 풀타임 수업을 듣고 하프타임 이하로 일하고 있는 학생들의 영역이다"(2012, 54). 이는 대학 인구가 감소하고 있다는 뜻이다. 그들은 두 가지를 경고했다. 일하며 공부하는 학생들의 숫자가 급증했고 심지어 전통적인 나이의 학생들 사이에서도 그들이 참석했던 행사 대부분은 대학이 주최하거나 후원한 것이 아니었다.

여기에 포인트가 있다. 학생들의 삶은 대학 범주를 넘어서는 압박으로 점점 가득 차고 있다. 점점 더 많은 학생이 더 긴 시간 동안 일하는 것으로 드러났다. 러빈과 딘은 특히 비전통적인 학생들 사이에서 수업이 시작하기 바로 직전에 왔다가 수업이 끝나고 바로 학교를 빠져나가는 학생이 증가하고 있다는 것을 발견했다. 이렇게 되면 학생들은 교육의 편의성을 특히 중요시하게 된다. 언제 어디서든 들을 수 있고, 각자 상황에 맞는 맞춤 교육을 받을 수 있으며, 적당한 가격으로 필요한 것만 구입할 수 있는 상품을 원하는 것이다.

3. 새로운 콘텐츠 제작자와 플랫폼이 고등교육 시장에 진출하여 소비자 선택권을 확대하고 가격을 낮출 것이다.

흔한 생각으로 대학이란 고등학교를 졸업하고 4년간 풀타임으로 수업을 들으며 공부하고 즐기는 평화로운 캠퍼스다. 그러나 일반인들은 물론 대학에 소속된 학생과 교직원조차도 미국의 대학생 중 나이가 만 18세에서 22세 사이이고 풀타임으로 수업을 들으며 기숙사에 사는 학생은 전체의 5분의 1도 되지 않는다는 사실을 들으면 적잖이 놀란다.

다양한 비전통적 기관들은 여전히 대학과 연관 지어 쉽사리 떠오르지 않지만 이들 조직과 프로그램은 확산세에 있다. 상상했던 대학과 반대인 이런 혁신이 미국 고등교육 미래의 전조이자 개척자이다. 이는 대학의 기존 모델에 도전장을 내밀고 소비자 선택권을 늘린다. 코세라가 좋은 예다.

코세라는 온라인 학습 플랫폼 회사로 2012년에 시작한 무크의 선구자이다. 2019년 현재 10억 달러 이상의 가치로 측정되며 7,800만 사용자에게 4만 개 이상의 강의 및 전문 분야 학습을 제공한다. 데이터 과학, 공학, 경영학부터 인문학, 사회과학, 의학까지 전통적인 대학이 다루는 과목을 모두 제공한다.

그러나 코세라의 교육에 대한 시각은 전통적인 고등교육보다 더 실용적이며 직업을 중시하는 편이다. 이는 전통적인 학생이든 비전통적인 학생이든 모두가 대학에서 원하는 바다. 코세라는 여러 학위 프로그램과 음악, 고전, 역사, 및 경제 같은 교양 과목의 강의도 다양하게 제공하지만, 2019년 조사에 따르면 전문성을 키우고 싶어 등록한 학생의 87%가 급여 인상, 승진, 혹은 새로운 커리어를 시작할 만한 역량을 얻게 되었다고 발표했다.

코세라는 또한 누가 콘텐츠를 제공하는가 하는 면에서도 전통적인 고등교육과는 차별성을 둔다. 200개 이상의 세계적으로 유명한 대학과 회사라는 놀라운 목록을 보유하고 있다. 코세라의 고등교육 파트너는 대표적인 유명 대학들로 몇 개만 예로 들자면 캘리포니아 공과대학, 컬럼비아대학, 듀크대학, 에콜 폴리테크니크, 히브리대학, 존스홉킨스대학, 모스크바 국립대학교, 베이징대학, 프린스턴대학, 캘리포니아대학, 시카고대학, 미시간대학, 노스캐롤라이나대학, 예일대학 등이 있다.

수많은 명문대 목록이 굉장히 인상적이긴 하지만 코세라의 진정한 특장점은 고등교육 바깥의 기업들과 비영리 단체가 제공하는 강의, 전문 과정, 수료증을 받을 수 있다는 것이다. 이들 기업은 글로벌, 디지털, 지식경제를 구축하고 지원하는 선두 기업이고 그들이 제공하는 것들은 최첨단이다. 가령, 테크놀로지(시스코, 구글, IBM, 인텔, 마이크로소프트), 금융 및 경영(Axa, 엑시스 은행, 푼다사오 레만, 골드만삭스, PWC), 그리고 상품 및 판매(알리바바, 아마존, 다논, 로레알, 프록터 앤드 갬블) 같은 기업들이다. 마찬가지로 세계적으로 유명한 비영리 단체들은 미국 자연사 박물관, 샌프란시스코 과학관, 뉴욕 현대미술관, 내셔널 지오그래픽, 세계은행, 야드 바셈 기념관 등을 포함한다.

이런 새로운 교육 콘텐츠 제공자의 잠재적 영향력을 이해하기 위해 우리는 그들이 실제로 무엇을 하고 있는지를 살펴볼 필요가 있다. 두 곳의 프로그램을 설명하겠다.

첫째, 구글의 IT 자격 프로그램을 들 수 있다. IT 분야의 노동 수요를 채우기 위해 만들어진 이 프로그램은 컴퓨터 네트워킹, 운영체제, 시스템 관리, IT 기반구조, IT 보안의 다섯 가지 코스로 구성되어 있다. 학생들은 각 코스 평가에서 5점 만점에 4.7점 이상을 주었다. 대학교 12학점의 가치가 있고 전문 자격증 시험 및 표준에 맞춘 고용 자격증으로 인정받는 구글 배지를 수여한다. 14만 7,000명 이상이 이 프로그램에 등록했다. 구글은 한 달에 49달러의 비용으로 일주일에 5시간 동안 공부해 6개월 이내로 수료할 수 있다고 조언한다. 첫 달은 무료이며 학생들은 매달 한 번씩만 약정하면 된다. 팬데믹 동안 구글은 데이터 분석과 프로그램 매니지먼트라는 두 개의 새로운 자격 프로그램을 코세라 플랫폼에 추가했다.

둘째, 뉴욕 현대미술관(MOMA)이 제공하는 '세계대전 이후의 추상화'라는 코스이다. 9개의 모마 강좌 중 하나로 코세라를 통해 제공된다. 27시간 길이로 비용은 한 달에 코세라 한 달 등록비인 49달러다. 이 코스는 평점 4.9를 받았고 현재 4만 4,000명 이상의 학생이 등록되어 있다. 모마는 각종 자료를 심도 있게 살펴보고, 테크닉을 연구한다. 그리고 뉴욕을 중심으로 활동한 추상 미술 작가 7명의 소재, 기법, 사상을 심층적으로 살피는 과정이다. 작업실 시연과 갤러리 견학을 통해 아이디어 발전 과정과 물감의 실제 특성을 자세히 살필 수 있게 된다. 읽기 자료와 다른 기타 자료들로 2차 세계대전 이후 예술가들이 활동했던 시기에 대해 더 넓은 문화적, 지적, 역사적 맥락을 배우면서 이해를 넓힐 수 있다.

모마가 제시한 강좌 설명을 보면 일반적인 대학의 현대미술 강좌와 비슷해 보이지만 조사에 참여한 수료생 중 55%가 본인의 커리어에 가시적인 이점을 얻었다고 대답했다.

이 두 강좌는 매우 달라 보인다. 하나는 직업과 밀접한 관련이 있고 다른 하나는 순수한 교양 과목이다. 하지만 이 두 강좌는 다섯 개의 공통점이 있다. 이들은 저렴하고 편리하며 평점이 높고 많은 사람이 등록하며(수료율은 보고된 바 없다), 두 강좌 모두 비전통적 기관이 제공한다는 점이다.

제공되는 강좌의 숫자와 범위는 엄청나다. 만약 우리가 코세라를 넘어 그들의 파트너가 무엇을 하고 있는지 살펴본다면 코세라 프로그램은 빙산의 일각에 불과하다. 예를 들면, 구글은 코세라를 통해 제공하는 2개의 자격증 프로그램에 더해, 78개의 강좌가 더 있다. 마이크로소프트는 77개의 강좌가 있다.

비영리 쪽으로는 미국 자연사 박물관이 자체적으로 대학원을 보유하고 있다. 대학원은 비교 생물학에서 박사 과정을, 교육학에서 석사 과정을 제공한다. 또한, 태양계, 진화, 기후 변화, 물 같은 과목에 대한 6주로 구성된 온라인 강좌를 각 549달러에 제공하며 추가 비용을 내면 대학원 학점을 취득할 수 있다. 이 강좌는 교사들을 위한 교원 연수 학점으로도 인정된다.

공영 방송 시스템(PBS)은 교사를 위한 다양한 교원 연수 강좌를 제공하고 있다. 모든 학년 과정의 1시간 30분부터 45시간까지 다양한 길이의 수업이 있으며 읽기, 수학부터 리더십과 교육공학까지 다양한 과목을 제공한다. 또한, 미디어 리터러시의 8개의 영역에서 교육자들에게 증명서를 수여한다.

고등교육이 직면한 문제는 단순히 콘텐츠의 폭발뿐 아니라 코세라 강좌의 세계적인 수준이다. 특히나 최상위권이 아닌 대학들은 쟁쟁한 대기업들과 경쟁해야 하니 불리한 입장일 것이다. 모든 학생들에게는 최신 기술과 최고의 인적 자본을 보유한 구글이 제공하는 내용을 공부하고 자격증을 얻을 수 있는 선택지가 있다. 또는 대개 더 비싸고, 지역색을 지닌 지방 대학이라는 선택지가 있다. 또한, 세계에서 가장 유명한 박물관인 미국 자연사 박물관 혹은 모마에서 공부할 수 있는 선택지가 있다.

이 새로운 기관의 또 다른 특징은 프로그램이 대체로 온라인이라는 점이다. 24시간 언제든 접속할 수 있으며, 학기제 등 학사 일정에 맞춰 돌아가지 않는다. 역량 기반 프로그램과 강의 중심 프로그램의 조합을 제공한다. 새로운 교육 프로그램 제공자들은 전통적인 고등교육보다 좀 더 기민하다. 예를 들어, 2020년 3월 미국 전역의 대학이 강의를 온라인으로 돌리고 캠퍼스의 문을 닫았을 때, 코세라는 코로나 바이러스와 팬데믹에 대한 강좌를 제공하기 시작했다. 코세라는 팬데믹에 영향을 받은 대학과 학생들이 코세라 강의를 무료로 들을 수 있게 하겠다고 발표했다. 한 달 안에 지구촌 전역의 기관들이 2,600개의 프로그램을 이용했다. 한 달 후, 코세라는 '코스 매치'를 시작했다. 이는 지구촌 전역의 대학교 수업을 유사한 코세라 수업과 자동으로 연결해 주는 프로그램이다.

물론 새로운 기관들의 다수는 코세라만큼의 위상을 갖지 못할 것이다. 그러나 대부분 시간과 장소에 구애되지 않는 교육을 제공한다.

학생들이 전통과 비전통 교육 제공자들 사이에서 어떤 선택을 내릴지는 분명하지 않다. 하지만 전통적인 고등교육이 수많은 새로운 콘텐츠 제공자들과 치열한 경쟁에 맞닥뜨리고 있다는 사실은 의심의 여지가 없다. 그리고 학생들은 공부하는 방법과 시간, 장소, 그리고 비용에 대한 다양한 선택권을 갖게 될 것이다.

4. 시간, 프로세스, 강의에 중점을 둔 고등교육의 산업화 시대 모델은 성과와 학습에 근간을 둔 지식경제 시대의 모델로 쇠퇴의 길을 걸을 것이다.

강의에서 학습으로, 고정된 시간과 프로세스에서 고정된 성과로의 이동은 네 가지 이유로 일어날 것이다. 첫 번째 이유는 교육이다. 현재 모델은 모든 학생이 같은 시간 동안 같은 것을 배울 수 있다고 가정한다. 그러나 교육의 시간과 프로세스가 일정할 경우 학생 각각의 성취도는 매우 다르게 나타난다. 이는 개개인의 학습 속도가 다르기 때문이다. 심지어 같은 사람일지라도 과목마다 배우는 속도가 다르다.

우리는 고정된 시간과 프로세스로 교육하는 시스템을 갖고 있다. 이 시스템이 교육하기에 가장 효과적이라서가 아니라 시스템이 만들어진 시기 때문에 그렇다. 앞서 설명했듯 이것은 산업혁명의 산물이다. 산업화 시대의 생산은 시간에 묶여 있었고 생산 과정은 표준화되어 있었다. 산업화 시대 대학은 이런 관행을 반영한다.

교육적으로 우리는 학생들이 얼마나 오랜 시간을 배우길 원하는가가 아닌 학생이 성취하고 싶어 하는 것, 공부하고 싶어 하는 것에 집중해야 한다. 옷을 세탁소에 맡기러 간다고 생각해 보자. 주인은 얼마나 오래 세탁할지 묻지 않는다. 당연히 말도 안 되는 질문이다. 당신의 관심사는 오로지 옷을 찾으러 갈 때 옷이 깨끗한가이다. 결과가 중요하지 과정이 중요하지 않다. 교육도 마찬가지다.

두 번째 이유는 형평성이다. 고등교육의 모델에서 형평성이란 모든 학생이 동일한 시간에 동일한 시설, 교수, 프로그램에 접근할 수 있게 하는 것을 의미한다. 즉, 교육의 시간과 과정이 공평해야 한다는 것이다. 하지만 진정한 형평성은 모든 학생이 같은 성과를 얻을 수 있도록 하는 것이다. 이는 학생들의 동일한 성취도를 보장하는 것이 아니라 학생들이 동일한 성취 기회를 얻도록 개별마다 차등적 자원을 제공하는 것을 의미한다.

세 번째 이유는 현재 모델은 모든 교육적 경험이 시간 단위, 즉 수업을 들은 시간, 학점, 학위로 해석된다는 것이다. 시간은 교육적 경험을 평가하고 비교하며 표준화하고 기록하기 위해 사용하는 널리 통용되는 단위이다. 산업화 시대의 이 모델은 한 세기 이상 대학에 잘 적용되었다.

하지만 기업, 박물관, 텔레비전 방송국, 소프트웨어 회사, 은행, 그리고 고등교육 내외부에 있는 영리 및 비영리 단체가 생산하는 새로운 콘텐츠가 폭발적으로 증가한 덕분에 더는 적용될 수 없는 시기가 되었다. 그들은 시간 중심 혹은 시간 중심이 아닌 교육용 콘텐츠를 다양하게 양산해 냈다. 여기에는 강의 기반 혹은 역량 기반 프로그램, 성과 중심 혹은 과정 중심 교육, 아날로그 혹은 디지털 포맷, 형식 혹은 비형식 학습, 경험 기반, 기계 기반, 동료 기반, 강의실 기반, 개인화된 혹은 공통의 경험, 학위 혹은 마이크로 자격증 과정, 혹은 수료증을 주지 않는 과정도 포함되어 있다. 시간을 중심으로 하는 프로그램 중 일부, 특히 적시 제공 프로그램은 매우 짧은 기간만 개설되어 사람들이 잘 모르는 경우도 있다.

이들이 모두 공유하는 공통분모는 학생들이 경험의 결과로서 무엇을 배우든지 간에 성과를 낸다는 것이다. 이는 오래된 시간 중심, 과정 중심의 고등교육이 새롭게 대체되어야 하는 이유를 보여 준다. 단기적으로 고등교육은 최소한 이중 언어, 즉 두 개의 다른 기준으로 운영되어야 할 수도 있다. 하나는 강의와 학점, 또 다른 하나는 성과와 학습이다. 장기적으로 고등교육은 지식경제 시대에 어울리는 성과와 학습 중심의 모델을 받아들일 수밖에 없을 것이다. 지식경제 시대의 화폐는 비록 이름은 바뀔 수 있어도 현재 '역량'이라고 불리고 있다. '1부: 뒤를 돌아보기'에서 우리는 카네기 유닛의 명칭과 정의가 20세기 초반에 굳어지기까지 많은 이름(카운트, 포인트)으로 불렸음을 보았다. 명칭이 무엇이 되건 분명한 건 그 화폐는 학습 기준의 단위가 될 것이다.

네 번째는 인지 과학, 인공 지능, 그리고 학습 과학(learning science)의 발전이 이를 증명한다. 학습 과학은 실제 환경(대면 및 온라인)에서 학습이 어떻게 발생하는지와 이를 촉진하는 방법에 대한 학제 간 연구이다. 1991년 노스웨스턴대학에서 탄생한 학습 과학 대학원 프로그램은 이제 미 전역에 걸쳐 스탠퍼드와 워싱턴대학에서 뉴욕대학과 노스캐롤라이나 채플힐까지 해안에서 해안까지 75개 이상의 주요 대학에서 운영되고 있으며, 그 사이에 애리조나 주립대학, 위스콘신대학, 카네기멜런대학이 있다.

5. 적시 교육과 비학위 증명서의 가치는 상승하고 '만약을 위한 교육'과 전통 학위의 지배력은 줄어들 것이다.

미국의 고등교육은 역사적으로 학생들이 대학 이후의 삶과 일을 준비할 수 있도록 학위를 수여하는 프로그램에 집중했다. 이를 '만약을 위한 교육'이라고 설명한다. 초점을 미래에 맞춰, 대학이 학생들의 미래에 필요하다고 생각되는 기술과 지식을 가르치기 때문이다.

반대로 '적시 교육'은 현재 지향적이며 더 즉각적이다. "특정 외국어 또는 팬데믹에 관한 내용, 최신 테크놀로지를 가르쳐 주세요"라고 요구하는 학생들에게 지금 당장 필요한 기술과 지식을 가르친다. 적시 교육은 매우 다양한 형태로 존재한다. 대부분은 전통적인 시간, 동일한 강의 길이, 그리고 공통적인 학점 계산 방법에서 벗어난 것이다. 이는 학생들이 얻고자 하는 결과에 따라 좌우된다. 아주 일부만 학위를 수여하고 대부분은 증명서, 마이크로 자격증과 배지를 수여한다.

최근 마이크로 자격증과 배지가 정말 학위를 대신하게 될 것인가 또는 학위를 퇴색시키지 않을까 하는 문제에 대해 여러 논의가 진행 중이다. 하지만 비학위 증명서는 고등교육에 새로운 문제는 아니다. 단지 이들을 최근 들어 배지와 마이크로 자격증이라고 부르게 되었을 뿐이다. 예일대학은 최초의 증명서 프로그램을 200년도 더 전인 1799년에 설립했다. 과학과 영어 수업만을 듣는 학생들을 위한 것이었다(Geiger, 2015).

그 이후로 증명서 프로그램 즉, 일반적으로 기술 분야의 준학사 그리고 전문 직업 분야의 학사 후 과정(post-baccalaureate)이 흔해졌다. 40년 이상을 거슬러 올라가 4년제 대학을 조사한 결과, 문리대의 21% 그리고 전문 직업학교의 28%가 증명서를 수여했다(Levine, 1978). 2년제 대학에서는 더 흔했다. 2018년에는 85만 2,504개의 준학사와 57만 9,822개의 증명서를 수여했다(Bustamante, 2019).

증명서와 학위 프로그램은 200년 이상 동안 나란히 존재해 왔고 앞으로도 계속 그럴 것 같다. 하지만 학위 프로그램이 훨씬 더 높은 위치를 누려 왔고 훨씬 더 권위 있는 자격으로 여겨져 왔다.

몇 가지 요소들이 둘 사이의 균형을 재설정할 것으로 보인다. 첫째, 일시적일지도 모르지만, 노동시장에서 학위의 가치가 점점 더 하락하는 것처럼 보인다. 예를 들면, 가장 유명한 고용주들인 구글, 어니스트 앤 영, 펭귄 랜덤 하우스, 힐튼, 애플, 노드스톰, IBM, 로우스, 퍼블릭스, 스타벅스, 뱅크 오브 아메리카, 홀푸드, 코스트코, 치폴레 같은 회사가 더는 대학 학위를 요구하지 않는다고 발표했다.

언론은 다수의 저명한 테크놀로지 거물들이 대학을 졸업하지 않았다는 점을 지적함으로써 학위 관련성이 감소할 거라는 의견을 뒷받침한다. 가령, 마이클 델(델 컴퓨터 창립자), 대니얼 에크(스포티파이 공동창립자), 빌 게이츠(마이크로소프트 창립자), 스티브 잡스와 스티브 워즈니악(애플 공동창립자), 데이비드 카프(텀블러 창설자), 에번 윌리엄스(트위터 공동창립자), 마크 저커버그(페이스북 창립자)가 있다.

마지막으로 여론조사도 점점 더 많은 사람이 대학 학위의 가치가 하락하고 있다고 믿는 것으로 드러났다. 예를 들어, 2019년 갤럽 여론조사에 따르면 대학 학위가 아주 중요하다고 믿는 미국인들이 점점 줄어들고 있다. 2013년에는 70%였지만 2019년 51%였다(Marken, 2019). 더 이전에 조사했던 헤칭거 리포트에 따르면 미국 성인 중 겨우 36%만이 대학이 비용 가치가 없다고 믿었다. 하지만 그들이 이유로 든 점이 주목할 만하다. 60%의 사람들이 대학생은 종종 특정 직업 기술을 갖추지 않은 채로 졸업하며 큰 빚을 떠안게 된다고 답했다. 36%는 대학 학위 없어도 좋은 직업을 얻을 수 있다는 사실에 동의했다(Smith-Barrow, 2019). 이는 증명서 프로그램에 참여하는 사람들이 가장 많이 언급하는 등록 동기이기도 하다.

재설정이 일어날 수 있는 두 번째 이유는 현재와 산업화 시대처럼 중대한 변화의 시기에는 커리큘럼에 유동성이 나타난다. 대학 교육의 모든 면이 개혁과 실험의 잠재적인 대상이 된다. 산업혁명 동안 주요 변화는 자격 인증에서 이뤄졌다. 박사 학위(PhD), 준학사 학위, 그리고 이전에는 주로 명예적인 성격이 강했던 정규 석사 학위와 같은 새로운 학위들이 생겨났다. 기존 학위는 더욱 전문화되었고 수많은 새로운 학문 기반 학사 학위가 생겨났다. 증명서를 수여하는 프로그램도 늘어났는데 특히 19세기 후반에 평생교육 과정이 개발되면서부터 증가했다.

세 번째 이유는 적시 교육 수요가 훨씬 더 많아질 것이기 때문이다. 자동화, 지식 폭발, 높은 팬데믹 실업률로 인해 업스킬링과 리스킬링하려는 사람들의 수요가 증가하면서 적시 교육을 찾는 인구가 현재 학위 프로그램에 등록한 인구보다 더 늘어날 가망성이 있다. 게다가 학위 과정 등록은 대개 일회성으로 일어나는 반면 적시 교육은 한 사람이 사는 동안 내내 반복해서 일어날 수 있다. 코세라를 예로 들면, 프로그램에서 받은 증명서는 대부분 학위 프로그램보다 직업 시장에 더 잘 부합된다. 적시 교육은 언제든, 어디서든, 소비자가 결정하고, 개인화되고 묶이지 않게 될 것이다. 적시 교육은 이런 모든 특징을 다 가질 것이고 그 규모 덕에 학생들의 기대를 당연한 것으로 받아들일 것이다.

고등교육은 학위의 위상이 떨어지고 적시 교육 증명서 프로그램에 대한 요구가 늘어나면서 다양한 시도를 해 보는 중이다. 몇 년 안에 대학의 학위는 증명서와 마이크로 자격증에 밀려날 수도 있다.

신문 산업의 붕괴는 고등교육과 관련이 없다고 치부되곤 한다. 대학은 '학위'라는 독점권을 가지고 있기 때문이다. 그러나 비전통적 기관이 수여하는 마이크로 자격증의 위상과 가치가 점점 높아지면서 고등교육의 운명은 점점 더 신문과 닮아 가고 있다.

새로운 현실의 영향

이런 다섯 가지 새로운 현실은 고등교육의 산업화 시대 모델을 변화시키고 글로벌, 디지털, 지식 기반 경제에 어울리는 새로운 모델을 확립할 것이다. 새로 떠오른 모델은 다음과 같은 특징을 보일 것이다.

- 고등교육은 학습과 성과를 중점으로 할 것이다. 시간과 과정에 구애받지 않는 역량 기반 교육이 일반화될 것이다. 학생들은 자격증을 얻기 위해 특정 성과나 역량을 숙달해야 한다. 시간이 기본이 되는 카네기 유닛, 즉 '학점'은 '역량'에 자리를 내줄 것이다.
- 증명서는 외국어 학습처럼 하나의 역량을 숙달하거나 구글 IT 역량처럼 일련의 관련된 성과를 성취했을 때 수여될 수 있다. 줄여 말하면, 평가되고 인증되며 자격증이 수여되고 학생 성적표에 기록되는 것은 오직 학습자가 숙달한 역량이다.

여기서 두 가지 주의할 사항이 있다. 첫째, 역량 기반 교육, 즉 CBE는 현재 강력한 옹호자와 반대자의 다양한 관행을 일컫는 포괄적 용어이다. CBE를 둘러싼 불분명한 의미와 논란은 이 용어를 해칠 수도 있지만, 명칭을 뭐라고 하든 상관없이 고등교육의 토대로 학습과 성과에 집중한다는 특징은 지속될 것이다.

둘째, 역량 중심 교육으로 전환되는 과정은 혼란스럽고 무질서할 것이다. 카네기 유닛이 19세기 후반과 20세기 전반에 그랬듯이 말이다. 이 시기는 역량이 무엇인지 정의하는 초기 단계였다. 오늘날, '문화 간 커뮤니케이션', '데이터 활용 능력'처럼 역량으로 흔히 사용되는 용어들이 있다. 하지만 이러한 용어들의 의미, 용어들이 포함하는 기술과 지식, 용어들을 평가하는 도구의 일반적인 정의는 없다. 결과적으로 카네기 유닛이 낳았던 학문적 관행의 표준화와 함께 역량에 대한 합의를 형성하고 얻는 과정은 빠르게 진행되지 못할 것이다. 또다시 2단계의 프로세스를 거칠 것이다. 처음에는 똑같은 역량에 대해 다양한 개념을 만들어 사용하고, 다음에는 혼란을 완화하기 위해 공동의 정의와 관행을 향한 움직임이 뒤따를 것이다. 카네기 유닛처럼 결승선을 통과하기 위해서 대중과 단체의 지원이 필요할 것으로 보인다.

- 고등교육 제공자의 범위는 전통적인 기관은 물론 비전통적인 콘텐츠 제작자와 배포자, 즉 비영리 및 영리 기관, 기업, 박물관, 텔레비전 방송국과 소셜 미디어까지 훨씬 더 많은 기관을 포함하며 극적으로 팽창할 것이다. 그 결과, 고등교육 콘텐츠

는 디지털 형태로 어디서든, 언제든 구할 수 있게 될 것이다. 학생들은 무수히 많은 제공자 가운데서 고를 수 있다. 다양한 가격대의 번들 형태이든 아니든, 학위 프로그램이든 비학위 프로그램이든, 원하는 형식으로 콘텐츠에 접속할 수 있다. 역량 기반 교육은 교육 기관에 구애받지 않기 때문에 전통적인 제공자와 비전통적인 제공자 사이의 장벽과 격차가 사라질 것이다.

- 적시에 업스킬링과 리스킬링을 하고자 하는 수요는 전통적인 '만약을 위한 교육'의 등록을 줄어들게 할 것이다. 학위 프로그램과 비학위 프로그램에서 등록 균형이 바뀌고, 마이크로 자격증의 위상이 높아지며, 비전통적인 기관이 만드는 콘텐츠의 제작과 유통에 박차를 가하게 될 것이다. 팬데믹으로 수천만 명의 실업자가 발생하면서 이러한 현상은 가속화되었다.

- 평가는 대개 형성적이고 실시간으로 일어나며 개인화될 것이다. 직접적이고 진정한 평가라고 불리며 학생들이 역량을 숙달하도록 할 것이다. 앞에서 이것을 GPS의 작동에 비유했었다. 최종 형성 평가만이 학생이 역량을 제대로 익혔음을 증명하기 때문에 이것이 곧 총괄 평가가 될 것이다.

- 적어도 단기적으로 증명서는 학위와 마이크로 자격증의 조합이 될 것이다. 학위의 장기적인 미래는 확실하지 않다. 교양 과정과 전문 과정의 마이크로 자격증을 조합하면 전통적인 학사 학위와 동일한 결과를 얻을 수 있다.

- 성적표는 사람들이 평생에 걸쳐 성취한 역량과 각 인증 기관

에 대한 평생의 기록이 될 것이다.

- 고등교육은 아날로그에서 디지털로 옮겨 갈 것이다. 일부 기관은 기존 아날로그 프로그램을 보조하는 수단으로 디지털 테크놀로지를 사용한다. 다른 기관은 현재 아날로그 프로그램과 대등하게 사용하고, 나머지 기관은 기존 아날로그 프로그램을 대체하는 수단으로 사용한다. 이는 각 기관들마다 여러 양상으로 나타날 것이다.

- 대학의 교수진은 앞으로 감소할 것으로 보이는데, 이들은 현재 학문별 전문가들로서 주로 강의와 연구를 담당하고 있다. 앞으로 교수진의 구성은 인구 변화를 반영하여 학습 설계 전문가, 강의자, 평가자, 기술자, 연구자를 포함해 다양해질 것이다. 고등교육 안팎에서 이런 인재를 구하려는 경쟁이 치열해질 것으로 예상된다. 영화 산업에서와 마찬가지로 역량 있는 인재가 기관을 압도할 가능성이 높고, 경쟁하는 교육 기관이 더 많아질 것이므로 에이전트의 가치가 종신직 교수보다 더 높아질 수 있다.

- 학점을 기반으로 하는 수업료는 구독 기반으로 전환되고 코세라처럼 성과 달성에 따라 달라질 것이다.

글로벌, 디지털, 지식 기반 경제의 고등교육 시스템이 합쳐지면서 오래된 산업 모델이 상당수 사라질 것이다. 그들은 자동차 시대의 마차용 채찍이나 계산기 시대의 계산자와 똑같은 처지에 놓이게 될 것이다. 과거에 얼마나 중요했는지에 상관없이 현재와 미래에 그

가치를 잃을 것이다. 두 가지 예를 들자면, 대학의 시간을 기본으로 하는 관행과 A~F로 매겨지는 학점 시스템을 들 수 있다. 학생이 수업만 듣기 위해 학교에 온다면 일부 대학의 값비싼 캠퍼스는 골칫거리가 될 수 있다.

산업화 시대의 모델에서 시간과 프로세스에 맞춰 교육을 정의하고 개발하는 것은 당시엔 합리적인 것이었다. 하지만 역량 중심과 성과 중심 교육에서 시간은 무관하다. 결과적으로 교수의 업무량과 학생의 상태를 학점, 강의 시간, 학기, 2년 및 4년 과정 같은 오래된 관행으로 측정하는 것은 의미와 효용성을 잃었다. 그것은 헨리 애덤스가 역사의 "잿더미"라고 불렀던 것에 버려질 유물이 되었다(2008, 10).

A~F로 학점을 매기는 것도 마찬가지다. 역량 기반 교육은 본질적으로 합격/불합격이다. 학생들은 특정 역량을 숙달했거나 하지 못한 것이다. 결과적으로 A~F 학점제와 평점에 의해 정해지는 성적 우수자 명단, 학급 성적 순위, 졸업 성적 우등상 같은 것들은 성과 중심 교육이 인기를 얻으면서 축소될 것이다.

익숙했던 관행들이 사라지는 것을 넘어 품질을 관리하는 방법도 새로워질 것이다. 새로운 종류의 기관이 계속해서 등장할 것이다. 즉, 교육 콘텐츠를 직접 만들지는 않지만, 학생의 학습을 평가하고 학습을 안내하며 인증하고 증명서를 주며 학생의 학습을 기록하는 일을 담당하는 전문 기관들이 나타날 것이다. 단기적으로 이런 기관들은 학생을 평가하기 위해 역량을 저마다 다양하게 정의할 것이다. 이런 정의에 관한 합의가 이루어져 표준과 관행이 점점 더 단일화되면 그런 기관들의 숫자는 감소할 것이다.

이러한 성과 중심 교육으로의 이동은 현재의 대학 인증 모델을 위험에 처하게 할 것이다. 인증은 기관 인증과 프로그램 인증 두 가지가 있다. 원래 19세기 후반과 20세기 초반에 만들어져 고등교육 시스템에 질서와 공통 표준을 가져온 이 인증 제도는 여전히 산업화 시대 대학의 관행을 기본으로 평가한다. 변화와 개혁의 시기에 인증 기관은 변화를 거부하는 것처럼 보인다. 이는 놀랄 일이 아니다. 인증하는 이유가 표준화를 하기 위함이기 때문이다. 인증이 초점을 과정에서 교육의 성과로, 기관과 프로그램에서 학생으로 옮기지 않는 한, 그 효용성을 잃을 것이다. 인증 기관이 행동에 나설 수 있는 시간은 많이 남지 않았다.

이제 이렇게 깊고 넓은 범위의 변화가 고등교육에서 어떤 식으로 일어날지에 대한 질문으로 넘어가 보자.

제 15장

변화는 언제 어떻게 일어날 것인가

서장에서 우리는 고등교육의 미래를 극적으로 다르게 예측하는 두 진영의 의견을 실었다. 하나는 미국 대학들이 인구 변화, 경제, 기술의 위기에 성공적으로 잘 적응할 것이라는 입장이었다. 다른 하나는 기존의 고등교육 모델은 이런 변화들로 인해 붕괴될 것이라고 결론지었다. 어느 쪽의 주장이 맞을까? 대답은 둘 다 옳다는 것이다.

앞서 우리가 제시한 고등교육의 새로운 모델은 양쪽의 주장이 모두 반영되어 있다. 새로운 대학은 산업화 시대의 모델과 근본적으로 다르다. 그 주체는 고등교육을 제공하는 대학이 아닌, 소비자, 즉 학생이다. 강의가 아닌 학습이 중심이 되고, 결과에 대한 평가는 시간 기준의 학점이 아닌 오직 성과로만 측정된다. 교육은 아날로그가 아닌 디지털로 이루어지며 교육 콘텐츠는 번들이 아닌 개별 단위로 판매된다. 대학은 더 이상 고등교육의 유일한 기관이 아닌 수많은 제공자 중 하나일 뿐이다.

지식경제 시대에 맞게 새로 고안된 이 고등교육 모델은 이야기의 시작이 아닌 결론이다. 피할 수 없는 시대적 변화를 맞이한 조직은 일단 '적응'의 단계를 거친다. 이것이 '3부: 옆을 살펴보기'에 등장했던 세 개의 산업이 취했던 방법이다. 그들은 새로운 정부 규제, 새로운 테크놀로지, 새로운 경쟁자를 극복하기 위해 최소한의 변화만을 도입하면서 단편적으로 적응했다.

그들은 적응 전략이 더 이상 소용 없어질 때까지, 심지어 효력이 사라진 이후에도 최대한 버텼다. 결국 산업은 무너져 내렸고 디지털 기술에 의해 파괴되었다. 음악, 영화, 신문 산업은 역사적으로 유효했던 비즈니스 모델을 근본적으로 바꾸었어야만 했다.

고등교육도 비슷한 길을 따를 것으로 예상한다. 오늘날 인구 구조, 경제, 테크놀로지 변화에 대한 대학들의 반응은 일단 천천히 단편적으로 적응하는 것이다. 결과는 고등교육 기관의 종류에 따라 다를 것이다. 4,000개에 이르는 미국의 각종 대학은 저마다 다른 미래를 향해 가고 있다. 그 미래는 세 가지 갈림길로 나타날 것이다.

첫 번째 길은 이미 심각한 위기에 처한 대학들에 해당한다. 이들에게는 '적응'이라는 전략조차 소용이 없다. 팬데믹 전부터 도사리던 위기가 팬데믹으로 인해 폭발한 곳들이다. 팬데믹으로 학생 등록 수가 심각하게 감소하면서 이들 대학의 기숙사, 카페테리아, 운동 시설은 텅 비게 되었다.

두 번째 길은 단순히 적응이라는 전략을 통해 생존할 수 있는 대학들에 해당한다. 그들은 붕괴되지 않을 것이다. 돈이 많고 명성이 높은 대학들은 꺼내 들 카드가 더 많다. 그들은 고등교육뿐 아니라 특별한 무언가를 더 제공한다. 이에 해당하는 두 부류의 대학이 있다.

첫 번째는 연구대학이다. 이들은 강의뿐 아니라 연구에도 집중한다. 연구대학은 지식경제의 원동력이 되는 기초 연구와 응용 연구를 모두 수행한다. 이들은 그 작업을 수행할 사람들, 연구자의 다음 세대를 준비시킨다. 연구대학은 반드시 필요한 기관이지만, 한 가지 주의사항이 있다. 미국에는 261개의 연구대학이 있다. 인터넷으로 연결된 세상에서 그 숫자가 너무 많다고 입증되면, 연구대학의 생산성, 위치, 품질을 기반으로 그 개수는 줄어들 수 있다.

두 번째는 기숙형 대학이다. 사람들의 일반적인 인식과는 달리 오늘날의 미국 대학생 중 나이가 25세이며 풀타임으로 대학에 다니는 학생은 절반 이하(47%)에 불과하다(National Center for Education Statistics, 2020b). 이들 중에서도 소수만이 기숙사에 거주한다. 다시 말해, 모든 '중등 이후 교육 기관'의 등록 학생 중 13%만이 대학 기숙사에 산다는 뜻이다(Higher Learning Advocates, 2018). 그럼에도 여전히 전통적인 기숙형 대학을 경험하고 싶은 학생들이 분명 존재한다. 따라서 이런 대학들은 살아남을 것으로 예측된다. 그러나 마찬가지로 인구 변화와 고비용 문제 때문에 숫자는 급격히 줄어들 수 있다. 값비싼 기숙형 대학은커녕 일반 대학에 진학할 가망조차 전혀 없는 인구층이 가장 빠르게 증가하고 있기 때문이다.

하지만 연구대학과 기숙형 대학이 계속 기존대로 운영되지는 않을 것이다. 남북전쟁 이전에 설립된 200개 이상의 대학이 여전히 살아남아 있다는 것은 수수께끼처럼 보일 수 있다. 그러나 이들 중 많은 수가 실제로는 변화하는 사회상에 맞게 변화해 온 대학들이다. 그들은 3과(문법, 논리학, 수사학) 중심과 4과(산술, 음악, 기하, 천문학) 중심 교육과정을 중단했고, 기계적 암기에서 토론, 실험실, 세미나로 강의의 형식을 바꾸었다. 교양 과정과 전공 과정을 개설하고 학점이라는 개념을 정립했다. 이들 대학은 산업화 시대 미국의 새로운 현실에 성공적으로 적응한 대학들이었다. 이제 다시 한번 글로벌, 디지털, 지식 기반 경제라는 새로운 세계에 맞게 자신들을 재정비해야 할 시기가 되었다.

관련하여 두 가지 의문이 생긴다. 첫 번째 의문은 리버럴 아츠 칼리지는 사라질 것인가이다. 대답은 '아니다'이다. 기숙형 리버럴 아츠 칼리지는 미국 최초의 대학을 설립했던 때 이후로 계속 지속될 것이다. 하지만 인구 변화와 재정 문제로 상당수 대학이 줄어들 것이다. 현대 학생들과 사회가 필요한 교육을 제공하기 위해 역사적으로 내내 그랬던 것처럼 리버럴 아츠 칼리지는 스스로를 업데이트할 것이다.

두 번째 질문은 하버드가 변해야 할 것인가, 혹은 하버드와 그 외 명문대학들이 현재 상태를 유지할 수 있을 것인가이다. 답은 모든 대학이 과거에 그랬던 것처럼 새로운 현실에 적응하며 변화해야 한다는 것이다. 산업혁명 시기 동안 하버드는 전통적인 교육과정을 포기하고 종합 대학이 되기 위해 재조직했으며 기존 모델은 더는 효과가 없다고 판단해 교수진을 재편성했다. 하버드가 채택한 프로그램, 조직, 교수진은 산업화 시대 고등교육 모델이 되어 미 전역에 전파되었다. 현재 변화의 시기에도 그 역할을 할 것인지는 불확실하다.

우리가 아는 건 하버드는 대세에 저항할 수 없다는 것, 그리고 헨리 로소브스키가 이 책 처음에 주장한 것처럼 새로운 현실에 적응할 능력을 갖추고 있다는 것이다. 돈과 명예가 있기에 다른 대학들보다 더 천천히 움직일 수 있는 여유가 있고 그 덕에 초기 혁신가들이 채택했던 변화를 검증하는 역할을 하게 될 수도 있다.

마지막으로 세 번째 길은 다가올 파괴적 변화를 경험하게 될 기관들에 해당한다. 이런 대학들은 부유하지도 유명하지도 선호도가 높지 않다. 연구 혹은 기숙형 같은 부가적인 특징도 없다. 이들은 인구 구조 변화에 문제가 있는 지역에 위치하거나 노동자와 시장이 요구하는 프로그램과 맞지 않는 프로그램을 제공한다. 등록생 중 일하며 공부하는 25세 이상의 학생 비율이 높을 것이다. 그리고 캠퍼스 생활에는 관심이 없고 필요한 강의만 들으러 오는 경우가 대부분이다. 그럼에도 이들 대학은 편리하지 않은 위치, 시간이 정해져 있는 강의를 제공하고 있을 것이다. 적시 교육이 아닌 만약을 위한 교육, 그리고 마이크로 학위가 아닌 번들로 묶인 학위 프로그램을 제공할 것이다. 학생들은 대형 강의에 매몰되어 있고 재정 보조와 입학 서비스 이용이 편리하지 않을 것이다. 주차장에 자리를 찾기가 힘들고 캠퍼스로 이동하는 시간이 오래 걸릴 수 있다. 이들은 비전통적인 교육 기업들보다 더 비싼 등록금을 징수할 것이다.

이런 요소들이 대학을 무너지게 할 것이다. 위의 특징을 모두 갖고 있을 필요는 없다. 하나로도 충분하다. 요점은 이런 모든 특징이 14장에서 제시한 다섯 가지 새로운 현실과 상충하여 위기를 키우고 있다는 점이다. 가장 위험한 대학은 지방 대학과 커뮤니티 칼리지이다. 이런 대학들은 저비용의 더 편리한, 비전통적인 기관들과 점점 더 치열한 경쟁을 해야 한다. 비전통적인 기관들은 취향이 바뀐 소비자에게 언제든 더 많은 선택권을 제공한다.

여기서 다음에 일어날 일을 결정할 고등교육에 대한 자명한 사실이 두 가지 있다. 첫째는 고등교육의 주변에서부터 주류로 개혁이 이동할 것이라는 점이다. 두 번째는 개혁은 학습자를 주류에서부터 고등교육의 주변으로 움직이게 한다는 점이다. 하나씩 살펴보자.

주변에서 주류로

역사적으로 고등교육의 주요 변화는 주변부, 즉 대학 밖이나 혹은 가장 먼 곳부터 일어나기 시작했다. 우리는 '1부: 뒤를 돌아보기'에서 새로운 과목과 새로운 인구층이 어떻게 대학 주변부에서 중심으로 갔는지를 점검했다.

새로운 과목이라는 면에서 과학이 그 예가 된다. 많은 전통적인 대학들이 커리큘럼에 자연철학을 넣었고 과학자를 교수로 고용하긴 했지만, '1828 예일 리포트'에 상세히 적힌 대로 과학자의 교육을 거부했다. 과학자의 교육은 고등교육 밖에서, 종종 비공식적으로 과학 학교와 협회, 도제식, 농업, 엔지니어링 같은 응용 분야 그리고 이리 운하와 철도 같은 거대한 기술 프로젝트를 통해 이뤄지기 시작했다.

과학이 산업혁명 동안 고등교육에 실제로 포함되었을 때도 연구 센터나 하위 칼리지로 들어가거나 부분적인 강의 형태로 진행되었다. 예를 들면, 예일의 셰필드 과학 학교 혹은 하버드의 로런스 과학 학교로 이들은 학위를 수여하지 않거나 이학사 같은 더 낮은 수준의 학위만을 수여했다. 셰필드와 로런스 모두 산업화 시대 기업가로부터 막대한 지원을 받아 탄생했다. 사실은 모두가 과학 대학을 원하지 않았지만 거절하기에는 자금이 상당했다.

고등교육 외부에서 새로운 과학 및 기술 학교가 신설되었지만, 초기에는 많은 학교가 정식 대학으로 인정받지 못했다. 전통적인 고등교육으로부터 무시당했던 학교들로는 웨스트 포인트, 렌셀러 스쿨, 쿠퍼 유니언, MIT 등이 있는데 지금은 유명한 대학들이다.

2차 산업혁명 동안 과학 교육은 변화하는 경제, 기술 폭발, 사회적 압력 때문에 고등교육이 어쩔 수 없이 받아들이게 되었다. 과학 교육은 주변에서 주류로, 결국에는 고등교육의 중심으로 이동했다.

새로운 그룹이 고등교육에 어떻게 진입할 수 있었나 하는 이야기는 대개 유사하다. 여성을 대우했던 것이 좋은 예가 될 수 있다. 고등교육이 다양한 그룹을 받아들이는 방식은 초기에는 배제였다가 나중에는 주류 고등교육의 주변에서 새로운 인구층을 위한 별도의 대학을 만드는 것이었다. 마지막에는 점진적으로 가속화되어 대개 주류에서 부분적으로 통합하는 식이었다. 가장 하위권 대학이나 압박을 크게 받는 대학부터 시작했다.

고등교육은 대부분 19세기 후반까지 여성을 받아들이길 꺼렸다. 대학 하위 기관으로 베들레헴 여자 아카데미(1724), 브래포드 아카데미(1802), 클린턴 여성 신학교(1821) 같은 여자 학교들이 생겨났고 이후 여자 대학으로 발전했다. 그런 다음 여성을 위한 별도의 대학인 배서 칼리지(1861), 스미스 칼리지(1871), 브린 모어 칼리지(1885) 같은 대학이 생겼다. 오벌린 칼리지(1833)와 코넬(1865) 같은 새로운 남녀공학 학교도 설립되었다.

그리고 마지막으로 과학 분야에서 그랬듯, 주류 대학들이 여성을 위한 별도의 하위 기관을 설립했다. 하버드, 브라운, 컬럼비아와 툴레인이 이에 속한다. 1980년이 되자 주류 고등교육 기관을 다니는 여학생 수가 남학생을 넘어서게 되었지만, 남녀공학에 대한 장기간의 열띤 싸움은 20세기 내내 지속되었다.

주변부에서 시작해 마침내 주류로 진입하는 방식은 고등교육에서 발생했던 주요 변화의 일반적인 패턴이었다. 오늘날의 개혁은 대학의 가장 덜 알려지고 이익에 의존하는 하위 기관, 예를 들면 평생교육기관에서 시작되는 경향이 있다.

주류에서 주변으로

클레이튼 크리스텐슨에 따르면 주요 개혁은 소비자를 중심에서 주변으로 이끈다. 크리스텐슨은 어렸을 때 잡음이 심하고 수신 상태가 나빴던 자신의 2달러짜리 트랜지스터라디오 이야기를 했다. 그는 언덕에 서서 라디오를 서쪽을 향해 들고 어떤 소리라도 들리길 바랐다. 소리는 잘 들리지 않았지만 이건 크리스텐슨이 간절히 원하던 것이었다. 트랜지스터라디오는 들고 다닐 수 있고 저렴했으며 부모님의 눈을 벗어나 로큰롤을 들을 수 있었으니 말이다.

그가 말하고자 하는 것은 주변부에서 개발된 초기 제품들은 품질 면에서 부족하기 때문에 기존의 소비자가 아닌 비주류층, 즉 주류 버전을 구매할 능력이 없거나 대안의 진짜 장점을 알아챌 수 있는 소수의 개인들에게 어필하게 된다. 그러나 제품 품질이 향상되면서 점점 더 많은 소비자가 새로운 제품을 찾고 오래된 제품을 버린다. 주류 생산자들은 기존 제품에 막대한 투자를 한 데다 주류 소비자는 여전히 본인들의 제품을 친숙하게 여기기 때문에 새롭고 마진이 낮은 저품질 제품으로 바꾸지 않는다. 하지만 시간이 흘러, 점점 더 많은 소비자가 새로운 제품으로 이동하고 결국 주요 소비자도 새로운 제품을 선택하면서, 주류 생산자의 비즈니스 모델은 붕괴된다. 이것이 음악, 영화, 신문 산업에서 일어났던 일이다.

똑같은 일이 고등교육에도 벌어지고 있으며 온라인 학습이 그 좋은 예다. 새로운 커뮤니케이션 테크놀로지마다 이전의 것을 모방하려는 경향이 있다. 그래서 라디오 방송국은 초기에 자신들이 직접 프로그램을 만들기보다, 극장, 콘서트, 스포츠 경기 같은 것들을 라이브 방송에 내보냈다. 텔레비전도 대체로 비슷했다. 인기 좋은 라디오 프로그램을 TV 버전으로 만들었다.

동일한 일이 온라인 강좌에도 일어났다. 초기에는 강의와 강의자료를 디지털화했을 뿐 기존과 비슷한 수업이었다. 쌍방향 매체를 단방향 커뮤니케이션에 사용한 셈이다. 당연히 초기 반응은 좋지 못했다. 온라인 강좌는 토론, 교사 학생 간 상호작용, 학생들끼리 만날 기회가 있는 대면 수업에 대항하지 못했다. 이는 초기 사용자가 수업에 직접 가지 못하거나 비용을 낼 능력이 없는 학생들이었다는 점에서 크리스텐슨의 트랜지스터라디오와 매우 유사하다.

대부분의 온라인 교육은 고등교육 주변부의 산물이다. 1988년 온

전한 온라인 학위를 제공한 최초의 기관은 영리 기관인 피닉스대학이었다. 9년 후, 네 개의 새로운 대학 혹은 대학 부속 기관이 온라인 교육을 제공하기 위해 만들어졌다. 뉴욕대학에서 영리 기관으로 만들어진 'NYU 온라인', 19명의 서부 주지사가 전통적인 고등교육 모델의 틀을 깨기 위해 세운 기관인 웨스턴거버너스대학, 온라인 강좌를 제공하는 주립대학인 캘리포니아 가상대학, 영리 목적의 인터넷 기반 제공자인 트라이던트대학이 그들이다. 모든 대학이 1997년이나 1998년에 시작한 주변부 기관들이다. NYU 온라인과 캘리포니아 가상대학교는 2년이 지나지 않아 문을 닫았다.

팬데믹이 닥치기 전까지 온라인 등록 학생은 아주 적은 수의 대학, 대부분 고등교육의 주변부에만 집중되어 있었다. 오로지 104개(전체의 2.4%) 기관만이 온라인 학위 프로그램을 제공했으며 온라인 학위 학생의 거의 절반은 이들 기관 중 단 5%에 몰려 있었다. 가령 웨스턴거버너스대학은 12만 명, 서던뉴햄프셔대학은 15만 명, 피닉스대학은 9만 4,000명이었고 다 합치면 온라인 학위 등록의 38%를 차지했다(Blumenstyk, 2020; Lederman, 2019; National Center Education Statistics, 2018a, 2018b; Seaman, Allen, & Seaman, 2018, 3).

코로나 바이러스는 전통적인 대학에 불이익을 주고 주변부의 교육 기관에 이익을 주었다. 평균적으로 전자는 기존 등록생의 감소, 줄어든 입학생, 외국인 학생 감소 때문에 등록률이 감소했다. 더 저렴하고 편리하며 안정된 온라인 프로그램을 제공할 수 있었던 후자는 등록하는 학생 수가 급증했다. 웨스턴거버너스대학은 등록생이 25~30% 증가했고 코세라는 5,300만에서 7,800만 명으로 늘었으며 다른 무크 기관도 학생 수가 증가했다. 예를 들어, 영국 개방대학 (OU)과 호주의 무크 플랫폼 '퓨처런'은 신입생이 50% 늘었다고 보고했다(D'Amico & Hanson, 2020).

온라인 프로그램을 무료로 제공하고 각 강의당 오직 평가 비용만 내면 되는 비영리 기관인 유니버시티 오브 피플은 신입생이 75% 증가했다. 역시 비영리 기관으로 학생들이 대학교 1학년을 무료로 끝낼 수 있게 해 주고 다양한 온라인 과정을 제공하는 '모던 스테이츠'는 2020년 3월과 4월, 9,000명의 신입생이 들어와 직전 3개월 대비 학생 수가 두 배로 늘었다. 저비용으로 온라인 일반 교양 강의를 제공하는 영리 기관인 '스트레이터 라인'은 파트너 대학 소속이 아닌 학생들이 40% 증가했다(Blumenstyk, 2020).

다만 온라인 '학위' 프로그램은 계속해서 주변부에 집중되어 있다. 온라인 강의와 프로그램은 주류 대학으로 확대되었지만 온라인 학위를 따려는 학생의 숫자는 주변부에서만 계속 증가 중이다.

그러나 온라인 학위 보급 속도는 주류에서도 점차 높아지고 있다. 점점 더 많은 전통적인 기관이 온라인 학위 시장에 진입해 입지를 넓히려 하고, 영리 온라인 프로그램 관리 회사들은 이를 달성하기 위해 전통 대학들과 파트너십을 맺었다. 이는 전 세계적으로 2U, 아카데믹 파트너십, 비스크, 누들, 피어슨, 와일리 같은 리더들이 포진한 약 40억 달러 규모의 성장 산업이다. 이들 관리 회사는 프로그램 운영 지원을 넘어서, 넷플릭스가 영화 산업에서 그랬듯 이용자 데이터를 분석하여 자체 콘텐츠를 만들어 낼 수도 있다. 어찌 되든 결론은 크리스텐슨이 옳았다는 것이다.

변화는 어떤 과정으로 일어날 것인가

오늘날 변화의 과정은 5장에서 논의했던 산업화 시대 변화의 7단계를 반영할 것으로 예상할 수 있다.

1. 정부, 미디어, 이해관계자들이 고등교육에 변화를 요구
2. 고등교육이 변화의 필요성을 거부하고 저항
3. 고등교육의 중심부에서 기존 모델을 개선하려는 실험
4. 고등교육 주변부에서 새로운 대체 모델의 정립 움직임
5. 권위 있는 대학이 주도하여 중심부에 새로운 모델 확산, 다른 주류 대학들이 자신들의 방식으로 변화를 수용
6. 확산의 결과로 나온 다양한 관습과 정책의 표준화
7. 표준화된 관습과 정책의 통합과 확대

오늘날 고등교육은 변화의 초기 단계에 있다. 현재의 미국 대학은 남북전쟁 시기 직전과 유사하다. 그때는 변화에 대한 요구, 변화의 요구에 대한 거부, 무수한 대학의 실험에 직면했었다. 변화에 대한 요구는 그때도 그랬고 지금도 정부, 기업, 자금 제공자, 학생, 학부모에게서 나오고 있다. 문제는 같다. 시대에 보조를 맞추는 데 실패했고 변하기를 꺼리며 비용이라는 문제가 있다.

5장에서 언급했던 몇 가지 사항은 재확인이 필요하다. 변화를 거부하고 현상유지를 옹호했던 권위 있는 성명서 '예일 리포트'는 이제 없다. 오늘날 변화에 저항하는 이들은 지방 대학과 캠퍼스 중심 대

학이다. 그리고 이런 저항은 영리 교육기관과 파트너십을 맺는 개혁적인 일을 채택하는 것부터 교수진의 규모, 구성 대학의 관리와 예산 삭감까지 다양한 문제를 두고 교수진, 행정부, 이사회가 부딪히는 일까지 포함한다.

문제를 겪고 있는 기관들 특히 북동부, 중서부, 중부 대서양 연안의 주에 있는 소규모의, 기부액이 적고, 유명하지 않은 사립대학은 자신들을 구제해 줄 마법 같은 개혁안을 찾기 위해 혈안이다. 이런 개혁안 중 가장 성공적인 안은 앞서 말했듯 저명한 대학의 가장 명망 없는 하위 기관에도 채택될 것이다. 이것이 고등교육이 비전통적인 학생들, 나이가 많은 일하는 여성들을 받아들인 과정이다.

변화가 일어나는 또 다른 장소는 주로 위의 학교와는 반대의 문제를 겪고 있는 선벨트 지역에 있는 대학들이다. 이들은 현재 대학 인구층이 늘어나 대학 크기를 넘어서고 있다. 이는 가상 캠퍼스, 학제의 변화, 직원 구성에 대한 새로운 접근, 대규모 온라인 교육 등을 포함한 많은 혁신을 고려하도록 강요받을 것이다.

대규모 변화를 단행하고 개혁가라는 명성을 얻은 대학들이 있다. 애리조나 주립대학은 연구 우수성, 최첨단 테크놀로지, 문화와 다양성과 접근성을 조합한 "제5의 물결" 대학을 만들려고 시도하고 있다. 퍼듀대학은 가용성, 데이터와 기술에 초점을 맞추고 전통적인 고등교육과 비전통적인 중등 이후 교육의 세계를 융합하고 있다. 서던뉴햄프셔대학과 웨스턴거버너스대학은 가용성, 접근성, 온라인 강의, 역량 중심 학습, 비전과 개혁의 문화를 강조한다. 구체적인 개혁으로 유명해진 대학도 있다. 예로는 조지아 주립대학교(학생 성공 프로그램), 호스토스 커뮤니티 칼리지(이중 언어 교육), 아이비 테크 커뮤니티 칼리지(접근성과 규모), 미네르바(국제 비디오 세미나), 올린대학(공학 교육 재설계), 펜포스터 칼리지(직업교육), 메릴랜드대학, 볼티모어 카운티(수학/과학 및 소수 인구), 엘파소텍사스대학(라틴계 및 이중국적 교육) 등 많은 기관이 있다. 카네기 멜런, MIT, 노스이스턴, 스탠퍼드는 개혁과 혁신을 낳는 환경을 조성했다.

우리는 변화의 과정에서 남북전쟁 이후의 단계에 아직 도달하지 않았다. 코넬, 홉킨스, MIT와 같은 당대의 혁신적인 모델들이 지금은 나타나지 않고 있다. 하지만 칼브라이트, 코세라, 서던뉴햄프셔대학, 유니버시티 오브 피플, 웨스턴거버너스 같은 잠재적인 모델이 될 수 있는 후보자들이 있다. 그 이유는 각각이 고등교육이 마주한 주요 문제, 즉 적기 업스킬링과 리스킬링 교육(칼브라이트), 가용성과 다수 접근성(코세라와 유니버시티 오브 피플), 대규모 역량 중점 온라인 교육(서던뉴햄프셔대학과 웨스턴거버너스대학)에 대한 해결책의 구현이기 때문이다. 하지만 모델들의 실재는 역사만이 확인해 줄 수 있다.

하버드가 산업혁명 때 그랬듯 새로운 모델을 주류로 옮겨 와 확산을 이끌 후보도 있다. 바로 MIT다. 세계 일류 대학인 MIT는 기술, 학습 과학, 커리큘럼, 강의 학점제에서 연이은 주요 개혁을 단행하며 고등교육을 글로벌, 디지털, 지식 기반 경제로 안내해 왔다. 2014년 기관 차원의 테스크포스가 MIT의 미래를 주제로 조사한 리포트를 발표했다. 리포트는 고등교육이 항로를 계획하는 데 도움이 되었지만, 이번에는 진보적이고 미래지향적인 코스였다. 이런 면에서 MIT는 1869년 하버드와 닮은 꼴이다. 하버드는 미국에서 가장 존경받는 대학으로 혁신을 주류 고등교육에 확산시킬 능력이 있는 대학이다. 차이점은 MIT는 그 스스로가 21세기 고등교육의 선도적인 개혁가라는 점이다.

표준화, 확대, 통합은 변화를 완성한다. 하지만 아직은 표준화, 확대, 통합할 게 아무것도 없다.

변화는 언제 일어날 것인가

고등교육의 변화는 작게든 크게든 수십 년째 일어나는 중이다. 변화의 속도가 빨라지고 더 많은 이들이 동참하면 혁신은 탄력을 받게 될 것이다. 그런데 특정 사건으로 인해 변화의 속도가 급격히 빨라지기도 한다. 팬데믹이나 2008년 불경기가 그 예이다. 산업경제에서 지식경제로 이동하면서 우리는 저학력, 기술 수준이 낮은 직업이 언젠가는 사라질 것이라고 이미 알고 있었다. 하지만 불경기로 그 시간은 단축되었다. 고등학교 이하의 학위를 요구하는 수백만 개의 일자리가 불과 2~3년 만에 사라졌고 경기 회복 후에도 돌아오지 않았다.

팬데믹은 고등교육에서도 비슷한 역할을 한다. 우리의 조사에 따르면 10년 안에 문을 닫게 될 대학이 적지 않다. 새로운 교육 업체들이 고등교육 시장에 진입할 것이고 대학은 온라인 강의를 늘리게 될 것이다. 학위보다는 마이크로 자격증을 주는 단기간의 실용적인 프로그램을 통한 노동자의 업스킬링과 리스킬링 요구가 늘어날 것이다. 코로나19는 이 모든 변화를 가속화했다.

이런 면에서 불황은 고등교육에 언제 변화가 일어날지 더 잘 이해할 수 있게 해 주었다. 불황이 모든 미국인에게 똑같이 일어나진 않았다. 교육 수준이 가장 낮은 사람들이 가장 큰 고통을 겪었고 교육을 가장 많이 받은 사람들이 가장 적게 겪었다. 전자가 불경기 때 가장 심각하고 영구적인 실직을 겪은 데 반해, 대학원 학위가 있는 후자는 사실상 일자리가 늘었다.

고등교육도 비슷한 경험을 하게 될 것이다. 재정적으로 가장 부족하고 문제가 많은 기관, 즉 명성이 낮고 기부금이 적고 젊은 층이 줄어들고 있는 지방 사립대학들은 이미 글로벌, 디지털, 지식 기반 경제로 전환되는 과정을 뼈저리게 경험하고 있다. 더 많은 대학이 문을 닫을 것이다.

돈이 많고 명성이 높은 연구대학과 기숙형 대학은 약간 더 여유가 있다. 그러나 주어진 시간은 하버드에서 엘리엇이 보낸 40년보다는 훨씬 짧다. 새로운 기술, 인구 통계 변화와 바뀐 요구, 새로 등장한 기관들과의 치열한 경쟁에 대응해야 한다. 그러나 연구대학과 기숙형 대학 역시 그 숫자는 줄어들 것이다.

지방 대학과 커뮤니티 칼리지가 직면한 문제는 축소의 문제일 것이다. 학위의 중요도가 떨어지면서 학생들은 더 저렴하고 편리하며 적시 교육을 제공하는 기관을 찾아 옮겨 갈 것이다. 붕괴 시점은 학생들이 얼마나 빨리 이동하느냐에 따라 달려 있다. 시인 오그덴 내시가 병에서 나오는 케첩을 표현한 어느 시구가 이 상황에 어울린다. "처음엔 조금, 그다음엔 우르르." 대학이 학생 수를 유지하고 붕괴를 막으려면 대체 제공자들이 할 수 없는 확실한 장점을 제공해야 한다. 이에 관한 자세한 사항은 다음 장에서 다루겠다.

제16장

대학과 정책 입안자는 무엇을 해야 하는가

우리가 지금까지 설명한 것은 연구 결과가 드러낸 고등교육의 미래다. 사실 이 미래는 저자들이 옹호했던 미래의 모습과는 차이가 있다. 우리 둘은 전통적인 고등교육의 산물이고, 예측된 미래의 일부는 더 큰 교육 불평등과 사회 분열을 일으킬 수 있다고 생각하기에 조금 불편하게 느껴지기도 한다. 16장은 기관들이 각각의 미래를 더 잘 설계하고 정책 입안자들이 더 나은 계획을 세울 수 있도록 권고 사항을 제안한다. 이 권고는 잠재적인 위험을 완화하고, 이점을 강화하며, 고등교육 혁신의 험난하고 굽은 길을 조금 더 매끄럽게 닦아 줄 것이다.

대학은 무엇을 해야 하는가

현실적으로 대부분 대학은 그들의 미래를 만들어 갈 능력을 갖추고 있다. 이를 위해 다섯 가지 권장 사항을 제시하겠다.

1. 예년과 같은 계획을 세워선 안 된다.

대학들이 2020년 봄에 문을 닫았을 때, 우리는 대학 총장들, 고등교육 협회 대표자들, 정책 입안자들, 코로나19 대응 관계자들을 만나 이야기를 나눴다. 우리가 들은 이야기 중 몇 가지 놀라운 사실이 있었다. 예상대로 불안감이 하늘을 찌를 듯했다. 모두가 재정적 피해와 등록 손실을 우려하고 있었는데 피해 규모에 대해서는 그저 추측밖에 할 수 없는 상황이었다. 대부분은 학교가 언제 다시 문을 열 수 있을지 알 수 없었고, 몇 개 대학은 아예 폐교할 것이라는 소문도 있었다.

의아했던 점은, 이들 중 다수가 팬데믹을 홍수, 토네이도, 허리케인 같은 자연재해로 보고 있었다는 점이다. 그들은 최대한 빨리 대학을 정상적으로 운영하고, 피해 상황을 깨끗이 정리하고, 손실을 회복하고 싶어 했다. 팬데믹의 속성을 잘못 이해하고 있었다. 그들은 팬데믹을 변화의 가속장치가 아닌, 일시적인 걸림돌 정도로 인식했다. 대학 관계자들의 시계는 팬데믹 전인 2019년으로 맞춰져 코로나 전의 대학으로 돌아갈 날만을 기다리는 듯했다.

팬데믹은 대학이 앞으로 가야 할 방향을 표시해 주었다. 따라서 우리는 코로나19 이전에 존재했던 것을 어떻게 복구할지 묻는 대신, 글로벌, 디지털, 지식 기반 경제에서 대학이 무슨 역할을 해야 하는지 물어야 한다.

과거에 집착하기보다 미래를 내다보기 위해서 우리는 다음의 다섯 가지 경향을 경계해야 한다. 첫 번째는 마술적 사고다. 대학이 겪고 있는 문제들이 어떻게든 사라지거나 현실로 이뤄지지는 않을 거라는 근거 없는 믿음이다. 두 번째는 현실에 안주하려는 경향 그리고 대학은 모두 다르므로 각 기관이 겪고 있는 문제를 저마다의 특징으로 막을 수 있을 거라며 예외를 바라는 것이다. 세 번째는 장기적이 아니라 단기적인 비전과 계획이다. 5년 계획이 존재함에도 대학들은 대부분 연단위로 미래를 생각하는 경향이 있다. 이렇게 되면 창조적 사고와 미래에 대한 투자를 꺼리게 된다. 네 번째는 혁신에 대한 실패를 현재에 대한 긍정으로 착각하는 것이다. 마지막은 학내 정치와 분열이다.

대학의 미래는 이 다섯 가지를 극복하는 데 달려 있고 이것은 총장과 이사회의 책임이다. 팬데믹은 이를 극복할 수 있도록 가르침과 교훈을 준다.

전 대학 총장, 학장이자 학과장이었던 사람이 우리에게 이런 조언을 건넸다. "내부에서 반대하는 사람들하고 싸우지 마세요. 다른 방법을 찾아보세요." 서던뉴햄프셔대학이 그랬듯 새로운 하위 기관을 만들든지 또는 MIT처럼 캠퍼스 외부에 혁신을 위한 공간을 지으라는 것이다. 그게 어렵다면 얼리 어답터나 "퍼스트 어답터"에 집중하라. 모든 사람을 설득하는 것은 불가능하다. 일만 느려질 뿐이다.

대신 새로운 모델을 채택한 사람들을 찾고, 인센티브를 주고 보상하고 칭찬하여, 다음 세대 교수진이 새로운 모델을 채택하도록 설득하는 그룹이 되게 하라.

2. 대학은 캠퍼스, 학위, 학점 사업이 아닌 교육 사업을 하는 곳임을 잊지 말라.

신문 산업의 사례 연구는 조직이 어떤 비즈니스를 하고 있는지 제대로 알지 못했던 이들의 이야기다. 신문사들은 뉴스 산업에 종사하고 있었지만, 스스로 '종이 신문' 사업을 하고 있다고 오해했다. 그 결과 디지털 플랫폼에 소비자와 광고 수익 모두를 빼앗기고 말았다.

이런 이야기는 사실 수두룩하다. 철도 산업은 그들이 운송 사업이 아니라 기차 사업을 한다고 생각해 비행기에 당했다. 마차 제작자들은 자동차 산업에 밀렸다. 끝까지 살아남은 마차 사업체는 자동차 회사로 탈바꿈한 스튜드베이커 웨건 컴퍼니였다.

오늘날의 대학도 이 문제를 고민해야 한다. 온라인과 디지털 학습이 발전하고, 비학위 프로그램이 확장되고, 비전통적인 기관이 고등교육 시장에 진입하고, 시간과 학점 기반 교육이 사라지고 있다. 고등교육의 모든 기관은 스스로 이렇게 물어야 한다. "우리는 어떤 분야의 사업에 있는가?" 이 질문은 이렇게 묻는 것과 같지 않다. "우리가 지금 당장 무슨 사업을 하고 있는가?"(신문, 철도, 마차 사업이 정답이었을 것이다.)

대학은 현재의 관행과 그들의 사업을 동일시해서는 안 된다. 대학은 신문이 유통 방식(즉, 캠퍼스, 학위, 학점)과 사업을 동일시하는 과정에서 범했던 오류를 피해야만 한다. 대학은 마차 제작자들이 범했던 실수, 즉 지금 만드는 제품이 그들이 생산할 수 있는 유일한 제품이라고 믿고 현재 소비자들이 그들의 유일한 시장이라고 믿었던 실수를 경계해야 한다. 대학은 미래를 생각할 때 유통의 전통적인 방법이 골칫거리일 수 있고, 전통적인 제품이 구식일 수 있으며, 소비자의 취향이 바뀔 수도 있다는 점을 반드시 깨달아야 한다.

3. 비밀 실험실을 설립하라.

고등교육은 변화의 한가운데에 있다. 내일은 어제의 반복이 아닐 것이다. 아이스하키 선수 웨인 그레츠키의 말대로 "퍽이 있는 곳이 아니라 퍽이 갈 곳으로 질주"해야 한다. 그렇다면 문제는 퍽은 어디로 가고 있는가? 이 책은 퍽이 고등교육 산업에서 어디로 가고 있는가를 다루지만, 사실 퍽은 대학의 종류, 목적, 위치, 명성, 인구 통계, 자원에 따라 저마다 다른 곳으로 갈 것이다.

모든 대학 또는 파트너십을 맺은 기관들은 퍽이 어디로 갈지 꾸준히 판단하기 위해 비밀 실험실을 세워야 한다. 이는 장단기 모두를 고려하면서 대학의 상황을 모니터링하고 변화에 대응하기 위한 솔루션을 개발하는 업무를 담당하는 부서를 만드는 것이다. 이 부서는 인구 통계 변화와 소비자 요구, 취향의 변화, 공급을 추적해야 한다. 경제와 고용 시장, 채용 시장의 변화하는 요구 사항을 연구해야 한다. 이 부서는 기술 그리고 기술의 잠재적인 영향, 교육에의 적용을 조사해야 한다. 대학의 기존 경쟁자와 새로운 경쟁자를 자세히 관찰해야 한다. 이 부서는 국가와 지역의 공공정책을 준수해야 한다.

이 비밀 실험실의 역할은 연구 결과를 대학 당국에 공유하고 문제를 명확히 제시하며 대학이 가진 기회를 밝히고 대학이 취해야 할 행동을 공식화하고 조사를 기반으로 나오는 새로운 아이디어의 인큐베이터 역할을 하는 것이다.

서던뉴햄프셔대학은 '샌드박스 콜라보러티브'라는 이름의 실험실을 세웠다. 이곳은 연구, 개발, 인큐베이터 역할을 하는 대학의 부속기관으로 고등교육을 둘러싼 환경을 조사하고 유망한 혁신을 발견, 조사, 테스트한다. 목적은 기존의 프로그램과 교육 방식을 개선하고 대학이 추구하는 교육과 미개발 시장에 대한 최첨단 접근법을 개발하는 것이다.

결과적으로 미국 고등교육이 대면 강의에서 온라인 강의로 옮겨가려고 필사적으로 애쓰기 시작했을 때, 서던뉴햄프셔대학은 이미 온라인 강의의 차세대 모델을 연구하는 중이었다. 대학들이 팬데믹에 휩싸여 버둥대던 시기, 서던뉴햄프셔대학은 과거의 재난들이 고등교육에 미친 영향과 가장 탁월했던 대응을 연구하던 차였다.

4. 교육과 일자리의 연계성을 회복하라.

앞서 고등교육은 한 발은 도서관에 한 발은 길거리에 둘 때 가장 성공적이었다고 했다. 깊고 빠른 변화의 시대에 고등교육은 현실과 연계성을 잃었다. 고등교육은 주변 사회보다 더 느리게 변했고 시대에 뒤처졌다는 인상을 주게 되었다.

오늘날, 그 연결성은 직업교육에서 가장 잘 드러난다. 실용적인 직업교육은 고등교육의 가치를 떨어뜨린다는 학계의 편견 때문에 제대로 이루어지지 않고 있다. 이는 역사를 잘못 해석한 것으로 대학 초창기 시절부터 학생들은 취업을 준비하기 위해 대학에 왔다는 사실을 분명히 알아야 한다. 실용적인 교육에 대한 그 어떤 꺼림칙한 감정은 가짜 역사에서 비롯된다. 개인의 지적 풍요를 위한 교육과 노동 시장을 포함한 사회 참여를 위한 교육 사이의 이분법은 언제나 잘못된 것이었다.

교육과 일자리 사이에 연계성을 회복하려면 대학은 실험실의 조사 결과를 바탕으로 행동해야 한다. 이는 기존 프로그램을 계속해서 업데이트하고 현대화해야 한다는 뜻이다. 훌륭한 견습 제도, 인턴십, 협력 프로그램이 필요하다. 인문교양 학생들을 위한 실용적인 부전공도 중요하다. 학생들이 캠퍼스에 도착한 날부터 교수진과 함께 일하기 시작해, 졸업 후에도 계속 지원하는 훌륭한 커리어 센터도 필요하다. 최첨단 시설을 갖춰야 하고 각 업계에 대한 수준 높은 지식을 갖춘 교수진이 있어야 한다.

오직 가장 부유한 대학들만이 이 작업을 혼자 해낼 수 있다. 대부분 대학은 대학 간의 협력, 혹은 새로 등장한 전문 기관들과의 파트너십이 필수일 것이다. 결론은 모든 대학은 고용주와 서로 이익이 되는 제휴를 맺어야 한다. 학생들이 살고, 공부하고, 일하는 분야 그리고 비밀 실험실에서 미래 고성장 분야로 지목한 분야부터 시작해야 한다.

5. 대학을 차별화하라. 다른 대학들과 구별되는 가치 또는 이점을
   제공하라.

앞서 우리는 글로벌, 디지털, 지식 기반 경제의 상승은 고등교육을 파괴할 것이고, 대학 중 오로지 두 유형만 변화에 적응할 수 있는 역량이 있다고 했다. 바로 연구대학과 기숙형 대학이다. 이유는 두 대학 모두 뚜렷한 특징이 있으며 다른 대학과 구별되는 특별한 가치가 있기 때문이다.

얼마 전, 아서 러빈은 어느 정도 유명한 리버럴 아츠 칼리지의 이사회 회원과 점심을 먹었다. 그는 등록생이 줄어들고 있어 온라인 프로그램과 직업교육을 추가하고 성인, 소수 인종, 외국 학생 관련 변화를 주려고 애쓰는 중이나 별 소용이 없다고 했다.

그를 만나기 전, 러빈은 그 대학의 웹사이트와 학생에 대한 데이터를 자세히 들여다보았다. 고등교육이 과다 공급되어 있는 지역에서 학생이 줄어드는 이유는 대학에 무언가 특별한 점, 다른 대학과 구별되는 특징이 하나도 없기 때문이었다. 대학이 홍보하고 있는 특징은 대학의 긴 역사였다. 흥미로운 요소이긴 하지만 학생과 학부모에게 감흥을 줄 것 같진 않다. 어쩌면 경찰의 과잉 진압으로 숨진 조지 플로이드 사건 이후에는 오히려 부정적인 영향을 줄 수도 있다. 그 대학은 다른 공립대학보다 비싸기 때문에 높은 할인율도 그다지 경쟁력 있게 다가오진 않았다. 비슷한 프로그램과 비슷한 교수/학생 비율, 비슷한 교수진을 가진 다른 리버럴 아츠 칼리지에 비해 졸업률도 높지 않았다. 매력적인 캠퍼스였지만 시설 면에서도 눈이 튀어

나올 정도는 아니었다.

　이 대학에는 차별되는 면이 정말이지 하나도 없었다. 이것저것 시도해 봤지만 통하지 않았다. 많은 대학이 똑같은 프로그램을 시도하면서 똑같은 결과를 얻기 위해 똑같은 노력을 하고 있다. 대학 재정이 악화되면서 이 대학은 결국 폐쇄될 대학 목록에 올랐다.

　이 사례를 통해 알 수 있는 것은 대학 간 차이가 의미 있고 독특하며 높은 가치가 있어야 한다는 점이다. 대학이 충족하지 못하는 요구사항들이 있는데 이들이야말로 대학의 확실한 특장점이 될 수 있다. 예를 들자면, 저비용/높은 품질, 업스킬링 및 리스킬링, 직업 교육, 대면 강의를 지원하는 디지털 기술, 취약 계층에 대한 관심, 기후 변화와 같은 특정 주제의 과목 중점 개설 등이 있다. 강의를 몇 개 더 개설한다고 될 일이 아니다. 바로 이것이 비전통적 교육 기관이 채우려고 노리는 틈새이다.

　한 대학의 특색이 현재 관행에서 극적으로 크게 다를 필요는 없다. 가령, 어떤 대학의 특징은 대학의 기본 뼈대라고 할 수 있는 교육과 학습의 우수성에 초점을 맞출 수도 있다.

　교육 측면을 보자면, 새로운 교수진 채용 광고에서 우수 강의상을 받은 교수에게 우선권을 주겠다고 명시할 수 있다. 대학 입학 전형 및 홍보 자료에서 이 점을 분명히 드러내야 한다. 대학의 보상 시스템인 연봉과 승진은 기존 측정 방식인 연구 결과에 묶지 말고, 강의의 품질을 더 중요하게 생각해야 한다.

　모든 교수진의 강의 우수성을 연구해 주는 센터를 설립할 수도 있다. 이 센터는 교수의 첫 출근부터 은퇴까지 함께하며 교수진이 각 학과에서 동료의 멘토로서 일할 수 있도록 준비시켜 주는 역할도 한다. 또한, 혁신적인 교수 관행을 위한 인큐베이터 역할을 할 수 있고 교수진의 교수-학습 연구 개발을 위한 보조금을 지원할 수도 있다. 센터는 교수-학습 연구를 자체적으로 진행하기도 하고 함께 일할 연구진을 채용할 수도 있다. 프레젠테이션, 소셜 미디어, 블로그 및 웨비나를 통해 최신의 학습 과학, 교육 공학 정보를 제공하는 일도 한다. 목표는 새로운 유형의 교수를 양성하는 것이다. 자신의 전공 분야뿐 아니라 교육학, 학습 과학 그리고 교육 공학에서도 전문성을 쌓은 사람 말이다.

학습 측면을 보자면 조지아 주립대학교가 좋은 예가 된다. 이 대학에서 학생의 학습은 개인에 맞춰져 있고 '코스 히어로'가 제공하는 서비스, 즉 학습 자료, 튜터링, 문제 해결, 수업 지원은 학생들과 교수진에 언제든 온라인으로 제공된다. 코스 히어로는 이런 서비스가 개인화될 수 있고 저렴한 비용으로 제공될 수 있다는 걸 보여 준다. 정책 입안자, 학생, 학부모, 기부자들이 이런 대학을 매력적이라고 느끼지 않을 이유가 없다.

커뮤니티 칼리지를 살펴보면, 이런 대학의 독특한 개성은 지역사회와 떼려야 뗄 수 없는 밀접한 관계를 맺고 있다는 것이다. 이는 지역의 산업에 관련된 최신 프로그램을 대학이 제공한다는 뜻이다. 업스킬링과 리스킬링을 하려면 가야 할 대학이다. 대학은 해당 지역을 연구하는 센터의 역할을 하며 지역사회에 다가올 일과 최상의 대응책을 알려 주는 기관이 되어 준다. 커뮤니티 칼리지는 단순히 물리적으로 그 지역에 위치한다고 되는 것이 아니라 지역사회에 없어서는 안 될 존재가 되어야 한다.

이런 대학의 역사적인 전례가 있다. 1904년, 위스콘신대학의 총장이었던 찰스 반 하이스는 고등교육에 대한 급진적인 비전인 "위스콘신 아이디어"를 발표했다. 대학의 연구, 교육, 서비스를 위스콘신주가 겪고 있는 문제에 적용하면서 대학 캠퍼스가 곧 위스콘신주가 될 것이라는 내용이었다. 5~6년 후, 찰스 반 하이스는 위스콘신주 의회 앞에서 대학이 주에 어떤 공헌을 했느냐는 질문을 받았다. 그는 소를 발명했다고 대답했다. 이는 틀린 말이 아니었다. 이 대학의 연구소는 소의 품종, 생산성, 경제성, 보건위생 등을 변화시켰다. 실험과 농촌 지원 서비스 덕에 농부들은 대학이 연구한 결과를 받아볼 수 있었다. 농부, 조사원, 농업 정책 입안자와 관리자들은 대학 강의실에서 교육을 받았다.

농업은 일회성 산업이 아니다. 위스콘신대학은 실험, 교육, 활용에 대한 지식과 역량을 모두 주에 가져다주었다. 주정부의 관계자를 대학교로 데려와 교육시키고 교직원을 주정부에 보내 함께 일하고 조언하게 했다. 위스콘신대학은 위스콘신주에 없어서는 안 될 존재가 되었다.

정책 입안자와 자금 조달자는 무엇을 해야 하는가

이제 개별 대학에서 고등교육 산업 전체, 그리고 이들을 설립하는 기관이 마주하고 있는 문제로 눈을 돌려 보자. 네 가지 문제가 눈에 띈다.

1. 고등교육의 형평성을 보장하라.

'교육 형평성'이라는 용어는 재정의되어야 한다. 산업화 시대의 산물인 지금의 교육은 모든 학생에게 똑같은 교육과정을 똑같은 시간 동안 제공하는 데 초점을 둔다. 이때의 목표는 모든 학생에게 동일한 자료와 경험을 제공하는 것이다.

글로벌, 디지털, 지식 기반 경제는 초점을 성과로 옮겨 간다. 여기서 형평성은 새로운 의미를 갖는다. 동일한 학습 성과를 얻을 수 있는 동등한 기회를 보장하고 학생 각각에게 필요한 차별화된 자료를 제공하는 것이다. 이는 법원이 미국에서 학교 재정 형평성 소송을 판결하기 위해 흔히 취하는 접근법이다.

형평성의 이러한 정의는 '중등 이후 교육'의 보편적 접근권을 필수로 한다. 7장에서 논의했듯 2008년 불황 후, 고등학교 이후의 교육은 미국에서 좋은 직업을 구하는 데 필수가 되었다. 모든 국민이 중등 이후 교육에 수월하게 접근할 수 있어야 한다. 이를 현실로 만들려면 갈 길이 멀다. 특히 빠르게 증가하고 있으나 경제적으로 가장 취약한 인구층에 더 그렇다. 가야 할 길이 얼마나 먼지는 6장에서 다뤘다.

고등학교 졸업자에게 대학 첫 2년간 등록금을 면제해 주는 프로미스 프로그램은 그 차이를 메울 수 있는 수단이다. 초기 프로그램은 미시간주의 캘러머주에 설립되었다. 해당 지역 중등학교를 졸업한 학생들의 대학 등록금을 3분의 2에서 100%까지 감면하여 주립대학에 갈 수 있게 하는 프로그램이다. 오늘날 이런 주, 지방, 도시 프로그램이 320개 이상 있고 저마다 다른 자금 출처와 다양한 설계로 운영되고 있다.

산업화 시대에는 12학년까지 교육을 무료로 받을 수 있게 했다. 글로벌, 디지털, 지식경제는 무상 교육을 14학년까지 연장한 셈이다. 2014년 커뮤니티 칼리지를 무료로 만든 테네시주를 시작으로 여러 주가 이 일을 현실로 만드는 것을 주도하고 있다. 연방 정부는 프로미스 프로그램을 채택한 주에게 인센티브를 제공함으로써 유사한 계획을 실행하도록 장려할 수 있다.

엄청난 코로나19 실업자 수를 보면, 1944년 GI 법안 때와 비슷하다고 할 수 있다. 이 법안은 퇴역 군인들에게 전례 없는 교육의 기회를 제공해 제1차 세계 대전 이후 발생했던 대규모 실업을 막기 위해 만들어졌다. 더 많은 주정부가 프로미스 프로그램을 채택하도록 해야 한다. 그들의 경제적인 미래는 교육받은 노동 인구를 보유하는 것과 밀접한 연관이 있으며 그 노동 인구를 교육하는 것이 실업자들에게 수당을 지급하는 것보다 훨씬 더 나은 투자다.

하지만 접근성을 높이는 것은 대학이 아니라 중등학교부터 시작해야 한다. 버펄로, 클리블랜드, 길포드 카운티 및 시러큐스에서 시작한 프로미스 프로그램인 '세이 예스 투 에듀케이션'은 튜터링, 멘토링, 방과 후 프로그램, 학생 진도 평가, 무료 법률 및 정신 건강 지원 같은 학업과 관련된 모든 서비스를 강조한다. 목표는 대학 입학률을 최대로 끌어올리기 위해 학생 성취도와 고등학교 졸업률을 높이는 것이다.

트루먼 대통령의 1947년 고등교육 위원회는 대학 입학을 어렵게 하는 다섯 개의 장애물을 설명했는데 가족 소득, 인종, 성별, 종교, 지역이었다. 팬데믹은 여섯 번째를 강조한다. 바로 테크놀로지다. 코로나19가 일어나기 한참 전에도 가족 소득, 지역, 인종에 따라 디지털 테크놀로지와 인터넷을 사용할 수 있는 정도의 불균형을 조사하는 연구가 활발히 진행되었다. 팬데믹으로 2020년 학교와 대학이 문을 닫고 어쩔 수 없이 수업을 온라인으로 하게 되자, 이러한 연구들은 미디어를 통해 현실임이 드러났다. 디지털 장비와 인터넷이 없어서 학교 수업에 참석할 수 없는 아이들, 숙제를 못 하는 아이들, 숙제를 제출하지 못 하는 아이들에 관한 이야기였다. 온 가족이 비좁은 차를 타고 와이파이가 잡히는 가게의 야외 주차장으로 가는 뉴스 영상이 방송되기도 했다.

만약 대학 입학이 고등교육을 받지 못하는 취약 계층에게 현실로 이뤄지려면, 반드시 정보 격차를 없애야 한다. 연방 정부는 주정부와 파트너십을 맺는 데 앞장서야 한다. 산업화 시대의 정부는 고속도로를 건설했다. 21세기의 정부는 디지털 고속도로에 비슷한 투자를 해야 한다.

우리는 모든 학생이 고등교육을 받을 수 있게 해야 할 뿐 아니라 고등교육 중에서도 그 종류를 선택할 수 있는 권리를 주어야 한다. 트루먼 고등교육 위원회는 이를 거의 80년 전에 제안했다. 대학 진학을 대폭 확대해야 할 뿐 아니라 학생들이 각자의 필요와 재능에 가장 잘 맞는 대학에 다닐 수 있도록 해야 한다고 역설했다. 위원회는 대학 접근성과 선택권을 동등한 필요로 보았다. 하지만 연방과 주의 정책상 1965년 고등교육법을 시작으로 대학 접근성 조항만 제정되었다.

오늘날에는 선택권의 문제가 절박하다. 전통 및 비전통적인 교육 제공자로 구성된 새로운 중등 이후의 교육 시스템이 두 개로 분리된 공평하지 않은 모델을 설립함으로써 고등교육에서의 불평등을 악화시킬 위험이 있기 때문이다. 자산이 넉넉한 교육 제공자의 경우, 캠퍼스가 있고 대면 강의, 기숙사 및 전통적인 대학 교육의 모든 부속물을 갖고 있다. 훨씬 더 저렴한 저소득층 학생을 위한 다른 교육 제공자는 가상, 디지털, 온라인 형태일 것이다. 전자는 4년, 풀타임, 학위 프로그램을 강조하고, 후자는 단기, 파트타임, 증명서를 선호할 것이다.

학생들이 현실적으로 선택할 수 있는 권한을 가지려면, 전통적인 대학은 비전통적인 경쟁자의 편의성, 서비스, 교육 품질 및 경제성을 제공하면서 대학의 활동 범위를 재구성해야 한다. 연방과 주정부의 재정 지원 프로그램은 대학 접근성을 넘어 선택권을 구체화해야 한다.

2. 변환의 속도를 높여라.

15장에서 고등교육에서 일어날 수 있는 변화를 7단계로 정리해 논의했다. 결론적으로 변화는 3단계와 4단계, 즉 새로운 실험과 모델 정립 단계에서 일어날 것이다. 그다음은 그렇게 만들어진 모델의 확산, 혹은 자금 조달자(funder)들이 규모 확장(scaling up)이라고 부르는 단계다. 중요한 것은 우리가 실험 중인 수많은 계획 중 어떤 계획이 실제로 효과를 낼 것인지 알 수 있을 때까지는 규모를 확장할 수 없다는 데 있다. 그러므로 자금 조달자의 핵심 역할은 실험을 지원하고 평가하여 데이터가 실제로 개혁의 효과를 입증한다고 확신하는 경우, 그 규모를 확장할 수 있는 한 개 이상의 모델을 개발할 수 있도록 지원하는 것이다.

예를 들면, 산업혁명 때 전통적인 미국 대학에 대학원 교육을 추가하려는 수많은 시도가 있었다. 그들의 성공과 실패 그리고 해외의 모범적인 대학 프로그램이 있었기 때문에 미국에서 모범이 될 만한 대학원이 나올 수 있었다. 바로 존스홉킨스대학이다. 이 대학이 세워지기 위해서는 기부금, 최고의 사례 연구, 이를 이끌 수 있는 인재 고용이 필요했다. 이 모델은 미국에서 대학원 교육의 품질 기준 수립과 규모 확장의 다양한 기초 자료를 제공했다.

일부 분야는 현재 자금 제공자들이 지원할 수 있을 정도로 준비를 마친 상태다. 시간 기반 교육이 시들해지고 성과 중심 교육이 확대되면서 가장 중요한 점은 변화에 필요한 기본 바탕을 마련하는 것이다. 역량이나 성과의 일반적 정의, 그것들을 평가할 방법, 숙련도를 증명할 자격증, 평생에 걸쳐 공부한 역량을 기록하는 메커니즘을 개발하는 작업이 필요하다. 산업화 시대를 떠올려 보라. 코스의 정의와 학업 진척도를 측정하는 것 같은 기본적인 문제를 두고 각 대학, 협회, 정부 간 수십 년의 혼란이 이어졌다. 이제는 이 혼란을 피할 수 있다.

3. 산업화 시대에 만들어진 고등교육의 규제를 재검토하라.

현 정부의 규제는 국가, 아날로그, 산업 기반 경제의 대학을 위해 설계된 것이다. 산업혁명 시대에 그랬던 것처럼 규제는 사회 변화에 뒤처질 수밖에 없다. 농경시대 미국의 기존 법과 규제는 대기업, 신기술, 달라진 근무 상황과 맞지 않는다. 새로운 규제 체계가 필요했다. 그것은 적극적이라기보다는 마치 반작용처럼 서서히 그리고 힘들게 진화했다.

우리는 현재 변화의 시기에 이보다 더 잘 해낼 수 있다. 우리는 무엇이 오고 있는지 알고 있다. 현재 일련의 고등교육의 법률, 규제, 공공 자금 지원 모델은 학점을 쌓고, 풀타임으로 수업을 듣고 학위를 받고자 하며, 인증받은 2년제 및 4년제 학교에 다니는 학생을 위해 만들어졌다. 수년간, 각종 규제는 파트타임으로 수업을 듣는 새로운 인구층을 수용하기 위해 그리고 성과 중심 교육 같은 분야에서 여러 시도를 하기 위해 적당히 조정되어 왔다.

하지만 앞으로는 정부 규제도 비슷하게 변해야 한다. 현재 고등교육의 회계 시스템과 재정 보조는 학점을 중심으로 되어 있다. 정부는 성과 중심과 학습 중심의 시스템을 도입해 대체해야 한다.

현재 어떤 기관이 대학의 재정 보조를 받을 것인지 결정하는 시스템은 정부 승인과 기관 평가 인증을 기본으로 한다. 가장 중요한 문제는 비전통적인 교육 기관들의 증가, 그들이 제공하는 다양한 형태의 교육, 그리고 여러 곳에서 동시에 공부할 수 있는 학생들의 상황에 어떻게 대응할 것인가이다. 구글, 알리바바, 다논 같은 사업체들이 학습의 콘텐츠와 평가를 제공할 때 재정 지원은 어떻게 분배되어야 하는가? 고등교육을 표준화하기 위해 설립된 인증 기관이 중대한 혁신을 요구하는 이 시대에도 품질을 보장하는 것이 여전히 이치에 맞을까? 장기적으로 성과 기반 교육은 학생이 어느 공급자를 통해 학습했는지 개의치 않는다는 점을 고려할 때, 재정 지원은 일련의 승인된 기관에 계속 엮여 있어야 하는 걸까? 이 새로운 세계에서 기관 인증의 역할은 있기는 할까?

정부는 학위 프로그램에 등록한 학생이 이수한 강좌의 수나 학점 시간의 수에 따라 재정을 지원하는 것을 기본으로 한다. 적시 교육의 증명서 프로그램의 등록자 수가 전통적인 학위 프로그램의 등록자 수를 무색하게 하는 이 시기에, 정부는 마이크로 자격증을 수여하는 다양한 기간의 학업을 지원하는 재정 지원을 새로 구성해야 한다. 학위와 달리 현재 마이크로 자격증은 규제가 없다. 그들도 표준화되어야 할까? 지식의 반감기가 점점 더 짧아지고 있는 오늘날의 지식경제에서 학위와는 달리, 업스킬링과 리스킬링을 목적으로 하는 적시 교육은 한 사람의 인생에 걸쳐 계속해서 일어나게 된다. 그렇다면 문제는 누가 그 비용을 지급해야 하는가이다. 정부인가, 노동자, 취업자, 실업자인가, 혹은 고용주인가? 올바른 조합은 무엇일까? 모든 국민에게 평생 자신이 선택한 교육 비용을 지불하는 데 사용할 수 있는 교육 계좌를 제공해야 할까?

정부 재정 지원의 목적은 감당할 수 있는 비용을 내고 대학에 진학할 수 있게 하는 것이다. 이는 오늘날 매우 중요하다. 미국에서 직업을 구하려면 중등 이후 교육이 필수로 자리 잡았기 때문이다. 하지만 대학 비용은 하늘 높은 줄 모르고 치솟아 백인이 아닌 인구층과 저소득층의 손에 닿지 못할 정도다. 그리고 학생들은 대학을 졸업하면서 이전보다 훨씬 더 많은 빚을 지게 된다. 이는 불공정하고 정치적으로 옳지 못하며 지식경제에 해가 된다. 이를 뒤집기 위해서는 두 가지 조치가 필수다. 재정 지원과 연관이 있는 단체는 연방 정부, 주정부, 대학과 학생들이다. 지금으로서는 각 단체가 독립적으로 행동하고 있다. 연방 재정 지원은 인플레이션을 따라잡는 데 실패했고 각 주는 고등교육 지원을 삭감했으며 대학은 인플레이션보다 등록금을 훨씬 높게 인상했다. 대학이 등록금을 인상하면 정부의 재정 지원도 따라 늘어나는 시스템 때문이다. 단체들은 함께 모여 자금을 조율해야 한다. 프로미스 프로그램의 증가는 이것을 해낼 수 있는 기회를 마련한다.

추가로, 교육 기관들이 나서지 않는다면 정부가 고등교육 가격에 상한선을 둬야 한다. 이것은 정부의 재정 지원 프로그램에 참여할 수 있는 조건이 되어야 한다.

학자금 지원과 대출 간의 균형은 1980년대부터 대학의 주요 수혜자가 학생이라는 이유로 극적으로 바뀌었다. 이전에는 고등교육이 국가에 이로운 사회적 이익으로 여겨졌다. 지식경제에서 고등교육은 사회적 이익인 동시에 무상 공립학교와 동등한 중요성을 지닌다. 대학원 대출 부채를 극적으로 줄이고, 소외 계층에 대한 접근성을 확대하고, 형평성 방향으로 나아갈 재균형을 맞출 때이다.

4. 교육으로 사회적 유대감을 증진하라.

미국인들이 한때 공통으로 갖고 있던 공동의 유대관계가 점점 느슨해졌다. 미국인은 신념, 가치관, 공공 기관에 대한 신뢰, 미디어 소비에서 점점 더 여러 갈래로 나뉘고 있다.

고등교육이 나아가고 있는 방향은 이런 분열을 악화시킬 수 있는 위협이다. 일반적인 대학의 경험과 핵심 커리큘럼은 사라진 지 오래다. 교양 교육(인류 공동 유산에 뿌리를 둠)과 전공(학생들이 선택한 전문 학문)으로 구성된 일반적인 학사 과정은 퇴색했다. 대부분 대학에서 교양 교육은 다양한 주제의 강의 그리고 공통점이 거의 없는 과목이 되었다. 앞으로 고등교육은 점점 더 개인화되고 기술과 전문 교육을 배우는 적시 교육은 확대되면서 일반 교양 교육은 훨씬 더 감소할 것이다.

학위의 중요성이 점점 약해지는 가운데 공통 학습을 촉구하고 졸업생 간의 연대감을 증진하는 고등교육의 역사적 역할은 줄어들고 있다. 보이어와 러빈(1981)은 사회 분열이 심하고 개인주의가 공동체를 무색하게 할 때, 일반 교양 교육을 강화하기 위한 움직임이 일어난다는 사실을 알아냈다. 일반 교양은 사회 분열과 획일화에 대항하는 역할을 해 왔다. 간단히 말하면, 바로 지금이 고등교육이 일반 교양을 부활시킬 타이밍이다. 도서관과 실생활 모두에 기반한 공통의 일반 교양 커리큘럼을 학위 프로그램에 제공함으로써 다리를 건설하고 분열을 줄일 시간이다. 학생들이 공공복지의 구성원으로서 미래에 개인적으로, 사회적으로 번영하는 데 필요한 기술과 지식을 제공할 때다.

하지만 중등 이후 교육이 개인화되고 교육 제공업자들이 늘어나면서 일반 교양 교육은 더 줄어들 것이다. 이는 미국인이 배우게 될 마지막 공통 교육 경험은 고등학교가 마지막일 수 있다는 뜻이다. 학교는 우리를 하나로 묶어 주는 최후의 보루가 되어야 한다. 일반 교양 과목은 학생들에게 익숙한 규율과 과목을 가르치기보다는 공유된 인류 경험에 초점을 맞춰야 한다. 우리의 과거를 현재, 미래와 연결하는 것, 오늘 그리고 내일 우리에게 닥칠 현실과 우리의 유산을 연결하는 것이어야 한다.

이것이 학생들이 연대감을 배울 마지막 기회이다. 어떤 과목이 포함될 수 있을까? 우리에게 묻는다면 아래의 다섯 개 과목을 권하겠다.

1. 단어, 숫자, 영상, 디지털을 사용하는 커뮤니케이션
2. 인류의 공유 유산, 제도, 활동 및 지구(미학적, 과학적, 사회적 관점으로)
3. 다양하고 서로 연결된 다문화 세계에서 번영하는 방법
4. 중요한 변화의 시대에서 살아가는 방법, 그리고 변화가 요구하는 필수 기술인 창의성, 비판적 사고, 평생학습
5. 윤리와 가치: 옳고 그름의 차이, 진실과 거짓의 구별, 사실과 의견의 대조, 논리적 오류를 규명하는 능력, 현명한 판단을 내릴 수 있는 능력

대통령 두 명을 배출한 집안의 후손인 헨리 애덤스는 19세기 중반 하버드에 다녔다. 그는 20세기로 돌입한 세상에서 18세기식 교육을 받았다는 사실을 한탄했다. 헨리 애덤스는 고전적인 칼리지가 죽어 가고 대학이 아직 탄생하지 않았던 시기에 고등교육을 받았다. 미래를 안내할 모델은 당시 탄생하지 않은 상태였다.

지금의 시대와 비슷한 다양한 실험의 시기였다. 우리는 변화가 닥칠 것을 알고 있다. 현재는 유지될 수 없다. 변화하려면 일을 추진할 수 있는 혁신가와 열매를 맺을 수 있는 실용적인 몽상가가 필요하다.

글로벌, 디지털, 지식 기반 경제의 대학을 만들어 낼 벅차고 특별한 기회가 고등교육 전문가, 정책 입안자, 자금 제공자의 손에 들어왔다. 우리는 변화에 등을 돌릴 수 없다. 이래도 저래도 변화는 올 것이다. 우리는 고등교육의 미래를 주도할 수 있다. 산업혁명 이후로 이런 기회를 가진 세대는 우리뿐이다.

참고문헌

서장 당신이 바라보는 방향이 무엇을 보게 될지 결정한다

Baer, J., & Martel, M. (2020, November). Fall 2020: International student enrollment snapshot. Institute of International Education. Retrieved from https://www.iie.org/-/media/Files/Corporate/Open-Doors /Special-Reports/Fall-2020-Snapshot-Report—-Full-Report.ashx ?la=en&hash=D337E4E9C8C9FACC9E3D53609A7A19B96783C5DB.

Brint, S. (2019, January 9). Is this higher education's golden age? *Chronicle of Higher Education*. Retrieved from https://www.chronicle.com/article /is-this-higher-educations-golden-age/.

Craig, R. (2015). *College disrupted: The great unbundling of higher education*. St. Martin's Press.

Craig, R. (2018). *A new U: Faster+ cheaper alternatives to college*. BenBella Books.

Desjardins, J. (2017, August 2). Here's why small businesses fail. *Business Insider*. Retrieved from https://www.businessinsider.com/why-small -businesses-fail-infographic-2017-8.

Korn, M., Belkin, D., & Chung, J. (2020, April 30). Coronavirus pushes colleges to the breaking point, forcing "hard choices" about education. *Wall Street Journal*. Retrieved from https://www.wsj.com/articles /coronavirus-pushes-colleges-to-the-breaking-point-forcing-hard -choices-about-education-11588256157.

Lederman, D. (2017, July 19). The culling of higher education begins. *Inside Higher Ed*. Retrieved from https://www.insidehighered.com /news/2017/07/19/number-colleges-and-universities-drops-sharply -amid-economic-turmoil.

National Center for Education Statistics. (2019a). Enrollment in elementary, secondary and degree-granting postsecondary institutions by level and control of institutions: Selected years 1869–70 through fall 2029. Table 105.30. *Digest of education statistics*. Retrieved from https:// nces.ed.gov/programs/digest/d19/tables/dt19_105.30.asp?current=yes.

National Center for Education Statistics. (2019b). Degrees conferred by postsecondary institutions by level of degree and sex of student: Selected years, 1869–70 through 2029–30. Table 318.10. *Digest of education statistics*. Retrieved from https://nces.ed.gov/programs/digest/d19/tables/dt19_318.10.asp?current=yes.

O'Neil, K. (2019, June 28). *Virtual reality training helps medical students develop real empathy*. Georgetown University Medical Center. Retrieved from https://gumc.georgetown.edu/gumc-stories/virtual-reality-training-helps-medical-students-develop-real-empathy/.

Schubarth, C. (2013, February 7). Why Apple, Tesla, VCs, and academic may die. *Silicon Valley Business Journal*. Retrieved from https://www.bizjournals.com/sanjose/news/2013/02/07/disruption-guru-christensen-why.html.

Seltzer, R. (2017, November 13). Days of reckoning. *Inside Higher Ed*. Retrieved from https://www.insidehighered.com/news/2017/11/13/spate-recent-college-closures-has-some-seeing-long-predicted-consolidation-taking.

Study International Staff. (2018, May 2). Which country is home to the largest international student population. *SI News*. Retrieved from https://www.studyinternational.com/news/country-home-largest-international-student-population/.

US Department of Education. (2006). A test of leadership: Charting the future of US higher education. *A report of the commission appointed by Secretary of Education Margaret Spellings*. US Department of Education.

1장 산업혁명과 미국의 변화

Ayers, R. U. (1989). *Technological transformations and long waves* (RR 89-1). International Institute for Applied Systems Analysis.

Gordon, S. H. (1997). *Passage to union: How the railroads transformed American life, 1829–1929*. Ivan R. Dee.

Haines, M. R. (2000). The population of the United States, 1790–1820. In S. L. Engerman & R. E. Gallman (Eds.), *The Cambridge economic history of the United States* (Vol. 2). Cambridge University Press.

Hindle, B., & Lubar, S. D. (1986). *Engines of change: The American Industrial Revolution 1790–1860*. Smithsonian Institution Press.

Irving, W. (2011). *Rip Van Winkle and other stories*. Penguin UK.

Kennedy, P. (1987). *The rise and fall of the great powers*. Random House.

Lebergott, S. (1966). Labor force and employment, 1800–1960. In D. S. Brady (Ed.), *Output, employment, and productivity in the United States after 1800* (pp. 117–204). National Bureau of Economic Research.

Margo, R. A. (1992). *The labor force in the nineteenth century* (No. h0040). National Bureau of Economic Research.

Mooney, C. (2011). *The industrial revolution.* Nomad Press.

Morris, C. R. (2012). *The dawn of innovation: The first American Industrial Revolution.* PublicAffairs.

Olson, J. S., & Kenny, S. L. (2014). *The Industrial Revolution: Key themes and documents.* ABC-CLIO.

National Park Service. (2015). *Civil War facts: 1861–1865.* National Park Service. Retrieved from https://www.nps.gov/civilwar/facts.htm.

Taylor, G. R. (2015). *The transportation revolution, 1815–60.* Routledge.

US Census Bureau. (1975). *Historical statistics of the United States, colonial times to 1970* (No. 93). US Department of Commerce.

US Census Bureau. (2012). *Population and housing unit counts: 2010 census of population and housing, population and housing.* United States summary: 2010. US Department of Commerce. Retrieved from https://www2.census.gov/library/publications/decennial/2010/cph-2/cph-2-1.pdf.

2장 비판, 거부, 개혁

Bronson, W. C. (1914). *The history of Brown university 1764–1914.* Brown University.

Day, J., & Kingsley, J. L. (1829). Original papers in relation to a course of liberal education. *American Journal of Science, 15,* 297–351.

Faculty of Amherst College. (1827). *The substance of two reports of the faculty of Amherst College to the board of trustees with the doings of the board of trustees.* Carter and Adams.

Fox, D. R. (1945). *Union College: An unfinished history.* Graduate Council, Union College.

Geiger, R. L. (2015). *The history of American higher education: Learning and culture from the founding to World War II.* Princeton University Press.

Hislop, C. (1971). *Eliphalet Nott.* Wesleyan University Press.

Levine, A. (2012). Clark Kerr and the Carnegie Commission and Council. In S. Rothblatt (Ed.), *Clark Kerr's world of higher education reaches the 21st century* (pp. 43–60). Springer.

Levine, A., with the assistance of Zolner, J. (1994). *Locke College.* Harvard Education Publishing Group.

Murray, J. O. (1891). *Francis Wayland.* Houghton Mifflin.

Rudolph, F. (1990). *The American college and university: A history.* University of Georgia Press.

Urofsky, M. I. (1965). Reforms and response: The Yale report of 1828. *History of Education Quarterly, 5*(1), 53–67.

Wayland, F. (1842). *Thoughts on the present collegiate system in the United States*. Gould, Kendall & Lincoln.

3장 새로운 모델과 확산

Bishop, M. (2014). *A history of Cornell*. Cornell University Press.
Brubacher, J. S., & Rudy, W. (1997). *Higher education in transition: A history of American colleges and universities*. Transaction Publishers.
Edison, T. A. (1929). Edison Papers (Folder 30, Box 3). Henry Ford Library.
Eliot, C. (1869a, February). The new education. *Atlantic Monthly*.
Eliot, C. (1869b, March). The new education. *Atlantic Monthly*.
Eliot, C. W. (1869c). *Addresses at the inauguration of Charles William Eliot as president of Harvard College, 1869*. Sever and Francis.
Flexner, A., Pritchett, H., & Henry, S. (1910). *Medical education in the United States and Canada* (Bulletin Number Four) (The Flexner Report). Carnegie Foundation for the Advancement of Teaching.
Geiger, R. L. (2015). *The history of American higher education: Learning and culture from the founding to World War II*. Princeton University Press.
Gilman, D. C. (1872). *Report on the national schools of science*. US Government Printing Office.
Massachusetts Institute of Technology. (1894). *Annual report of the president and treasurer*. Massachusetts Institute of Technology.
Morrill Act, Public Law 37-108. 15 STAT 503 (1862).
National Center for Education Statistics. (1993). *120 years of American education: A statistical portrait*. US Department of Education.
Veblen, T. (1918). *The higher learning in America: A memorandum on the conduct of universities by business men*. The Perfect Library.

4장 표준화, 통합, 확대

Boyer, J. W. (2015). *The University of Chicago: A history*. University of Chicago Press.
Flexner, A., Pritchett, H., & Henry, S. (1910). *Medical education in the United States and Canada* (Bulletin Number Four) (The Flexner Report). Carnegie Foundation for the Advancement of Teaching.
Levine, A. (1978). *Handbook on undergraduate curriculum*. Jossey Bass.
Levine, A. (1987). Clark Kerr: The masterbuilder at 75. *Change: The Magazine of Higher Learning, 19*(2), 12–35.
National Center for Education Statistics. (1993). *120 years of American education: A statistical portrait*. US Department of Education.
Slosson, E. E. (1910). *Great American universities*. Macmillan.
Veblen, T. (1918). *The higher learning in America: A memorandum on the conduct of universities by business men*. The Perfect Library.

National Center for Education Statistics (2019c). Degree-granting postsecondary institutions by control and level of institution, selected years 1949–50 through 2018–19. Table 317.10. *Digest of education statistics, 2019.*. Retrieved from https://nces.ed.gov/programs/digest/d19/tables/dt19_317.10.asp?current=yes.

6장 인구 구조의 변화

American Community Survey. (2019). 2019: ACS 1-year estimates selected population profiles. Table S0201. US Census Bureau. Retrieved from https://data.census.gov.

Barshay, J. (2018, September 10). College students expected to fall by more than 15% after the year 2025. *The Hechinger Report*. Retrieved from https://hechingerreport.org/college-students-predicted-to-fall-by-more-than-15-after-the-year-2025.

Fain, P. (2017, October 17). Default crisis for black student borrowers. *Inside Higher Ed*. Retrieved from https://www.insidehighered.com/news/2017/10/17/half-black-student-loan-borrowers-default-new-federal-data-show.

Frey, W. H. (2018, March 14). *The US will become "minority white" in 2045: Census projects*. Brookings Institution. Retrieved from https://www.brookings.edu/blog/the-avenue/2018/03/14/the-us-will-become-minority-white-in-2045-census-projects/.

Grawe, N. D. (2018). *Demographics and the demand for higher education*. Johns Hopkins University Press.

Hussar, W. J., & Bailey, T. M. (2018). *Projections of education statistics to 2026* (NCES 2018-019). National Center for Education Statistics.

Hussar, W. J., & Bailer, T. M. (2019). *Projections of education statistics to 2027*. National Center for Education Statistics: Institute of Education Sciences. Retrieved from https://nces.ed.gov/pubs2019/2019001.pdf.

Kelchen, R. (2017, October 6). New data on long-term student loan default rates. *Kelchen on Education*. Retrieved from https://robertkelchen.com/2017/10/06/new-data-on-long-term-student-loan-default-rates/

Korn, M., Belkin, D., & Chung, J. (2020, April 30). Coronavirus pushes colleges to the breaking point, forcing "hard choices" about education. *Wall Street Journal*. Retrieved from https://www.wsj.com/articles/coronavirus-pushes-colleges-to-the-breaking-point-forcing-hard-choices-about-education-11588256157.

Lederman, D. (2017, July 19). The culling of higher education begins. *Inside Higher Ed*. Retrieved from https://www.insidehighered.com/news/2017/07/19/number-colleges-and-universities-drops-sharply-amid-economic-turmoil.

Levine, A., & Dean, D. R. (2012). *Generation on a tightrope: A portrait of today's college student.* John Wiley & Sons.

Mitchell, M., Leachman, M., & Masterson, K. (2017). *A lost decade in higher education funding.* Center on Budget and Policy Priorities. Retrieved from https://www.cbpp.org/research/state-budget-and-tax/a-lost -decade-in-higher-education-funding.

Mitchell, T. (2020, August 11). The biggest danger to U.S. higher education? Losing 20 years' worth of gains in access for first-generation and minority students. The Hechinger Report. Retrieved from https://hechingerreport.org/opinion-the-biggest-danger-to-u-s -higher-education-losing-20-years-worth-of-gains-in-access-for-first -generation-and-minority-students/.

Mortenson, T. G. (2012). State funding: A race to the bottom. *The Presidency, 15*(1), 26–29.

National Center for Education Statistics. (2019b). Degrees conferred by postsecondary institutions by level of degree and sex of student: Selected years, 1869–70 through 2029–30. Table 318.10. *Digest of education statistics, 2019.* Retrieved from https://nces.ed.gov/programs /digest/d19/tables/dt19_318.10.asp?current=yes.

National Center for Education Statistics. (2019e). Average undergraduate tuition and fees and room and board rates charged for full-time students in degree-granting postsecondary institutions, by level and control of institution: Selected years, 1963–64 through 2018–19. Table 330.10. *Digest of education statistics, 2019*Retrieved from https://nces .ed.gov/programs/digest/d19/tables/dt19_330.10.asp?current=yes.

National Center for Education Statistics. (2019g). Degree-granting postsecondary institutions, by control and classification of institution and state or jurisdiction: 2018–2019. Table 317.20. *Digest of education statistics, 2019.* Retrieved from https://nces.ed.gov/programs/digest /d19/tables/dt19_317.20.asp?current=yes.

National Center for Education Statistics. (2020a). *The condition of education 2020.* US Department of Education. Retrieved from https://nces.ed .gov/pubsearch/pubsinfo.asp?pubid=2020144.

Pew Research Center. (2014, January 30). Dependency ratios in the U.S. and globally. In *Attitudes about aging: A global perspective.* Retrieved from https://www.pewresearch.org/global/2014/01/30/chapter-4 -population-change-in-the-u-s-and-the-world-from-1950-to-2050/ #dependency-ratios-in-the-us-and-globally.

President's Commission on Higher Education. (1947). *Higher education for American democracy: A report of the president's commission on higher education.* US Government Printing Office.

Seltzer, R. (2017, November 13). Days of reckoning. *Inside Higher Ed.*

Retrieved from https://www.insidehighered.com/news/2017/11
/13/spate-recent-college-closures-has-some-seeing-long-predicted
-consolidation-taking.

Snyder, T. D., de Brey, C., & Dillow, S. A. (2019). *Digest of education statistics 2018* (NCES 2020-009). National Center for Education Statistics, Institute of Education Sciences, U.S. Department of Education.

Toynbee, A. (1884). *Lectures on the industrial revolution in England.* Rivingtons.

US Census Bureau. (1961). *Statistical abstract of the United States: 1961.* US Census Bureau. Retrieved from https://www.census.gov/library /publications/1961/compendia/statab/82ed.html.

US Census Bureau. (2018b). *Older people projected to outnumber children for first time in U.S. history.* US Census Bureau. Retrieved from https:// www.census.gov/newsroom/press-releases/2018/cb18-41-population -projections.html.

US Census Bureau. (2019). *U.S. population growth by region.* US Census Bureau. Retrieved from https://www.census.gov/popclock/data_tables .php?component=growth.

US Census Bureau. (2020). *Annual estimates of the resident population by sex, age, race, and Hispanic origin for the United States: April 1, 2010 to July 1, 2019* (NC-EST2019-ASR6H). US Census Bureau, Population Division. Retrieved from https://www2.census.gov/programs-surveys /popest/tables/2010–2019/national/asrh/nc-est2019-asr6h.xlsx.

US Center for Disease Control and Prevention. (n.d.). *Population by age groups, race, and sex for 1960–97.* Retrieved from https://www.cdc.gov /nchs/data/statab/pop6097.pdf.

US Department of Education. (2017). 2003–04 beginning postsecondary students longitudinal study, second follow-up. U.S. Department of Education. Retrieved from https://nces.ed.gov/datalab/powerstats /output.aspx

Vespa, J., Armstrong, D. M., & Medina, L. (2018). *Demographic turning points for the United States: Population projections for 2020 to 2060.* US Department of Commerce, Economics and Statistics Administration, US Census Bureau. Retrieved from https://www.census.gov/library /publications/2020/demo/p25-1144.html.

World Population Review. (2020a). *Asian population by state 2020.* Retrieved from http://worldpopulationreview.com/states/asian -population/.

World Population Review. (2020b). *Black population by state 2020.* Retrieved from http://worldpopulationreview.com/states/black -population-by-state/.

World Population Review. (2020c). *Hispanic population by state 2020.*

Retrieved from http://worldpopulationreview.com/states/hispanic
-population-by-state/.

World Population Review. (2020d). *Native American population 2020.*
Retrieved from http://worldpopulationreview.com/states/native
-american-population/.

World Population Review. (2020e). *Median age by state 2020.* Retrieved
from https://worldpopulationreview.com/states/median-age-by-state/.

Wozniak, A. (2018, March 22). Going away to college? School distance
as a barrier to higher education. Econofact. Retrieved from https://
econofact.org/going-away-to-college-school-distance-as-a-barrier-to
-higher-education.

Zumeta, W., & Kinne, A. (2011). The recession is not over for higher educa-
tion. *The NEA 2011 Almanac of Higher Education*, 29–41.

7장 지식경제의 출현

Carnevale, A.P., Jayasundera, T., & Gulish, A. (2016a). America's divided
recovery: College haves and have-nots. *Georgetown University Center
on Education and the Workforce.* Retrieved from https://files.eric.ed.gov
/fulltext/ED574377.pdf.

Carnevale, A. P., Jayasundera, T., & Gulish, A. (2016b). America's divided
recovery: College haves and have-nots: Jobs are back, but they're not
the same ones that were lost [Infographic]. Retrieved from https://
1gyhoq479ufd3yna29x7ubjn-wpengine.netdna-ssl.com/wp-content
/uploads/DR-infographics-2.pdf#zoom=250.

US Bureau of Labor Statistics. (2020). Employees on nonfarm payrolls by
industry sector and selected industry detail, not seasonally adjusted.
Table B-1b, d. *Current employment statistics: Employment and earnings
table.* US Bureau of Labor Statistics. Retrieved from https://www.bls
.gov/web/empsit/ceseeb1b.htm#ce_ee_table1b.f.3.

8장 테크놀로지 혁명

Anderson, M., & Jiang, J. (2018, May 31). Teens, social media, & technology
2018. Pew Research Center. Retrieved from https://www.pewinternet
.org/2018/05/31/teens-social-media-technology-2018.

Bauer-Wolf, J. (2020, January 2020). Coursera launches first US online
bachelor's degree. Education Dive. Retrieved from https://www
.educationdive.com/news/coursera-launches-first-us-online-bachelors
-degree/571069/.

Best Colleges. (2018). 2018 online education trends report. Best Colleges.
Retrieved from https://www.bestcolleges.com/perspectives/annual
-trends-in-online-education/.

Best Colleges. (2019). 2019 online education trends report. Best Colleges.

Retrieved from https://res.cloudinary.com/highereducation/image
/upload/v1556050834/BestColleges.com/edutrends/2019-Online
-Trends-in-Education-Report-BestColleges.pdf.

Chappell, B. (2019, December 10). University of Phoenix reaches $191
million settlement with FTC, including debt relief. NPR. Retrieved from
https://www.npr.org/2019/12/10/786738760/university-of-phoenix
-reaches-191-million-settlement-with-ftc-including-debt-rel.

Desilver, D. (2017, July 25). Most Americans unaware that as US manufac-
turing jobs have disappeared, output has grown. Pew Research Center.
Retrieved from https://www.pewresearch.org/fact-tank/2017/07/25
/most-americans-unaware-that-as-u-s-manufacturing-jobs-have
-disappeared-output-has-grown/.

Domo. (2019). Data never sleeps 7.0: How much data is being generated
every minute [Infographic]. Domo. Retrieved from https://www.domo
.com/learn/data-never-sleeps-7.

Facebook IQ. (2017, January 9). How virtual reality facilitates social
connection. Facebook IQ. Retrieved from https://www.facebook
.com/business/news/insights/how-virtual-reality-facilitates-social
-connection.

Frey, C. B., & Osborne, M. A. (2013). The future of employment: How
susceptible are jobs to computerisation? *Technological Forecasting and
Social Change, 114,* 254–280.

Hicks, M. J., & Devaraj, S. (2015). *The myth and reality of manufacturing in
America.* Ball State University, Center for Business and Economic Re-
search. Retrieved from http://projects.cberdata.org/reports/MfgReality
.pdf.

ICEF Monitor. (2020, January 14). Slower growth in new MOOC degrees
but online learning is alive and well. ICEF Monitor. Retrieved from
https://monitor.icef.com/2020/01/slower-growth-in-new-mooc
-degrees-but-online-learning-is-alive-and-well/.

Levine, A., & Dean, D. R. (2012). *Generation on a tightrope: A portrait of
today's college student.* John Wiley & Sons.

O'Dea, S. (2020, February 27). Smartphone ownership in the U.S.
2015–2018, by age group. Statista. Retrieved from https://www.statista
.com/statistics/489255/percentage-of-us-smartphone-owners-by-age
-group/.

Manyika, J., Chui, M., Miremadi, M., Bughin, J., George, K., Willmott, P.,
& Dewhurst, M. (2017). *A future that works: Automation, employment,
and productivity.* McKinsey Global Institute. Retrieved from https://
www.mckinsey.com/~/media/McKinsey/Featured%20Insights/Digital
%20Disruption/Harnessing%20automation%20for%20a%20future
%20that%20works/MGI-A-future-that-works_Full-report.ashx.

National Center for Education Statics. (2019f). Number and percentage of students enrolled in degree-granting postsecondary institutions, by distance education participation, location of student, level of enrollment, and control and level of institution: Fall 2017 and fall 2018. Table 311.15. *Digest of education statistics, 2019*. Retrieved from https://nces.ed.gov/programs/digest/d19/tables/dt19_311.15.asp?current=yes.

National Commission on Technology, Automation, and Economic Progress. (1966). *Technology and the economy*. US Government Printing Office. Retrieved from https://files.eric.ed.gov/fulltext/ED023803.pdf.

Perrin, A., & Anderson, M. (2019, April 10). Share of U.S. adults using social media, including Facebook, is mostly unchanged since 2018. Pew Research Center. Retrieved from https://www.pewresearch.org/fact-tank/2019/04/10/share-of-u-s-adults-using-social-media-including-facebook-is-mostly-unchanged-since-2018/.

Petrov, C. (2020, July 19). 25+ impressive big data statistics for 2020. Tech Jury. Retrieved from https://techjury.net/blog/big-data-statistics/#gref.

Raconteur. (2019). A day in data [Infographic]. Raconteur. Retrieved from https://www.raconteur.net/infographics/a-day-in-data.

Ritholtz, B. (2017, July 6). The world is about to change even faster. Bloomberg. Retrieved from https://www.bloomberg.com/opinion/articles/2017-07-06/the-world-is-about-to-change-even-faster.

Robles, P. (2018, October 1). China plans to be a world leader in artificial intelligence by 2030. *South China Morning Post*. Retrieved from https://multimedia.scmp.com/news/china/article/2166148/china-2025-artificial-intelligence/index.html.

Seaman, J. E., Allen, I. E., & Seaman, J. (2018). Grade increase: Tracking distance education in the United States. Babson Survey Research Group. Retrieved from https://onlinelearningsurvey.com/reports/gradeincrease.pdf.

Seamans, R., & Zhu, F. (2013). Responses to entry in multi-sided markets: The impact of Craigslist on local newspapers. *Management Science, 60*(2), 476–493.

Shah, D. (2019a, December 1). Coursera's 2019: Year in review. Class Central. Retrieved from https://www.classcentral.com/report/coursera-2019-year-review/.

Shah, D. (2019b, December 1). EdX's 2019: Year in review. Class Central. Retrieved from https://www.classcentral.com/report/edx-2019-year-review.

Southern New Hampshire University (2020). About us: Expanding the boundaries of higher education. Southern New Hampshire University. Retrieved from https://www.snhu.edu/about-us

University of Maryland Global Campus. (2020). Facts at a glance. University of Maryland Global Campus. Retrieved from https://www.umgc .edu/administration/policies-and-reporting/institutional-data/facts -at-a-glance.cfm.

US Bureau of Labor Statistics. (2020). Employees on nonfarm payrolls by industry sector and selected industry detail, not seasonally adjusted: Employment and earnings. Table B-1b. *Current employment statistics*. US Bureau of Labor Statistics. Retrieved from https://www.bls.gov/web /empsit/ceseeb1b.htm#ce_ee_table1b.f.3.

Western Governors University. (2019). *WGU 2019 annual report.* Western Governors University. Retrieved from https://www.wgu.edu/content /dam/western-governors/documents/annual-report/annual-report -2019.pdf.

Zimmerman, E. (2018, July 13). More students rely on mobile devices to complete online classes. *EdTech*. Retrieved from https:// edtechmagazine.com/higher/article/2018/07/more-students-rely -mobile-devices-complete-online-classes.

10장 음악 산업

Gibson, M. (2015, January 13). Here's why music lovers are turning to vinyl and dropping digital. *Time Magazine*. Retrieved from http://time .com/3663568/vinyl-sales-increase/.

Gillett, C. (1971). *The sound of the city*. Sphere Books.

Graham, G., Burnes, B., Lewis, G. J., & Langer, J. (2004). The transformation of the music industry supply chain. *International Journal of Operations & Production Management*.

Ingraham, N. (2013, April 26). iTunes store at 10: How Apple built a digital media juggernaut. The Verge. Retrieved from https://www.theverge .com/2013/4/26/4265172/itunes-store-at-10-how-apple-built-a-digital -media-juggernaut.

Johnson, N. (2016, August 15). What about the end? The evolution from mixtape to playlist. Medium. Retrieved from https://medium.com /applaudience/what-about-the-end-the-evolution-of-the-playlist -5261fb8b7555.

Lule, J. (2016). *Understanding media and culture: An introduction to mass communication*. University of Minnesota Libraries Publishing.

Madden, M. (2009). The state of music online: Ten years after Napster. Pew Internet. Retrieved from http://www.pewinternet.org/files/old-media /Files/Reports/2009/The-State-of-Music-Online_-Ten-Years-After -Napster.pdf.

Mann, C. C. (2000, September). The heavenly jukebox. *The Atlantic*.

Retrieved from https://www.theatlantic.com/magazine/archive/2000
/09/the-heavenly-jukebox/305141/.

Medium. (2014, June 7). History of the recording industry, 1877–1920s.
Medium. Retrieved from https://medium.com/@Vinylmint/history-of
-the-record-industry-1877-1920s-48deacb4c4c3.

Nielsen. (2020). Year-end music report: U.S. 2019. The Nielsen Company.
Retrieved from https://static.billboard.com/files/pdfs/NIELSEN_2019
_YEARENDreportUS.pdf.

Newman, K. (2014, February 28). The end of an era: The death of the
album and its unintended effects. *Gnovis*, Georgetown University.
Retrieved from http://www.gnovisjournal.org/2014/02/28/the-end-of
-an-era-the-death-of-the-album-and-its-unintended-effects/.

Nicolaou, A. (2017, January 16). How streaming saved the music industry.
Financial Times. Retrieved from https://www.ft.com/content/cd99b95e
-d8ba-11e6–944b-e7eb37a6aa8e.

Rose, J. (2011, March 16). For better or worse, MP3s are the format of
choice. NPR. Retrieved from https://www.npr.org/sections/therecord
/2011/03/18/134598010/for-better-or-worse-mp3s-are-the-format-of
-choice.

Sanchez, D. (2018, January 16). What streaming music services pay
[Updated for 2018]. *Digital Music News*. Retrieved from https://www
.digitalmusicnews.com/2018/01/16/streaming-music-services-pay
-2018/.

Siwek, S. E. (2007). The true cost of sound recording piracy to the US
economy. Institute for Policy Innovation. Retrieved from http://www
.ipi.org/ipi_issues/detail/the-true-cost-of-sound-recording-piracy-to
-the-us-economy.

Tschmuck, P. (2012). *Creativity and innovation in the music industry* (2nd
ed.). Springer Netherlands.

Warr, R., & Goode, M. M. (2011). Is the music industry stuck between rock
and a hard place? The role of the internet and three possible scenarios.
Journal of Retailing and Consumer Services, 18(2), 126–131.

Wikström, P. (2014). Change: The music industry in an age of digi-
tal distribution. BBVA OpenMind. Retrieved from https://www
.bbvaopenmind.com/wp-content/uploads/2014/03/BBVA-OpenMind
-Technology-Innovation-Internet-Informatics-Music-Patrik-Wikstr
%C3%B6m-The-Music-Industry-in-an-Age-of-Digital-Distribution
.pdf.

Xroads. (n.d.). *Radio in the 1920s: Emergence of radio in the 1920s and
its cultural significance*. University of Virginia. Retrieved from http://
xroads.virginia.edu/~ug00/3on1/radioshow/1920radio.htm.

Baldwin, R. (2012, November 29). Netflix gambles on big data to become the HBO of streaming. *Wired*. Retrieved from https://www.wired.com /2012/11/netflix-data-gamble/.

Boddy, W. (1985). The studios move into prime time: Hollywood and the television industry in the 1950s. *Cinema Journal*, 23–37.

Chong, C. (2015, July 17). Blockbuster's CEO once passed up a chance to buy Netflix for only $50 million. *Business Insider*. Retrieved from http://www.businessinsider.com/blockbuster-ceo-passed-up-chance -to-buy-netflix-for-50-million-2015-7.

Demain, B. (2018, June 7). How Mister Rogers saved the VCR. Mental Floss. Retrieved from http://mentalfloss.com/article/29686/how-mister -rogers-saved-vcr.

Downes, L., & Nunes, P. (2013, November 7). Blockbuster becomes a casualty of big bang disruption. *Harvard Business Review*. Retrieved from https://hbr.org/2013/11/blockbuster-becomes-a-casualty-of-big -bang-disruption.

Eyemen, S. (1997). *The speed of sound: Hollywood and the talkie revolution: 1926–1930*. Simon and Schuster.

Kaplan, S. (2011, October 11). How not to get "Netflixed." *Fortune*. Retrieved from http://fortune.com/2011/10/11/how-not-to-get-net flixed/.

Liedke, M., & Anderson, M. (2010, September 23). Blockbuster tries to rewrite script in bankruptcy. Associated Press. Retrieved from http:// archive.boston.com/business/articles/2010/09/23/blockbuster_tries _to_rewrite_script_in_bankruptcy/.

Madrigal, A. C. (2012, January 10). The court case that almost made it illegal to tape TV shows. *The Atlantic*. Retrieved from https://www .theatlantic.com/technology/archive/2012/01/the-court-case-that -almost-made-it-illegal-to-tape-tv-shows/251107/.

National Association of Theatre Owners. (2020). Annual U.S./Canada admissions. Retrieved from https://www.natoonline.org/data /admissions/.

Pautz, M. C. (2002). The decline in average weekly cinema attendance, 1930–2000. *Issues in Political Economy*, 11.

Petraetis, G. (2017, July 13). How Netflix built a house of cards with big data. CIO. Retrieved from https://www.cio.com/article/3207670/big -data/how-netflix-built-a-house-of-cards-with-big-data.html.

Rodriguez, A. (2020, January 21). Netflix crushed growth targets interna-tionally during Q4 but missed in the US, where rivals like Disney Plus emerged. *Business Insider*. Retrieved from https://www.businessinsider

.com/netflix-q4-2019-earnings-results-subscriber-growth-revenue
-analysis-2020-1.

Schatz, T. (2008). The studio system and conglomerate Hollywood. In
P. MacDonald and J. Wasko (Eds.), *The contemporary Hollywood film
industry* (pp. 13–42). Blackwell Publishing.

12장 신문 산업

Butler, J. K., & Kent, K. E. (1983). Potential impact of videotext on news-
papers. *Newspaper Research Journal, 5*(1), 3–12.

Carey, L. (2018, October 28). One-fifth of U.S. newspapers close in last 14
years. *Daily Yonder.* Retrieved from https://dailyyonder.com/one-fifth
-u-s-newspapers-close-last-14-years/2018/10/22/.

Clark, L. S., & Marchi, R. (2017). *Young people and the future of news: Social
media and the rise of connective journalism.* Cambridge University Press

Edgecliffe-Johnson, A. (2005, November 24). Murdoch predicts demise
of classified ads. *Financial Times.* Retrieved from https://www.ft.com
/content/6b49e6ba-5d11-11da-a749-0000779e2340.

Herndon, K. (2012). *The decline of the daily newspaper: How an American
institution lost the online revolution.* Peter Lang.

Jenkins, S. (1997, January 4). No plug, no wires, no rivals. *The Times.*

Kennedy, D. (2018). *The return of the moguls: How Jeff Bezos and John
Henry are remaking newspapers for the twenty-first century.* University
Press of New England.

Meisler, S. (1986, September 12). News, games, dating: Videotext—in
France, it's the rage. *Los Angeles Times.* Retrieved from https://www
.latimes.com/archives/la-xpm-1986-09-12-mn-11878-story.html.

National Humanities Center. (2006). Publick occurrences both forreign
and domestick. Retrieved from http://nationalhumanitiescenter.org
/pds/amerbegin/power/text5/PublickOccurrences.pdf.

O'Barr, W. M. (2010). A brief history of advertising in America. *Advertising
& Society Review, 11*(1).

Perrin, N. (2019, November 4). Facebook-Google Duopoly won't crack this
year. eMarketer. Retrieved from https://www.emarketer.com/content
/facebook-google-duopoly-won-t-crack-this-year.

Pew Research Center. (2019). Newspaper fact sheet. Pew Research Center.
Retrieved from https://www.journalism.org/fact-sheet/newspapers/.

Schudson, M. (1981). *Discovering the news: A social history of American
newspapers.* Basic Books.

Seamans, R., & Zhu, F. (2013). Responses to entry in multi-sided markets:
The impact of Craigslist on local newspapers. *Management Science,
60*(2), 476–493.

Shearer, E. (2018, December 10). Social media outpaces print newspapers in the U.S. as a news source. Fact Tank, Pew Research Center. Retrieved from https://www.pewresearch.org/fact-tank/2018/12/10/social-media -outpaces-print-newspapers-in-the-u-s-as-a-news-source/.

Stamm, M. (2011). *Sound business: Newspapers, radio, and the politics of new media*. University of Pennsylvania Press.

14장 무엇이 변할 것인가

Adams, H. (2008). *The education of Henry Adams*. Oxford University Press.

Bustamante, J. (2019, June 8). College graduation statistics. Education Data. Retrieved from https://educationdata.org/number-of-college -graduates/.

Geiger, R. L. (2015). *The history of American higher education: Learning and culture from the founding to World War II*. Princeton University Press.

Glassdoor Team. (2020, January 10). 15 more companies that no longer require a degree—Apply now. Glassdoor. Retrieved from https://www .glassdoor.com/blog/no-degree-required/.

Gordon, S. H. (1997). *Passage to union: How the railroads transformed American life, 1829–1929*. Ivan R. Dee.

Levine, A. (1978). *Handbook on undergraduate curriculum*. Jossey Bass.

Levine, A., & Dean, D. R. (2012). *Generation on a tightrope: A portrait of today's college student*. John Wiley & Sons.

Marken, S. (2019, December 30). Half in U.S. now consider college educa- tion very important. Gallup. Retrieved from https://www.gallup.com /education/272228/half-consider-college-education-important.aspx.

Perrin, A. & Turner, E. (2019, August 20). Smartphones help blacks, Hispanics bridge some—but not all—digital gaps with whites. Pew Research Center. Retrieved from https://www.pewresearch.org/fact -tank/2019/08/20/smartphones-help-blacks-hispanics-bridge-some -but-not-all-digital-gaps-with-whites/.

Smith-Barrow, D. (2019, March 11). Despite high costs, new poll shows most young adults think a four-year degree is worth it. *Hechinger Report*. Retrieved from https://hechingerreport.org/despite-high -costs-new-poll-shows-most-young-adults-think-a-four-year-degree-is -worth-it/.

Sylla, R., & Wright, R. E. (2012). Early corporate America: The largest industries and companies before 1860. *Finance Professionals' Post*.

15장 변화는 언제 어떻게 일어날 것인가

Blumenstyk, G. (2020, April 29). "Alt-ed" ventures could gain traction in an uncertain fall. *Chronicle of Higher Education*. Retrieved from https:// www.chronicle.com/article/Alt-Ed-Ventures-Could/248653.

Chappell, B. (2019, December 10). University of Phoenix reaches $191 million settlement with FTC, including debt relief. NPR. Retrieved from https://www.npr.org/2019/12/10/786738760/university-of-phoenix -reaches-191-million-settlement-with-ftc-including-debt-rel.

Christensen, C. (2014). *The future of higher education in a digital age* [Recorded lecture]. Retrieved from https://www.youtube.com/watch?v =mnMvEP2OTIM.

D'Amico, C., & Hanson, A. (2020, June 24). *Public viewpoint webinar: Reskilling and changing careers in the midst of COVID-19* [Webinar]. Strada Education Network. https://www.stradaeducation.org/video /june-24-public-viewpoint-webinar-reskilling-and-changing-careers -in-the-midst-of-COVID-19/.

Higher Learning Advocates. (2018, October). Today's students: Pop culture vs. reality. Higher Learning Advocates. Retrieved from https:// higherlearningadvocates.org/wp-content/uploads/2018/10/10-18-HLA -TodaysStudents-Survey-Deck-FINAL.pdf.

Holon IQ. (2019, February 14). The anatomy of an OPM and a $7.7B market in 2025. Holon IQ. Retrieved from https://www.holoniq.com /news/anatomy-of-an-opm/.

Institute-wide Task Force on the Future of MIT Education: Final report. (2014). MIT. Retrieved from http://web.mit.edu/future-report/Task ForceFinal_July28.pdf?

Korn, M., Belkin, D., & Chung, J. (2020, April 30). Coronavirus pushes colleges to the breaking point, forcing "hard choices" about education. *Wall Street Journal*. Retrieved from https://www.wsj.com/articles /coronavirus-pushes-colleges-to-the-breaking-point-forcing-hard -choices-about-education-11588256157.

Lederman, D. (2019, December 17). The biggest movers online. *Inside Higher Ed*. Retrieved from https://www.insidehighered.com/digital -learning/article/2019/12/17/colleges-and-universities-most-online -students-2018.

Metaari. (2020, July 13). First half 2020 learning technology investment surged to $11.6 billion. PRWeb. Retrieved from https://www.prweb .com/releases/first_half_2020_learning_technology_investment _surged_to_11_6_billion/prweb17252510.htm.

Nash, O. (n.d.). The catsup bottle. Retrieved from https://allpoetry.com /The-Catsup-Bottle.

National Center for Education Statistics. (2018a). *Selected characteristics for degree-granting institutions that primarily offer online programs, by control of institution and selected characteristics: Fall 2017 and 2016–17*. Table 311.33. Retrieved from https://nces.ed.gov/programs /digest/d18/tables/dt18_311.33.asp.

National Center for Education Statistics. (2018b). *Number and percentage of students enrolled in degree-granting postsecondary institutions, by distance education participation, location of student, level of enrollment, and control and level of institution: Fall 2016 and fall 2017*. Table 311.15. Retrieved from https://nces.ed.gov/programs/digest/d18/tables /dt18_311.15.asp.

National Center for Education Statistics. (2020b). *Total fall enrollment in degree-granting postsecondary institutions, by attendance status, sex, and age of student: Selected years, 1970 through 2029*. Table 303.40. Retrieved from https://nces.ed.gov/programs/digest/d19/tables/dt19 _303.40.asp?current=yes.

Seaman, J. E., Allen, I. E., & Seaman, J. (2018). Grade increase: Tracking distance education in the United States. Babson Survey Research Group. Retrieved from https://onlinelearningsurvey.com/reports /gradeincrease.pdf.

Southern New Hampshire University. (2020). About us: Expanding the boundaries of higher education. Southern New Hampshire University. Retrieved from https://www.snhu.edu/about-us.

US Department of Education. (2020). National Center for Education Statistics, Integrated Postsecondary Education Data System (IPEDS) [Fall 2018]. Students enrolled exclusively in distance education courses. Retrieved from https://nces.ed.gov/ipeds/datacenter/MasterVariableList .aspx?changeStep=YES&stepId=2.

Western Governors University. (2019). *WGU 2019 annual report.* Western Governors University. Retrieved from https://www.wgu.edu/content /dam/western-governors/documents/annual-report/annual-report -2019.pdf.

Zemsky, R., Shaman, S., & Baldridge, S. C. (2020). *The college stress test: Tracking institutional futures across a crowded market.* Johns Hopkins University Press.

16장 대학과 정책 입안자는 무엇을 해야 하는가

Boyer, E.L., & Levine, A. (1981). *A quest for common learning: The aims of general education.* Carnegie Foundation for the Advancement of Teaching.

Hart, M. (2016, April 27). Incubating innovation at Southern New Hampshire University. Campus Technology. Retrieved from https:// campustechnology.com/articles/2016/04/27/incubating-innovation-at -southern-new-hampshire-u.aspx.

President's Commission on Higher Education. (1947). *Higher education for American democracy: A report of the president's commission on higher education.* US Government Printing Office.

대학 대변동

산업화 시대에서 지식경제의 시대로

초판 1쇄 펴낸날 2024년 11월 14일

지은이 아서 러빈 · 스콧 반 펠트 **옮긴이** 박혜원 **펴낸이** 고성환
출판위원장 박지호 **책임편집** 박혜원 **마케팅** 전호선
표지디자인 플랜티 **내지디자인** 티디디자인

펴낸곳 (사)한국방송통신대학교출판문화원 **등록** 1982. 6. 7. 제1-491호
주소 서울특별시 종로구 이화장길 54
전화 1644-1232 **팩스** 02-741-4570
홈페이지 press.knou.ac.kr **인스타그램** @wings_of_knowledge1

ISBN 978-89-20-05198-2 03370